竞争与发展
生态学视角下的中国电视

韩瑞娜／著

河南省哲学社会科学规划项目《媒介融合背景下电视行业竞争关系研究》
（项目编号：2017BXW003）最终研究成果

陕西新华出版
陕西人民出版社

图书在版编目(CIP)数据

竞争与发展：生态学视角下的中国电视／韩瑞娜著.
—西安：陕西人民出版社，2023.8
ISBN 978-7-224-15039-1

Ⅰ.①竞… Ⅱ.①韩… Ⅲ.①电视事业—研究—中国 Ⅳ.①G229.2

中国国家版本馆 CIP 数据核字(2023)第 152962 号

责任编辑：朱媛美
封面设计：姚肖朋

竞争与发展
——生态学视角下的中国电视

著　　者	韩瑞娜
出版发行	陕西人民出版社
	(西安市北大街 147 号　邮编：710003)
印　　刷	西安雁展印务有限公司
开　　本	787 毫米×1092 毫米　1/16
印　　张	20.75
字　　数	300 千字
版　　次	2023 年 8 月第 1 版
印　　次	2023 年 8 月第 1 次印刷
书　　号	ISBN 978-7-224-15039-1
定　　价	88.00 元

序

　　韩瑞娜的《竞争与发展：生态学视角下的中国电视》这本书，是在她博士论文的基础上充实、修改后完成的。她在书中使用生态学的理论和方法，运用生态系统、生态位等分析工具，围绕视听媒体种群竞争与发展的现状与问题展开研究，详细地解剖、阐释了全媒体时代视听媒体竞争的内部状态及其发展前景，对于纷繁复杂的视听媒体现状给出了一个较新颖、清晰的观察视角。

　　书中对于不同视听媒体间在内容、受众、广告三方面生态位的竞争状态收集了丰富的数据、资料，并运用其理论方法进行了生态位宽度、重叠度等竞争态势的数据计算，对于描述这一竞争现实状况，提供了可信的梳理概括。其理论、方法的应用比较准确、可靠，使得分析结论具有了较坚实的基础。

　　本世纪初的十年间，中国传统电视行业内竞争如火如荼，各台之间你争我夺互不相让。但是令人没有想到的是，不是业内竞争带来了行业更替，而是业外新媒体的崛起导致了业态的变局。

　　从上世纪末开始的这一轮媒体技术革命，以不可替代的优势，打破了传统媒体的垄断局面，带来了生机勃勃的竞争格局，使得视听业态产生了巨大改变，局面为之一新。虽然管理方仍然依旧法来实现管控，但传统媒体依然在短短几年间就失去了世袭的优势，陈旧的罩袍开始罩不住朝气蓬勃、迅速成长的新视听媒体。它们在获得技术加持的全民参与下，快速长成参天大树，大大超过了传统媒体的体量，走到了舞台中央，成为关注的焦点。传统电视从不屑一顾到甘愿为其"打工"，不得已放下端了几十年的架子。

　　中国的传统媒体在多年的垄断经营中，一直没有对手，因此当它们面前崛起了强有力的竞争对手时，便非常不能适应，先是视而不见，后是一战即溃；同时又总在想方设法地收编新业务，以维持垄断地位，期望能回到独步天下的温柔乡。因为在以往几十年间的多次传播技术进步中，习惯的处理方式都是运用权力将新技术收编进已有媒体，成为其新的业务门类，扩充自己的实力。而反观那些新兴技术，却都难以一展抱负，获得大规模发展，成就新的产业，为媒体事业百花竞放出新的景象。

当下，新媒体平台的覆盖面和接触率早已大大超过了传统媒体，从发展的眼光看来，新媒体是新兴事物，应运而生，有不可限量的前途。音视频的广泛传播，也使得电视业风头不再，且与新媒介多屏并存，进入到一个泛视频传播的全媒体时代。传统媒体面临挑战，过去的操作方式已经不能保证其像以往那样存活，更不能一统天下。在这种形势下，电视如何自持、采取何种策略以谋生存？这是电视人——包括世人都关心、关注的话题。在这个时候讨论生存、生态，最可担忧、有生存危机、真正应该改变的是传统媒体。

本书立足于大视频生态格局，紧跟行业发展的最新趋势，将研究对象锁定为传统电视、商业视频网站和短视频平台这三个当下最具代表性的视听媒体群；讨论了三大主体传播中的差异，以及各自的优劣势。书中对视频三主体间的生态位状况进行了具体分析，包括内容生态、观众生态以及广告生态，并对它们各自的运营表现进行了生态位宽度、重叠度等的公式计算，给出了具体的数据描述，让读者看到了一些用平时眼光看不出来的现实状况和问题。

在内容、观众以及广告资源的竞争中，虽然三主体各自的资源来历、生存方式并不完全相同，但同处一个视频市场，无论主观上愿不愿意，都会面临同样的竞争压力，而以往最有实力的电视却常常成为输掉的一方。在视频市场的竞争中，短视频具有极大的灵活性，本小利微的操作，制作难度不大，转向不难。商业视频网站也没有太多的牵绊，它们都能很好地适应市场，甚至能创造需求。因为它们不仅没有传统的羁绊，而且很多的制作者本身就是市场的需求方，是传者与受者统一的存在，有着特别强的市场适应性和转向灵活性。个性化的内容也使得市场的各类需要都能得到回应，大大丰富了视频对社会需求的反应，也大大提高了市场供应的能力。而电视则正好相反，船大转身慢，有非常多的传统羁绊，加之很难放下老大的架子，本身又与市场有着相当的距离，不能及时获知需求，这都是电视的弱势。

再从企业的广告投放来看，这是典型的市场行为，只有对广告方有利才能获得，这不是任何指示可以去命令的。所以从视频市场的运营看，只有那些能给广告主带来市场收益的内容才有价值，他们不会拿广告费打水漂。在视频市场上，这样的资源争夺一天都没有停过，媒体每一天的行为都在积累自身的财务实力，那些真正能看清自己的位置、提供为人们所需功能的媒体、得到最广大受众青睐的内容才有可能得到市场的认可和广告的支持，最有可能得到最多的广告，有最大的可能生存下去。特别是在大数据算法的加持下，精准推送已经成为新媒体广告的日常操作，而对于无法实现如此推送的传统媒体，如没有新的应对方式，还在守着老少咸宜的窠臼做着大数定律的美梦，确实要被远远抛在飞驰着的时代列车的身后。

应该指出，对于发展中的视听媒体来说，这是一个仍在随时变化的状态，并非常态；很多初期、当下的操作状态并不一定能长久维持。诸如传统媒体不能永久把持高端市场，也不能通过垄断资源和某类业务来排斥异己、独享权益。从目前发展来看，所谓媒体的真正资源其实就是市场的需求，谁把握得准、回应得好，谁就能得天下。所以电视这种传统媒体要认真直面挑战，要在新的媒体竞争时代，创新自己的业态，而不是通过获得特权来抱残守缺。

传统电视要想在当下巩固视频供应者的席位，就要认真调查观众需求和观看心态，观众在什么样的时间、心态下，以什么样的方式观看，各类屏幕的接收状态如何；某一类媒体的具体服务方式为何，并在此认识的基础上认真实践内容、编排的转型，针对性制作内容，提高受众的心理预期，将自制内容更好地传播出去，以更好的服务获得观众的关注和市场的认可。除了自身媒体的运营，传统媒体还需要借助新媒体来输出自己的内容，以实现内容的价值传播。

从竞争的热点可以看到，短视频接收是受众——特别是年轻一代更多的选择。但是就在这样完全自由的接收选择中，信息类的需求依然是最高的。从本书对短视频热门爆款内容的分类数据中可见，2021年综合热度100万+

的短视频热播内容中，35%是社会题材，12%是时政题材，两者共占到47%，即近一半的热播量。看来对此类内容有着天然优势的电视媒体的主导地位也已经被动摇，弄不好会被轻易取代，电视的观众缘在一点点被蚕食。同时也可以看到，这个领域依然是竞争的热土，谁能在这里拿到话语权，谁就将在竞争中取得优势。

再者，中国电视侪身国家行政序列，为各级政府喉舌，本身无论在节目还是在广告内容上都应该是最能代表国家品质、最能体恤民众、最讲道德、最可信赖的。这是电视初始也是最后的立身之本，也是其地位带来的信誉，是需要大力维护的资本。在多年315晚会的揭露中，市场上存在着很多不可信赖的产品、食品，而电视广告、节目中的产品是否都是经过精心筛选认证而确实可靠的？如果传统媒体能够不受眼前利益诱惑，坚持做到这一点，就能保护自己的信誉不被动摇，其地位也会十分稳固。这应该是竞争进入白热化后，一个重要但又很难的竞争热点，毕竟观众的信任是媒体最大的资本。

回到本书。在对书中不足之处的检讨中，作者认为：由于时间、精力、成本等研究限制，部分章节的内容没有充分展开。其中很重要的一点应该是，中国电视的生态系统首先来自人为的组织建构，来自行政而非市场的配置，是一种人为生态，非自然生长，早晚会带来经营的困局，受应有的诘问。这是基本的生态问题，需要我们很好地应对和解决，这一压力不会随着时日而自动化解，而会变得越来越大。在对这种大系统合理性的讨论上，作者还需要提升功力、继续深挖。

无论如何，作者针对传统电视在新媒体时代的生存进行了较广泛和深入的探讨，具有较强的现实意义和参考价值。她现正在河南工业大学的教学岗位上意气风发地从事着教学科研工作，也取得了可喜的成绩。愿她的事业和人生保持这样的光彩，也愿她这本著作给读者带来启迪和思考的快乐。

是为序。

目录

理论基础篇——从生态学视角看电视行业发展

第一章 导论：缘起、问题与方法 / 003

第一节 研究缘起：纷繁复杂的中国电视行业 / 003

第二节 从生态学视角看电视行业媒体竞争 / 013

第三节 研究进路：方法、思路及创新 / 026

第二章 生态学：一个媒体竞争的研究视角 / 032

第一节 生态系统与种间关系 / 032

第二节 生态位理论：竞争关系研究的基石 / 035

第三节 生态位理论在媒体竞争中的应用 / 041

历史与现状篇——电视种群与电视生态系统

第三章 种群变迁：生态因子作用下的中国电视 / 055

第一节 政治因子推动电视成立：20世纪50至70年代 / 056

第二节 政治和文化因子促成电视新景观：20世纪80年代 / 058

第三节 经济因子促使电视产业快速发展：20世纪90年代 / 062

第四节 融合趋势下多种视听新媒体种群崛起：21世纪初期 / 066

第四章 失调与平衡：新时代下的电视生态系统 / 077

第一节 新时代电视种群的总体概况 / 078

第二节 电视生态系统的构成 / 086

第三节 电视生态系统的生态失调问题 / 090

❚ 实证研究篇——电视种群竞争关系分析

第五章 内容竞争：电视和商业视频网站内容资源分析 / 102

第一节 电视和视频网站内容竞争的纵向考察 / 102

第二节 媒体内容生态位分析——横向考察 / 115

第三节 电视和视频网站内容资源的特征分析 / 125

本章小结 / 133

第六章 受众竞争：电视和商业视频网站受众资源分析 / 136

第一节 受众的规模与结构分析 / 136

第二节 受众的时间花费 / 147

第三节 受众满足获得和满足机会 / 151

本章小结 / 164

第七章 广告竞争：电视和商业视频网站广告资源分析 / 166

第一节 整体总量分析 / 166

第二节 广告生态位分析 / 167

第三节 广告传播特征分析 / 178

本章小结 / 185

第八章 短视频平台：种群媒体生态位分析 / 187

第一节 短视频平台的内容资源生态位 / 187

第二节 短视频平台的受众资源生态位 / 198

本章小结 / 213

发展策略篇——平衡和谐的电视生态系统构建

第九章　共生与建构：电视种群竞争的路径与环境　　/ 218

第一节　时空与功能：媒体生态位构建策略　　/ 218

第二节　互惠与共生：种群发展的大势所趋　　/ 223

第三节　建构和优化：电视种群的生存环境　　/ 234

参考文献　　/ 245

附录　　/ 279

附录1　受众满足获得和满足机会访谈大纲　　/ 279

附录2　媒体访谈大纲　　/ 280

附录3　深度访谈1　　/ 282

附录4　深度访谈2　　/ 291

附录5　深度访谈4　　/ 304

附录6　深度访谈5　　/ 306

附录7　深度访谈6　　/ 311

附录8　电视媒体2009—2013年广告收入原始数据（金额：万元）　　/ 317

附录9　商业视频网站2009—2015年广告收入原始数据（金额：万元）
　　　　/ 319

理论基础篇
——从生态学视角看电视行业发展

理论基础篇由第一章和第二章组成。这部分内容主要介绍本书的研究背景、研究对象和研究问题，梳理已有的研究文献，明确研究思路和研究方法，并对研究的主要基础理论进行分析。

第一章指出中国电视已经迈入大视频时代。大视频时代是视频生产主体多元化、视频内容海量化、传播渠道和接收终端不断增加、用户规模庞大的年代。无论是内容生产方式、受众消费方式，还是广告营销模式等各个方面，大视频时代都表现出了和以往不同的特征，电视行业的内涵和行业市场格局均已改变。为了理解电视行业出现的新现象和新问题，需要在生态学范式下开展媒介竞争研究。第二章梳理了生态学和生态位理论，分析了生态位理论在媒体竞争与共存中的应用，给出了本书使用的媒体资源分析框架，以及如何用生态位理论解释媒体竞争。

从本书的结构上看，理论基础篇是介绍研究背景、梳理研究思路、分析研究理论的部分，是为接下来的研究提供基础和铺垫。

第一章　导论：缘起、问题与方法

本章主要介绍本书的研究背景、研究目标、研究价值和研究思路等内容。首先，在研究缘起中，本书指出了中国电视大视频时代的内涵及特征，电视行业①在这一时代背景下发生的变化，以及从生态学视角讨论电视行业中各视听媒体竞争和发展问题的价值所在。接着，本章还梳理了国内外相关的研究文献，指出在该领域中可以进一步深入探索的空间。最后，是对本书的研究方法、研究思路、研究创新点和重难点的阐释。

第一节　研究缘起：纷繁复杂的中国电视行业

一、中国电视的大视频时代

（一）大视频时代的内涵

中国电视已经迈入大视频时代。中国电视媒体自从20世纪50年代诞生

---

① 本书中的电视行业，是从媒介经营管理的视角提出的，指从事视听内容生产的组织结构体系，也可以称为电视产业。电视行业是电视事业的一部分，电视事业是广播电视史中较常见的说法，包括电视产业，也包括宣传、公共服务、对外传播、行业管理、法律法规、科技发展、专业教育等。随着视听新媒体的加入，电视行业的称呼也逐渐转变为视听行业或视听产业(广义的视听行业也包括广播，本书的关注点主要为电视，不对广播展开讨论)。从生态角度出发，电视行业就是生态学中的种群，由传统电视、商业视频网站、短视频平台等亚种群组成。电视种群（也可以称为视听媒体种群）及其发展环境，则形成了电视生态系统。

以来，迅速成为最有影响力的大众媒体。自1979年上海电视台播放第一条电视广告起，电视媒体的产业属性得到承认，随着改革开放的进一步深入，电视产业规模不断扩大，逐步发展成为文化产业的重要组成部分。21世纪以来，以互联网、移动互联网为代表的新媒体影响越来越大，各种视听新媒体出现，除广播电视外，商业视频网站、短视频平台等纷纷加入视听媒体的行列。这些视听新媒体与传统电视一起，构成了电视行业的竞争主体，整个电视行业进入大视频时代，即视听媒体"无所不在、随时随地、海量多样、个性传播的时代"（何宗就，2014）。

电视行业具有自身成熟的产业链条：视频的创意和策划—视频的生产和包装—视频的传输—视频的播放—视频的接收—视频的消费—视频的评估与再生产等，接下来本书将从视频的生产主体、视频内容、视频的传播渠道和接收终端、视频的受众等几个方面论述大视频时代的内涵。

首先，大视频时代是视频生产主体多元化的年代。在过去，囿于技术的发展和政策规制，能够从事视频生产的主体是很少的，其中电影和电视是视频生产的主要主体。随着新媒体技术的逐步发展和国家政策的不断调整，除了传统视频生产主体，移动、联通等电信运营商，以优酷、腾讯、爱奇艺、抖音、快手为代表的互联网公司等，也逐渐成为生产主体。尤其是众多网友以个体视频生产者的身份出现，不但改变了传播模式中受众被动接受信息的地位，还改变了内容生产流程，把消费过程和生产过程融为一体。通过智能手机等设备，众多网友创作了大量原创视频并上传到互联网，成为视频行业中颇具草根气质的内容生产者，甚至有一些优秀的民间团队，最终走上了专业化视频生产的道路。

其次，大视频时代是具有海量视频内容的年代。不但传统电视、各视频平台制作和播出了大量的内容，网民更是每天都源源不断地参与视频生产和分享，形成了内容的汪洋大海这一独特的大视频时代景观。根据国家广电总局数据显示，2021年全年全国电视节目制作时间总计305.96万小时，播出时间 2013.99 万小时。视频网站在集合了大量影视资源的基础上，每年也在不断地生产制作新的综艺节目和自制剧等内容，同时向短视频领域发展。短视频平台则发挥网友的优势，推出各种激励措施鼓励优质内容的生产。据 2021 年视听新媒体蓝皮书数据统计，2020 年全网共上线网络剧 230 部、网络综艺 400 档、网络电影 659 部、网络纪录片 259 部、网络动画片 396 部。

再次，大视频时代是视频传播渠道和接收终端不断增加的年代。由于电视频道数量增多、各种视听新媒体平台出现，微博、微信等社交化媒体功能扩大，大视频时代视频内容的传播渠道不断增加。随着数字技术的发展和传统广电融合发展战略的深入推进，未来的电视行业会出现更多的视频内容传播渠道。这些渠道，将不再是单纯的"通道"，仅仅发挥视频内容传输的作用，而是更多地以"平台"[①]形式出现，采用互联网思维方式和商业模式进行运作。

同时，大视频时代视频的接收终端越来越多样，传统的电视机、电脑、IPAD、手机以及各种智能可穿戴设备，如头盔和眼镜等，都成为受众收看视频的窗口。目前，多屏已经成为行业发展常态，多屏即意味着接收终端的多样性，这些终端不但成了受众收看视频的窗口，甚至已经延伸为用户身体的某一部分，保证了受众能够随时随地融入视频信息的汪洋大海中去。总之，未来是智能媒体的时代，万物互联，更多更新的媒体终端会不断出现，这些都将成为视频内容的接收设备。

最后，大视频时代是具有庞大用户规模的年代。视觉文化带来了"图像转向"，更多受众习惯了信息和意义娱乐式的、感性的视觉传播，视听媒体的用户规模数量庞大。据广电蓝皮书数据，2020 年全国有线电视实际用户数

---

① "平台"是网络时代派生出的新的思维方式和商业模式，是以数据为原材料，依靠网络效应组建，以"匹配用户，通过商品、服务或社会货币的交换为所有参与者创造价值"为目标的数字化基础设施。见[美]杰奥夫雷 G. 帕克，[美]马歇尔 W. 范·埃尔斯泰恩，[美]桑基特·保罗·邱达利. 平台革命[M]. 志鹏，译. 北京：机械工业出版社，2017：6.

2.07亿户。2020年IPTV总用户数3.15亿户。据CNNIC统计报告显示，截至2021年12月，我国网络视频(含短视频)用户规模达9.75亿，较2020年12月增长4794万，占网民整体的94.5%。

(二)大视频时代的特征

整体来看，从内容生产方式、受众消费方式、广告营销模式等各个方面，大视频时代都表现出和以往不同的特征：

1. 大视频时代的内容生产方式发生了改变。传统的电视媒体对播出平台的垄断，因为商业视频网站、短视频平台等视听新媒体的出现被打破，新媒体介入视频产业链，利用大数据等技术精确掌握用户收视行为，提供个性化服务，内容生产更多地以用户为中心，围绕用户需求来进行，形成了从内容到用户、从用户到内容的双向互动过程，实现了"内容+消费"的同步生产和瞬间转移。

2. 大视频时代的受众消费方式发生了改变。快节奏的城市生活方式，使得现代生活中人们的时间七零八落，大块时间被分割在了办公室、路上和车上，人们很少有完整的时间和专门的环境从事媒介消费活动。而智能手机、IPAD既可以满足人们多样化的信息需求，也可以填补人们碎片化的时间，使得受众可以独立地、不受时空限制地消费信息。再加上家庭Wi-Fi的发展，4G、5G技术的进步，更多人选择"小屏+大屏"的多种屏幕的综合视频观看行为，受众的多屏幕、碎片化、即时性的信息消费习惯因此形成。

3. 大视频时代的广告营销模式也发生了改变。多屏营销、精准营销和数字营销成为新的潮流。多屏营销是指在多个屏幕上开展营销服务，多屏可以把时间、环境、地域连接起来，针对不同的人群，为用户提供专门定制的营销服务。同时，利用多屏和移动技术，还可以根据用户需要随时定位用户的空间位置，及时把握用户的各种需求，从而为其提供精准的服务信息，使精准营销成为可能。数字营销则是更加新颖的营销模式，它采取精准投放、全场景营销、精细的效果监测体系，实现企业与真正的潜在用户有效链接，帮助企业获得更好的营销效果与更高的转化率。

总之,大视频时代,电视行业的内涵发生了改变,"电视行业"这一称呼已经不能全面反映行业特征了,也许用"视听行业"更加合适①。过去的电视产业链是包括"内容生产商、电视机构、有线传输渠道、无线传输渠道、广告公司"的完整链条,现阶段则是包含"内容生产商、平台运营商、网络运营商、技术支持商、终端设备提供商"等多个环节视听产业链。行业市场格局改变,"媒介之间、产业之间、产品之间、生产者之间的界限被彻底打破"(张海潮,郑维东,2014:30)。

二、多元化的行业竞争主体

(一)本书的研究目标和研究问题

生产主体的多样性、生产方式以及行业市场的巨大变化,改变了整个电视行业,直接影响到电视行业的生存和发展。为了应对这一变化,我们有必要去了解电视行业出现的各种新现象和新问题,并展开积极有效的研究。同时,电视行业竞争主体的各种活动不断地反馈到行业生态系统中,进而对良好的行业发展环境建构提出要求,如行业法律法规建设、行业行政管理方式、受众网络素养等,因而对电视行业发展环境的优化研究也是急需展开的任务。

因此,本书将研究目标锁定到电视行业的竞争与发展,以及行业生态环境的建构与优化上,探究电视行业健康发展的路径,以及和谐平衡的行业生态系统的构建问题。

围绕以上研究目标,本书选择了在电视行业的诸多竞争主体之中,最为重要的三个视听媒体——传统电视媒体、商业视频网站和短视频平台加以研究。本书认为三者在行业发展中的表现将会影响整体的电视行业走向,因此

---

① 在本书中,"电视行业"和"视听行业"这两个概念是一致的,行文中常常将二者混用。

是尤其需要重点关注的对象。本书希望能够对传统电视媒体、商业视频网站、短视频平台开展竞争和发展问题的相关研究，以分析电视行业的发展规律，探寻行业健康发展的路径。

本书选取了生态学的研究视角，围绕研究目标提出如下研究问题：在新环境下电视行业经过什么样的种群变迁过程？目前电视行业的发展态势和规律如何？电视生态系统的构成有哪些？影响电视种群发展的生态因子有哪些？种群之间是如何开展竞争的？有没有生态失调问题甚至生态危机的出现？出现这些问题的原因是什么？如何解决这些问题？在接下来的研究中，本书希望能够给出答案。

(二) 本书的研究对象和相关概念

本书的研究对象是传统电视媒体、商业视频网站和短视频平台，讨论的问题是行业的竞争和发展。围绕研究对象和研究问题的相关概念如下：

传统电视媒体：是指传统意义上的电视台，包括中央级电视台（即中央电视台），各省、自治区、直辖市的省级卫视台及其省级地面频道，以及各地市级电视台等。需要说明的是，在行文中，为使文章简洁方便，本书也经常将"传统电视媒体"简称为"电视媒体""传统电视"或"电视"。

视听媒体与视听新媒体：目前视听媒体并没有一个统一的定义。在过去，视听媒体主要是指广播电视，但是随着数字传播技术的发展，又有许多新的提供视听业务的媒体形式出现，如视频网站、手机电视、短视频平台等，业界一般将它们称为视听新媒体，如此，视听新媒体与传统的广播电视一起，统称为视听媒体。

视频网站与商业视频网站：视频网站是指通过互联网，以提供网络视频为主的网站，包括传统媒体建设的网络电视台、门户网站的视频频道及专业视频网站等。本书研究的商业视频网站，并不包含传统媒体的网络电视台，而主要指后两者，尤其是指专业视频网站。因此在之后的行文中，如果没有特别指出，本书使用的商业视频网站这一概念，指的就是以优酷、腾讯、爱奇艺等为代表的民营商业视频网站。需要指出的是，为使文字简洁方便，本书也常常将"商业视频网站"简称为"视频网站"。

网络视频：我们需要注意视频网站和网络视频的区别，CNNIC 对网络视频的定义为"网络视频是一种信息交流方式，包含了个人、公共或商业行为，这种行为以网络为载体、采用视频形式进行"。也有学者从内容上来定义网络视频，认为网络视频是一种在线的、通过各种播放软件播放的文件内容。本书认为，网络视频主要是一种节目内容，其生产主体可以是个人、视频网站、传统电视台，发布平台主要是在网络上，发布的目的可以是分享、交流，也可以是以商业目的为中心，广义的网络平台既包括互联网也包括手机移动网，狭义的网络平台则专指互联网。

短视频与短视频平台：短视频是产生于移动互联网时代的一种新型网络视频形态，主要依托于移动智能终端实现快速拍摄和美化编辑，一般视频时长在数秒至数分钟之内，在短视频平台上进行实时播放。其生产主体既包括专业视频制作机构又包括普通用户，以自我表达、社交分享和实时互动为主要目的[①]。短视频包括多种类型，如资讯类短视频、教育培训类短视频、影视剪辑类短视频等，具有制作门槛低、传播渠道多元化、渗透性强等特点。短视频平台是指由数字技术的快速发展促生的，按照平台模式组建起来的，以快手、西瓜视频、美拍、秒拍、抖音等为代表的互联网企业。

竞争与竞合：从经济学角度出发，为了实现自身的经济利益和既定目标，经济主体会在市场上进行不断的角逐，这一行为就是竞争（competition）。经济学家乔治·斯蒂格勒（1996：577）认为："竞争系个人（或集团或国家）的角逐，凡两方或多方力图取得并非各方均能获得的某些东西时，就会有竞争。"

[①] 关于短视频的时长问题，散见于各种研究报告和学术文章中，目前并没有一个定论。时长从几秒钟到 3 分钟、5 分钟、10 分钟、15 分钟、20 分钟的说法均有出现。能够达成一致的基本认识是区别于长视频，时长比较短的视频。因此本书并没有给出短视频具体的时长限制，仅仅界定了一个模糊范围。

竞合(coopetition)是在竞争之后出现的一个经济学新概念,又叫合作竞争,这一概念起源于1996年布兰登勃格(Adam M. Brandenburger)和内勒巴夫(Barry J. Nalebuff)两位学者提出的一个设想:"当共同创建一个市场时,商业运作的表现是合作,而当进行市场分配的时候,商业运作的表现即为竞争,商业运作是战争与和平的综合体(1996:4)。"企业之间这种既竞争又合作的关系被称为竞合。竞合不等同于单纯的合作,也不是单纯的竞争,合作竞争是竞争的一种形式,其实质仍旧是竞争,但是更加强调以合作求竞争,正因为如此,很多研究中把合作竞争直接称为合作,本文中使用的"合作"一词,如没有特殊说明,也是指的"合作竞争"。

生态学提供了另外一种理解竞争和竞合的视角。生物的生存需要一定的资源,生态学的竞争是指生物对生存所需的有限的资源相互争夺,竞争可以发生在物种内部个体之间,也可以发生在种间,因此,生态学的竞争观,是资源利用的竞争观。种间关系包括竞争关系,但是互惠关系和共生关系也是物种之间关系的类型,即种间关系并非只有竞争一种。互惠是指对双方都有利,但并非不能分离;共生则是物种失去对方就无法生存。所以,互惠是共生的初级阶段。共生后来被应用于经济学等社会科学,共生、合作、共赢常指同一概念。

生态位与媒体生态位:生态位(niche)又叫利基或区位,是一个丰富的生态学名词。1910年,Johnson最早使用了这一术语,但第一个给生态位下定义的人是Grinnell J,他认为"生态位是恰好被一个种或一个亚种所占据的最后分布单元,是生物在群落中所处的位置和所发挥的功能作用"(尚玉昌,2010:326),之后生态位的概念和思想不断发展。目前,对这个概念的定义没有统一标准,比较有代表性的定义为:Grinnell的生境生态位、Elton的功能生态位、Hutchinson的多维超体积生态位。Dimmick最早把生态位的概念引入媒体竞争实证研究,他认为"生态位是一个单位(群体或个人)与他所在环境的关系"(Dimmick,2003:24)。邵培仁是国内第一次提出媒体生态位概念的学者，他认为媒体生态位是媒体所占有的特殊的时间和空间位置（邵培仁：2001a）。总的来说，不同学者从时空、资源、功能等各个角度来理解媒介生态位，因此对这一概念的界定存在差异。鉴于概念的复杂性，本书在第二章会专门对生态位和媒体生态位的内涵加以解释。

三、生存与发展：电视行业的终极问题

在电视行业中，生存和发展问题始终是不得不面对的终极问题。对传统电视、商业视频网站和短视频平台来说，竞争与合作是行业发展的主旋律，产业链条上的各个主体在竞争中寻求合作，在合作中开展竞争。对于这些视听媒体来说，它们的竞争关系是什么样的？影响其竞争和合作的因素有哪些？各个生产主体如何竞争与发展？更长远来看，整个电视行业的发展态势和规律如何？影响电视行业发展的因素有哪些？国家、社会、媒体和个人又该如何共同营造一个有利于电视行业发展的健康有序的外在环境？本书主要利用生态学中的生态系统、生态位理论，再结合经济管理学以及传播学中的使用与满足理论等，试图分析电视行业生产主体之间的竞争和发展，并探寻如何建构有利于电视行业发展的健康有序的外在环境，为电视行业的整体良性发展给予理论上的支撑和实践上的指导。因此，开展这一领域相关研究的意义是巨大的。

（一）研究的学术价值

1. 本书利用生态系统、生态位理论解释媒体竞争关系，是对传媒产业市场竞争理论的丰富。目前的传媒市场竞争研究，多是在产业经济学的 SCP（结构—行为—绩效）的框架内以及管理学的竞争管理、知识管理等框架内展开，传统的经济学和管理学的框架把竞争看作是行业内部的问题加以分析讨论，但是很多时候传媒业的竞争是被视为行业之间的问题，如何解释传统媒体与新媒体之间的竞争？传统的竞争理论对此问题显得无能为力。而生态位理论把新旧媒体之间的竞争看作是生态学意义上的种间竞争，以

此为基础展开讨论，从而提供了行业间竞争研究的路径，丰富了传统的竞争研究理论。

2. 本书从生态学视角探究电视行业的竞争和发展，以及环境建构和优化问题，可以促进多种学科理论的对话交流。20 世纪 60 年代以来，生态学与社会科学互相渗透，生态学开始了"人文转向"：社会学、管理学等众多学科开始使用生态学作为理论视角，本书在新闻传播学的学科背景下，从生态学视角探讨电视行业的竞争发展问题，是对生态学人文转向的呼应，促进了学科之间的交流。

3. 本书构建了电视行业的生态系统，提出电视种群互惠共生的资源竞争理念，致力于电视生态环境优化分析，探究了电视行业健康发展的保障体系。电视生态系统涉及主体多样、关系复杂，本书从多主体、多维度探索电视生态系统的构建体系，提出互惠共生的竞争理念，建构和优化生态环境，从而实现了理论上的创新。

(二) 研究的应用价值

1. 明确竞争关系，为电视行业竞争提供启示。本书探索传统电视媒体、商业视频网站、短视频平台的竞争和发展问题，洞悉新环境下视听行业的发展现状，理解行业的竞争关系，从而对电视行业的竞争发展给予理论启发。

2. 致力生态失调问题的解决，为政府施策提供参考。本书聚焦电视行业的三大视听媒体，探索电视行业生态系统的生态失调问题及解决方法，为政府管理部门有效应对电视行业的各种问题提供决策参考。

3. 优化电视行业生态环境，助力电视行业生态系统良性发展。本书通过健康良好的电视行业生态环境的建构，优化视听媒体生存和发展环境，最终助力于构建健康和谐的电视生态系统，推动电视行业可持续发展。

第二节　从生态学视角看电视行业媒体竞争

一、以迪米克为代表的西方研究

西方的媒体经济研究已经有上百年历史，呈现出两个特点：一是逐步为新闻学界主导，二是坚持以经济学理论为支撑，主要在经济学范式内展开。国外学者对媒体竞争的研究比国内的研究更具规范性和系统性，西方学者们对新闻媒体竞争的研究视角多从经济学、管理学、传播学学科出发，以媒体经济、竞争、市场等为议题做了大量研究，许多话题都被探讨过：如媒介竞争的模式、媒体竞争与内容多样性、媒体市场结构与绩效、媒体竞争与政策规制、新旧媒体竞争、媒体对读者和广告资源的竞争、媒体垄断竞争、媒体竞争的策略等，多范式并存是西方媒体经济和竞争研究的一大特点，主要的理论范式有：借鉴经济学和管理学的研究范式，传媒领域自身多年来形成的研究理论范式，以及引入较晚的、作为辅助的生态学范式（张明新，2011：10-15）。在此本书主要梳理在生态学范式下开展的媒介竞争研究。

媒体生态位的研究起源于美国，代表性学者有 Dimmick、Albarran 等人，Dimmick 等人采用此范式中的"生态位理论"（the theory of the niche）以及传播学的其他传统理论，如"使用与满足"理论，展开了一系列的研究：早在20世纪80年代，John Dimmick 和 Eric Rothenbuhler 对新媒体背景下的多种媒体共存的现象进行了研究，在文中作者从生态位这一新颖的视角出发展开研究。此后，Dimmick 与多位合作者进行了大量相关研究，并出版了《媒介竞争与共存：生态位理论》。该书的主题是研究传媒的竞争和共存，作者（Dimmick，2003）认为竞争和共存是媒介组织内外以及整个行业内外常见的经济现象，就像硬币的两面相生相伴。作者以生态位理论为研究视角，考察了媒体组织和行业内外的竞争，包括广播电视、有线电视和互联网等，解释了传媒业中的竞争和共存现象。

Dimmick 等人的研究涉及有线电视和传统电视的广告资源竞争、消费者对媒体使用的满足评价、新媒体互联网和传统媒体的竞争关系、电子邮件和电话的竞争、个人媒体等多个议题。

1984 年，Dimmick 和 Rothenbuhler（1984a；转引自张明新，2011：45）收集了从 1928 年到 1982 年 55 年来美国五种媒体广告收入的数据，研究这些媒体广告生态位的宽度与重叠度。研究发现，电视最初出现时，影响了广播的生态位，广播为了生存，提升了对地方广告的利用程度，与电视区别开，从"资源宽用型"媒体变为"资源窄用型"媒体，从而与电视共存。同年，两位学者（Dimmick，Rothenbuhler，1984b）对报纸、电视、广播和户外媒体的广告资源进行生态位分析，发现了类似的结论。1992 年，Dimmick 等人（Dimmick，Patterson，Albarran，1992：13-30）对美国有线电视对传统媒体的影响进行分析，在美国，有线电视兴起于 20 世纪 80 年代，Dimmick 等人主要关注它的产生对无线电视的广告资源的影响。

1993 年，Albarran 和 Dimmick（1993）研究了受众在传统电视、有线电视、VCR（模拟式磁带录放机）、收费有线电视、按次付费有线电视这五种视频媒体上受众的满足获得情况。作者发现有线电视的生态位宽度最大，紧接着是传统电视。VCR 和有线电视的竞争最激烈，紧接着是收费有线电视和按次付费有线电视。2004 年，Dimmick 等人（Dimmick，Chen，Li，2004）撰文指出，互联网影响了传播环境，导致了传统媒体的改变，为了对比在线新闻使用和传统新闻消费的区别，新媒体可以提供给受众需求新的满足方式，同时还可以满足新的受众需求，从而对已有媒体产生影响。通过对 211 个受访者的电话调查，作者发现在在线新闻维度，互联网对电视和报纸等传统媒体存在明显的竞争置换，同时还发现互联网和传统媒体在提供满足机会方面存在一定的生态位重叠，并且互联网在满足机会维度具有更宽的生态位，比传统媒体更能满足受众需求。2008 年 Ramirez 和 Dimmick 等人（Ramirez，Dimmick，

Feaster,Lin,2008)讨论了IM(即时通信工具)、电话、E-mail在受众社交满足维度和满足机会维度的生态位特征。研究发现,IM比电子邮件更善于满足受众的社交需求,电话则在满足机会维度占有优势。IM仅仅比电话在提供满足机会方面占有微弱优势,而后者在满足社交需求方面优于前者。

除了广告和受众资源维度的研究,Dimmick等人还引入了人际关系等新的研究维度。2011年Dimmick等人(Dimmick,Feaster,Ramirez,2011)把人际关系作为一个重要维度,研究在社会网络资源空间中手机、电话、IM(即时通信工具)、E-mail以及短信的生态位情况。通过培训142个在校大学生填写时空日记的方法,作者发现由于具有不同的时空生态位,即在不同的时间和地点可以满足不同的网络关系使用,以上个人媒介得以共存。其他相关的文献还有很多[1],作者不再赘述。

Dimmick等人的研究,推动了利用生态位理论研究媒体竞争这一领域的发展,许多学者也开始介入这一领域,如Randle(2003)以生态位理论分析传统的杂志和互联网对特殊兴趣群体心理需求的满足情形,发现互联网提供了更大的心理满足生态位。互联网在倾向于认知和任务导向的使用者中竞争优势更大,杂志则在倾向于情感和自我中心的用户中竞争优势更大。2012年Louisa等人(Louisa,Ling,2012)利用生态位理论和使用与满足理论,通过分析互联网使用经验对传统媒介消费时间的影响,研究了在线新闻使用对传统新闻媒体使用的影响。作者在2009年10月至12月,对美国俄亥俄州以及

---

[1] 其他相关文献如:Dimmick, John; Albarran, Alan B. The role of gratification opportunities in determining media preference. Mass Comm Review. 1994, Vol. 21 Issue 3/4, p223. 13p. 4 Charts. Dimmick, John; Ramirez, Jr., Artemio; Feaster, John. The Niches of Interpersonal Media: Relationships in Time and Space TOP PAPER Nr. 2. Conference Papers—International Communication Association. 2007 Annual Meeting, p11. 1p. Dimmick, John. Journal of Media Economics. 1997, The Theory of the Niche and Spending on Mass media: The Case of the 'Video Revolution' Vol. 10 Issue 3, p33. 11p. Dimmick, John; Feaster, John Christian; Hoplamazian, Gregory J. News in the interstices: The niches of mobile media in space and time. New Media & Society. Feb2011, Vol. 13 Issue 1, p23—39.

俄亥俄州立大学发放问卷，收集到了 688 份调查对象的数据，分析了互联网对传统媒介消费时间的置换效果。研究结果显示，在日常新闻消费维度，确实存在互联网对传统媒体的置换效果，并且对具有 5 年以上互联网使用经验的用户来说，这种效果更加明显。互联网使用经验越多，对传统媒体的使用时间越少。对于熟练的网络用户来说，互联网和传统媒体的生态位重叠度越来越大，并且前者具有更大的竞争优势。

二、全方位开展的国内研究

国内的相关研究，一类集中在对媒体竞争生态学范式的理论分析，一类使用生态学范式对不同类型的媒体竞争和发展实践展开研究。

（一）媒体竞争生态学范式的理论分析

邵培仁（2001a）首次提出了媒体生态位概念。他认为媒体生态位是媒体所占有的特殊的时间和空间位置，他指出："任何一种媒体都必然有其特殊的时间与空间上的生态位，亦即有其特殊的生存与发展的土壤和条件，以及它在这一状态下的特有行为和作用。"同时，他（2001a）还从营养生态位的角度进行分析，认为"受众资源与广告资源是当代新闻媒介的基础生态位。新闻媒介是以自身独特的功能生态位去争取两个相同的基础生态位中的分层资源的。电视是通过提供声画信息来争夺受众的视听觉资源"。邵培仁（2001a，2001b）提出了媒介生态的整体观、互动观、平衡观、循环观和资源观，这种对媒体生态位的理解，既包括媒体特定的时间和空间位置，以及媒体发展所需要的资源和环境，也包括媒体系统的特殊功能和作用。

2004 年，支庭荣出版《大众传播生态学》，作者（支庭荣，2004）认为大众传播生态学的从生态学汲取理论来源，传播生态是一个研究视角也是一个研究领域。技术性特征是区别媒介"物种"的关键，作者讨论了媒介形式与精神生态、媒介内容与舆论生态、大众媒介与文化生态之间的关系，并指出传媒的生态环境与媒介体系之间存在相互作用，中国的传媒生态环境处在市场化与行政性的夹缝中，出现了无序运作和泡沫化等生态问题。

张明新和强月新（2010）梳理了国内外研究传媒竞争的四种范式：经济学范式、管理学范式、传媒经济学范式和生态学范式。两位学者认为，美国的学者多聚焦微观层面、多从量化方法入手考察传媒生态，而国内多是在宏观层面上使用生态学理论研究传媒竞争，更多是采用思辨方法，注重对概念之间逻辑关系的推演。

张明新（2011：6-9）认为，在学术界，媒介经济研究同步于媒体广告经营，中国媒体经济研究始于报业广告经营，为解决报业经济短缺的问题，"报业经济"的概念被提出，从此十多年间，先后有"广播电视经济"、媒体经济"二重性理论"、"媒体二种功能理论"、"媒体产业化"、"媒体经营与管理"、"媒体产品商品论"等多个概念不断被提出。国内对媒体竞争现象的研究，主要集中在媒体竞争的本质和理念、格局和现状、对策和策略，以及个案和区域媒体竞争等，这些研究也是在经济学、管理学、生态学[①]等范式下展开的。他（2011：19）认为，生态学的研究范式是一个相对弱小且新近的范式。由于媒体经济与其他国民经济产业的差异，以经济学和管理学理论对媒体竞争（经济）现象做解释，应采用其他范式下的理论作为补充。生态学就是对媒体竞争研究的补充工具。在深入解读了迪米克的媒体生态位思想之后，张明新（2011：43）进一步发展和构建了完整的媒体竞争分析框架，并对报纸、广播、电视和网络在各个资源维度上的竞争现状进行了实证研究。

---

① 在西方学术界，"媒介生态学"（Media ecology）作为一个十分复杂且相对年轻的学术领域，其独特性表现在将研究重点放在分析传播技术本质或内在的符号（symbolic）和物质（physical）结构如何对文化导致的深远影响上。西方传媒生态学（媒介环境学）的代表人物有麦克卢汉、波斯曼、莱文森、梅罗维兹、林文刚等，详细内容见林文刚编，何道宽译《媒介环境学：思想沿革与多维视野》。而国外从生态学视角开展研究的其他领域，即以美国学者迪米克为代表的从生态位理论展开的对传媒产业竞争和发展方面的研究，国内的传媒生态学沿用的多是迪米克的从生态学理论进入的研究路径，而国外以麦克卢汉等人为代表的媒介生态学，在国内被称作"媒介环境学"，以此与国内的"媒介生态学"相区别。

喻国明、耿晓梦（2022）采用生态学理论和复杂系统理论的双重视角，基于我国传媒业发展现状构建符合现实实践的传播生态系统模型，从多主体的行为交互角度分析传播生态系统的发展演化过程。两位学者认为生态范式对媒介研究具有宏观性，在考察媒介与社会之间关系的研究上提供了一种全局观，在全面深刻把握社会传播系统上具有优势。

(二) 生态学范式下媒体竞争实践的相关研究

更多的学者基于媒体竞争的实践开展相关研究，这些研究既有实证研究，也有思辨研究和规范研究。

1. 实证研究

中国台湾地区的学者基于区位(生态位)理论展开的实证研究，成绩斐然：李秀珠(1998，转引自张明新，2011：48)研究了台湾地区的卫星电视对电视网的影响，作者分析了台湾地区三家电视网7年以来的节目内容的数据，发现电视网和卫星电视的生态位重叠度极大，卫星电视的竞争使电视网的生态位宽度变窄。2001年，李秀珠(2001)比较分析了台湾电子报和电视新闻对报纸的影响，发现电视新闻和报纸新闻竞争最激烈，前者处于优势地位。2002年，李秀珠、彭玉贤、蔡佳如(2002)利用区位理论，从媒介新闻内容资源这一维度分析电视新闻、电子报、报纸的区位宽度、重叠度和区位优势，探讨三种新闻媒体的资源使用模式。同年，郭贞、黄振家(2002)利用区位理论，比较了网络、型录和商店作为购物渠道的竞争优势。2003年，张意曼、陈柏宏(2003)以中时报系为例，研究了电子报在内容上与报纸的差异和优劣势，研究发现，在报道类型和新闻主题上，无论是区位宽度还是在区位优势，中时的电子报都不如中时的传统报纸，二者的重叠度很高。

在中国大陆，相关的实证研究也很快展开：张健康(2005)运用生态学的理念，围绕中国媒介生态优化的问题，探讨社会营销背景下媒介生态失衡的现象、根源以及媒介生态的调适问题。郭鸿雁(2008)分析了广电产业系统的媒介生态，通过对电视内容资源位的宽度和重叠度进行测算，分析了我国广电产业合作竞争的情况，是为数不多的该研究领域的量化研究之一。王三炼（2009）将动漫产业的发展分为包括文化生态、技术生态的原生态，包括受众、产品、资本和人力生态的内部生态与包括国际环境的外部生态，并展开研究。王春枝（2009）也采用量化方法，利用该理论研究报纸和网络的竞争关系，分别对二者在广告市场、受众市场和地域市场上的生态位关系进行分析，同时结合资源基础理论，比较了二者的内部资源，总结了各自的生态位优势，并提出了报纸媒体的发展策略。

张明新、强月新（2009）通过分析自1999年以来7年间，我国五种主要媒体的广告数据，试图以此途径分析五大媒体在广告资源方面的利用情况，透视五大传媒产业的竞争态势及其变迁轨迹，为研究我国传媒产业提供了一种独特的视角和方法上的示范。作者得出了一系列研究结论：如各传媒产业皆在努力拓宽其广告资源的行业来源；各传媒产业对广告资源的竞争逐渐激烈，报纸的生存环境愈来愈恶劣。

蔡海龙（2010）主要运用参与观察、深度访谈的研究方法将电视新闻叙事研究置于传媒生态中，利用传媒生态和叙事理论，分析了电视新闻叙事的内部生态和外部生态，分析了电视内部的制播技术、节目定位、叙事主体以及电视外部的传媒体制、其他媒体的新闻叙事活动等因素对电视新闻叙事的影响。侯海涛（2010）从传播学和生态学的视角，分析了中国转型期影响电视新闻媒介的四个生态因素，即政治、经济、文化、技术因素，并从电视的媒介属性和电视新闻生产规制两个方面分析了电视对外部生态因素的反拨。该研究对电视新闻的媒介生态分析较全面，但使用的方法仍然是观察描述和比较研究等质化研究方法。陈瑞群（2012）以湖北知音传媒集团为案例，运用生态学理论和企业成长理论，探寻传媒成长的机制、路径和规律，作者认为中国传媒健康成长是一条组合S形曲线成长路径。陈亚旭（2012）在对中国地市报生存发展的研究中，使用生态学理论分析了地市报的生态位和种群生态。

黄京华（2013）对国内8个城市共33所高校的1600名90后大学生的网络

化生活形态进行调查研究，就网络视频对电视受众的分流问题展开研究，这是为数不多的对电视和视频网站进行量化研究的文章之一。姚争(2014)从生态学视角，研究了广播媒体的生态位，并分析了广播媒体的生态共生行为。姜照君、顾江(2014)从广告资源竞争维度考察江苏省传媒业的竞争态势，从广告资源的使用模式和竞争态势方面对1999—2012年江苏省传媒业进行了实证分析。研究发现，江苏省电视台、报社、广播电台之间的生态位重叠度高，对广告资源的竞争日益激烈；江苏省电视台的生态位竞争优势最强，其次是报社、广播电台、杂志社、网站。研究结果表明，江苏省传媒业的整体竞争格局没有发生显著变化，但是网络新媒体正在迅速崛起，报社的生存环境日益恶化，而电视媒介时代也有走向"终结"的迹象，媒介生态变迁的拐点有所显现。

冉华、周立春(2015)利用生态位理论，收集了2007—2013年的广播、电视和网络的受众资源数据，在受众职业这一微观维度上分析了三种媒体的生态位宽度、重叠度以及竞争优势，得出如下结论：广播、电视、网络的生态位宽度逐渐增大，三者之间的竞争程度愈发激烈，电视与广播、网络的生态位重叠度较高，广播与网络之间的生态位重叠度暂时较低，由于受众规模最大，因此电视更具生态位优势，但是这一优势在不断下降。也有学者(张健康，2015)通过2000—2013年数据库CNKI的媒介生态文献以及媒介生态的相关杂志和主要专著，进行量化和质化分析，勾勒出中国媒介生态学研究的大致图景。

高祥华(2020)对电视与网络视频行业展开了收入维度的生态位竞争分析，研究发现，在争夺收入资源方面，电视行业占有较大的竞争优势，但网络视频行业的市场竞争优势也在不断增加。电视占有较大竞争优势的成因主要有市场成熟度不同、受众规模相差较大、规制制约差异、受众消费习惯差异等。网络视频竞争优势扩大的成因主要是错位竞争、内容生态位优势、广告的精准投放等。陈周硕(2020)对中国移动音频、广播、电视和网络产业受众资源生态位进行实证研究，发现中国移动音频产业受众规模增长快但吸引力降低、优势提升速度快但突围乏力的现状。俞湘华（2022）基于深度访谈等研究方法，从媒介生态学的视角出发，对中国民营综合视频网站开展媒介外生态、内生态以及生态位等不同层次的研究，分析其发展壮大的影响因素。研究发现，民营综合视频网站面临"面对外部生态向市场妥协、资本要素在网络视频生态中的话语权过重；原创缺乏、经营困顿，内部生态面临投产比失衡；以及媒介生态位高度重叠等"一系列媒介生态危机，并提出以媒介生态位的差异化和价值链路的完整化为基础的民营综合视频网站"内生态"建构，以及以融合生态和价值共创为基础的民营综合视频网站"外生态"建构的解决路径。

2. 思辨研究和规范研究

相比实证研究，思辨研究和规范研究的比重更大：

报纸方面，陈芝、陈康敏、李其名（2014）分别从生态位视角出发，对纸媒的生存与发展进行探讨。金妍、陈红梅（2012）从媒介生态位的视角观照都市类报纸的生存发展。宋艳丽、何宝香（2011）研究了媒介生态理念下的民族地区报业发展道路。其中，李其名（2013）认为从媒介生态学角度考察了报纸生态位的宽度、重叠及调整状况，认为报纸是否行将消亡，关键要看其能否找准自身的生态位空间，改变对资源的使用方式，降低与其他媒体的生态位重叠程度以及通过新信息技术的融合来拓宽自己的传播生态位而努力赢得大众市场。

广播电视方面，申启武（2007）针对广播发展中恶性竞争、资源浪费的现象，提出让不同频道的广播通过寻找原始生态位、整合频率资源、凸显频率特色等差异化竞争策略，以实现生态位的分化来解决问题，并提出切实改善和保护受众生态环境及广告资源环境、加大政府监管力度。谢立文、欧阳谨文（2004）研究了媒介生态位与电视新闻栏目创新。杨皓晖（2012）讨论了"限娱令"后电视媒介生态环境的危机与重建当代传播问题。陈旭鑫（2012）则对媒介生态学观照下的我国农业电视新闻传播生态进行剖析。黄雨水（2013）对新媒介生态下的电视广告进行研究。李洁玉、蔡丽梦（2010）从传播生态学的视角，分析了 CNTV 的媒介生态位，并分析评价 CNTV 的媒介融合策略。

新媒体方面，张志林、王京山（2005）分析了网络媒介生态位的四个层次。刘远军（2008）对手机报的媒介生态位进行了考察。李军、张大朴（2013）等人则从这一视角出发，关注网络体育广告的传播效果。单颖文（2011）以此分析了手机媒体的时空和功能生态位。吴昀、张梵晞（2014）则利用生态位理论研究新浪"音乐之声"微电台，并从播放方式赋权听众、App 绑定智能设备、创新管理考评机制、开展数据营销几个角度分析未来微电台的发展对策。

自视频网站、短视频平台相继兴起之后，相关研究逐步增加。金力（2008）讨论了论视频网站对传统电视的冲击，认为视频网站改变了受众观看传统电视节目的习惯、实现了媒介内容的多元化分享和去中心化、导致草根新闻的盛行，对传统电视造成了巨大冲击。查道存（2001）分析了作为整合营销模式的网台联动对视频网站、电视台和广告主带来的优势，并分析了网台联动的操作细则。赵璇（2011）分析了视频网站和传统电视的传播特性，总结了视频网站的发展模式和电视网络电视台的发展情况，指出二者各有优劣势，具有很强的互补性，从竞争走向融合是趋势。

谢欣（2012）从用户、环境、节目三个方面分析了面对新媒体竞争时传统电视的制约因素，电视媒体和视频网站分别拥有各自的资源优势，二者可以实现合作共赢。张春林（2012）从内容、受众、广告三个方面分析了电视和视频网站的竞争态势。张天莉、郑维东（2012a）观察到网络视频对电视的影响，并利用麦克卢汉的"媒介四定律"展开研究。文章中，作者提出多屏发展是电视媒体提升竞争力的关键。陈波、张雷（2013）从再造网络电视台、生产网络自制剧、研发原创综艺节目等方面分析了视频网站的后发优势，并从全媒体战略，树立用户观念、加强社会化、精准化营销等方面论述电视台的自我转型策略，并论述了电视台与视频网站的联动合作可能路径。陈林利（2014）尝试以媒介生态学研究视频网站自制节目，利用媒介生态环境、媒介生态位、媒介种群等概念，呈现视频网站自制节目的生存现状及成长过程以及和其他媒介的竞争融合关系。

谭天、张甜甜（2014）分析了电视与视频网站的竞合中，内容生产社会化、产品运营平台化、传播终端多屏化的趋势，并指出平台和内容同时是未来竞争制胜的关键，文中对乐视的生态圈、湖南卫视的生态圈进行了个案研究。闫然通过电视对数字化渠道终端的布局，对内容资源的垄断，以及政策上的推动力，分析了台网竞合关系。陈小淑（2014）从电视台与视频网站联动发展的不同阶段出发，根据二者各自的特性及相互关系，探索传统电视台持续发展的新模式。谢思以湖南广电为个案，分析了湖南广电通过搭建芒果TV全平台，创建OTT模式，开启"独播"战略建设芒果生态圈的经验。陈彬彬（2013）利用利基理论分析了电视台和视频网站之间的竞争，从影视剧、微电影、综艺节目等方面分析了电视台和视频网站之间的资源共享，并利用SWOT方式分析了竞争中视频网站的情况，遗憾的是作者并没有展开详细的实证研究。

李家新、刘沫、张高（2015）从自主性点看机制、互动交流机制、定位精准的盈利模式三个方面分析了视频网站的优势，并指出台网融合的必要性。池建宇、陈燕霞、池建新（2015）分析了电视和视频网站竞争的政府规制问题，认为当下电视台和视频网站已成为视频节目播出市场的直接竞争对手，而两类市场主体面临政府的不对称规制，不利于市场的平等竞争。随着技术的进步，电视台和视频网站不断互相渗透，政府有必要改变这个市场的不对称规制以实现充分竞争的市场结构。类似的观点也在张建珍、商玮娜（2014）的文章中出现。

陈小叶（2018）从宏观和微观两个视角，分析移动短视频的媒体生态位：宏观上，分析移动短视频的时间与空间媒介生态位，以及移动短视频的用户生态位、广告生态位和内容生态位；微观上，以抖音短视频为个案，分析抖音短视频的媒介生态位现状，重点关注了抖音受众心理"满足—效用"的研究。周也馨（2020）基于新的发展环境，对视频网站生态位危机及调整做出分析。研究发现，中国视频网站生态位宽度过于泛化、生态位重叠度高、缺少生态位竞争优势等危机，需要采取生态位特化、生态位错位竞争、生态位分离与共生等策略，实现生态平衡发展。彭祝斌、唐丝蜜（2021）对抖音政务短视频的信息生态系统自组织演化展开分析，认为政务短视频信息生态系统的演化是建立在"耗散性"与"协同性"规则之上的自组织运动。朱家明（2022）分析了抖音短视频的受众心理，从情感需求、认知需求、满足需求和社交需求四个维度考察短视频内容为受众提供的心理满足机会，并指出应从保持媒介生态场域的"生态平衡"和实现媒介生态场域的生态位特化两个方向进一步增加用户黏性。

另外，有一些学者并没有对媒体进行微观的类型区分，而是从全媒体视角出发，分析媒体竞争与发展的策略问题。许燕（2009）、武慧媛（2014）分别对华文对外传播的生态位和海外华文传媒的生态位竞争策略进行研究。而余承周（2013）、李庆春（2014）则在宏观层面上对现代传播体系建构和传媒企业竞争战略进行生态位视角下的研究。强月新、孙志鹏（2019）基于媒介生态理念，探讨媒介生态与新型主流媒体的关系，对新型主流媒体内涵进行梳理，并从生态位竞争中的"新型"建设和打造有"主流"影响的生态竞争力两方面探析新型主流媒体的建构路径。郑明土（2020）利用生态位对县级融媒体中心展开研究，该学者分析了县级融媒体中心建设的成功案例，指出中国的县级融媒体中心建设存在缺乏生态位的空间、政治、受众、内容、功能等维度上合理规划的问题，并提出生态位差序选择与共融生存、从生态系统观的理念建设县级融媒体中心的建议。陶喜红、周也馨（2021）利用生态位理论考察了平台型媒体价值链的生成逻辑，分析平台型媒体通过媒介功能、用户资源、传播渠道及媒介人才生态位的整合实现价值传递的过程。

三、已有研究总结与评价

国外的研究，以迪米克为代表的学者所展开的生态学范式下的媒体竞争的研究，充满实证色彩，在研究议题选择、理论建构、研究视野与研究方法方面，对中国学者有很大的启发和借鉴意义。事实上，台湾地区的李秀珠、彭玉贤、蔡佳如、张意曼、陈柏宏、郭贞、黄振家等人的研究，以及大陆学者卢文浩、王春枝、强月新、张明新、冉华、周立春等人的研究，无不是在迪米克理论的基础上展开，并进一步发展。但总体来说，国内关于媒体竞争的研究，在生态学范式下开展得还太少，实证研究得更少。

国内已有的研究文献，或者对媒体产业进行宏观分析，或者围绕具体个案展开微观研究，针对报纸、广电、新媒体等产业存在的问题和成功的经验，提出了许多媒体竞争和发展的对策和建议，对媒体产业的进一步发展，具有很好的指导作用。但是还存在一些不足，表现在：

首先，研究方法上，定性研究多、定量分析少，规范性研究多、实证研究少，重感性思维轻理性研究。在生态位范式下的媒介竞争研究中，除了个别文章采用了量化研究之外，其他多是对现象的描述分析，在电视、视频网站和短视频平台的竞争发展研究中，这种现象更为严重，大多数文章都是按照现象描述、对策分析的思路展开，缺乏完整的理论框架。

其次，研究内容上，较多关注宏观的、思辨的分析，对微观维度的研究观照不够。如很多文章对媒体的竞争战略和策略关注较多，主要是思辨和经验性的总结，对竞争和发展现象的分析，也主要在受众、广告、内容等宏观维度展开，在微观维度如广告行业来源和内容的具体分类方面则开展较少。

第三节　研究进路：方法、思路及创新

一、本书的研究方法

为了本书的研究内容能够有效开展，本书采用了实证研究和规范研究相结合、量化研究和质化研究相结合、文献资料研究和二手数据分析相结合、个案研究和对比研究相结合的研究方法。在本书中，对电视、商业视频网站和短视频平台的对比分析是贯穿始终的，其他研究方法具体如下：

第一，文献资料分析法。

文献资料分析法是通过对现有文献资料进行分析，从而得出研究结论的一种研究方法。这种方法不打扰被研究者而获取研究资料，节省研究经费，简单方便，因而是一种常见的研究方法。在对主要的研究理论、中国电视种群的历史演进过程、当下中国电视生态系统的基本概况等方面的研究中，本书使用了文献资料分析法。

第二，二手数据分析法。

二手数据分析法是对他人研究中的数据采用不同的方法加以分析，回答不同的研究问题的研究方法。中国互联网络信息中心（CNNIC）每年发布的互联网调查统计报告、国家广电总局发展研究中心每年推出的广电蓝皮书等内容，为研究者提供了许多有价值的数据。随着调查法、大数据收集和分析技术的不断完善，许多致力于电视行业研究的调查机构也推出了不少行业调查报告，其中包含很多有价值的数据，如艾瑞咨询、艾媒咨询等，本书在对电视媒体和商业视频网站的竞争关系分析中，以及在对短视频平台的媒体生态位进行测算和分析时，采用了以上报告中的数据，将其作为二手数据加以分析。

第三，内容分析法。

内容分析法是一种对传播内容进行客观、系统、定量描述的研究方法。

本书在内容资源维度，需要对电视媒体、商业视频网站和短视频平台的生态位进行测量，但相关的调查报告较少，二手数据很难搜集，为了研究开展，本书也使用了内容分析的研究方法，用以收集相关视听媒体内容资源的一手数据。

第四，深度访谈法。

深度访谈法是收集资料、开展研究时经常使用的定性研究方法。在对主要视听媒体的竞争现状进行深入的解读、寻找原因时，对受众的满足获得和满足机会进行考察时，本书使用了深度访谈法，对受众、业界的工作人员、行业管理人员进行访问以寻找答案。

第五，个案研究法。

对研究个案的分析，可以简单明了地说明问题。在本书中，个案研究方法也是常用的方法，如分析某个视频节目中电视和视频网站的合作、分析湖南卫视的独播策略等。

二、具体的研究思路

本书基于大视频时代的发展背景，以电视行业的主要竞争主体为研究对象，以竞争和发展为主要研究问题，以构建健康有序的电视生态系统为最终研究目标，以生态学为切入点，综合运用生态系统、生态位等理论分析工具，围绕电视行业竞争与发展实践的现状与问题、具体竞争关系和媒体生态位、资源竞争的路径选择、生态环境的建构与优化等展开研究。

本书通过规范研究、实证研究和对策研究三个层面，遵循"提出问题、分析问题、解决问题"的基本逻辑思路，围绕电视行业的竞争发展展开分析。全书具体分为四个篇章：既有对相关理论、电视种群变迁历史与现状的规范性梳理，也有对电视种群的广告资源、受众资源、内容资源的生态位实证分析，还有对种群竞争发展路径和生态环境建构和优化的对策研究。

第一篇是"理论基础篇——从生态学视角看电视行业发展"。该篇由第一章"导论：缘起、问题与方法"与第二章"生态学：一个媒体竞争的研究视角"组成，主要介绍本书的研究问题、理论和现实背景，对涉及的概念和主要理论进行分析。具体来说，第一章对本书的研究背景、研究目标、研究问题、研究对象、相关概念和研究价值进行阐释，分析已有的研究文献，并说明使用的研究方法和研究的创新点和重难点。第二章是对研究使用的主要理论的分析，对生态系统等概念和生态位理论以及媒体生态位理论等进行梳理。包括对个体、种群、群落和生态系统以及环境、资源等概念进行解释，并且分析了竞争、互惠与共生等生态学的种间关系。本章中还涉及竞争排除原理和生态位理论，尤其是重点介绍了生态位理论中的相关概念和原理，对生态位的定义、测量指标、竞争策略进行了分析，并介绍了生态位理论如何在媒体竞争中应用、媒体竞争的生态学解释等内容。在本书的逻辑结构上，该部分内容基于大视频时代的内涵和特征，提出了本书的研究目标，以及一系列统领全书的思考问题，为后续的研究奠定基础。

第二篇是"历史与现状篇——电视种群与电视生态系统"。由第三章、第四章组成。第三章"种群变迁：生态因子作用下的中国电视"，梳理了电视种群变迁的历史，总结了在多种生态因子影响下，从20世纪50年代末电视种群的出现，至当下融合趋势下多种视听新媒体种群崛起的演变过程。第四章"失调与平衡：新时代下的电视生态系统"主要从规模、结构、问题等维度，分析电视种群的竞争和发展现状、电视生态系统的构成、电视生态系统的生态失调和生态危机等问题。在本书的逻辑结构上，由于该部分内容基于电视种群的竞争现状，提出了电视生态系统的各种生态失调问题，而这些问题会阻碍电视种群健康发展，因此是需要面对和解决的问题，所以该部分内容属于逻辑上的提出问题部分。

第三篇是"实证研究篇——电视种群竞争关系分析"。这部分内容包括第五章"内容竞争：电视和商业视频网站内容资源分析"、第六章"受众竞争：电视和商业视频网站受众资源分析"、第七章"广告竞争：电视和商业视频网站广告资源分析"和第八章"短视频平台：种群媒体生态位分析"，对电视生态系统中的各个视听媒体种群的竞争发展深入分析。第五章至第七章对传统电视和商业视频网站在内容资源、受众资源、广告资源上的竞争展开详细分析，测算各个资源维度的生态位宽度、生态位重叠度以及竞争优势，并对竞争现状的深层次原因进行解读。第八章将研究对象聚焦在短视频平台，对于电视行业近几年来出现的这一新的视听新媒体种群展开研究，从生态学视角对其开展内容、受众资源维度的分析。在逻辑结构上，为了应对各竞争主体(视听媒体种群)的破坏性竞争造成的生态失调问题，有必要分析电视生态系统中各种群是如何开展竞争的，因此，这部分属于分析问题部分。

第四篇是"发展策略篇——平衡和谐的电视生态系统构建"。由第九章组成。第九章"共生与建构：电视种群竞争的路径与环境"，在已有实证研究的基础上，提出了电视生态系统中各个种群之间资源竞争的路径：一是要选择合适的媒体生态位，二是在互惠共生的思路下寻求发展；同时立足于电视种群发展的生存环境，从电视生存环境的两个主导因子：法律和监管的角度，分析电视行业生态环境建构和优化的问题。这一章内容最终完成的是对健康的电视生态系统的构建。在逻辑结构上，这部分的研究，是在历史现状篇和实证研究篇之后，了解到种群发展的生态失调问题，并分析种群开展竞争的基本情况之后，提出应对问题的对策和路径，因此，这部分属于解决问题部分。

本书的研究思路如下图所示：

```
                ┌─────────────────────────────────────────────┐
                │ 理论基础篇——从生态学视角看电视行业发展        │
    ┌─────┐     │   ┌─────────────────────────────────┐        │    ┌─────┐
    │ 提  │────▶│   │ 第一章  导论：缘起、问题与方法   │        │◀───│ 规  │
    │ 出  │     │   └─────────────────────────────────┘        │    │ 范  │
    │ 问  │     │   ┌─────────────────────────────────┐        │    │ 分  │
    │ 题  │     │   │ 第二章  生态学：一个媒体竞争的研究视角 │    │    │ 析  │
    └─────┘     │   └─────────────────────────────────┘        │    └─────┘
                └─────────────────────────────────────────────┘
                                    ▼
                ┌─────────────────────────────────────────────┐
                │ 历史与现状篇——电视种群与电视生态系统        │
                │   ┌─────────────────────────────────┐        │
                │   │ 第三章  种群变迁：生态因子作用下的中国电视 │ │
                │   └─────────────────────────────────┘        │
                │   ┌─────────────────────────────────┐        │
                │   │ 第四章  失调与平衡：新时代下的电视生态系统 │ │
                │   └─────────────────────────────────┘        │
                └─────────────────────────────────────────────┘
                                    ▼
    ┌─────┐     ┌─────────────────────────────────────────────┐    ┌─────┐
    │ 分  │     │ 实证研究篇——电视种群竞争关系分析            │    │ 实  │
    │ 析  │────▶│   第五章  内容关系：电视和商业视频网站种群分析 │◀───│ 证  │
    │ 问  │     │   第六章  受众竞争：电视和商业视频网站受众资源分析 │ │ 分  │
    │ 题  │     │   第七章  广告竞争：电视和商业视频网站广告资源分析 │ │ 析  │
    └─────┘     │   第八章  短视频平台：种群媒体生态位分析       │    └─────┘
                └─────────────────────────────────────────────┘
                                    ▼
    ┌─────┐     ┌─────────────────────────────────────────────┐    ┌─────┐
    │ 解  │     │ 发展策略篇——平衡和谐的电视生态系统构建       │    │ 对  │
    │ 决  │────▶│                                             │◀───│ 策  │
    │ 问  │     │   第九章  共生与建构：电视种群竞争的路径与环境 │    │ 分  │
    │ 题  │     │                                             │    │ 析  │
    └─────┘     └─────────────────────────────────────────────┘    └─────┘
```

图 1-3-1　本书的研究思路图

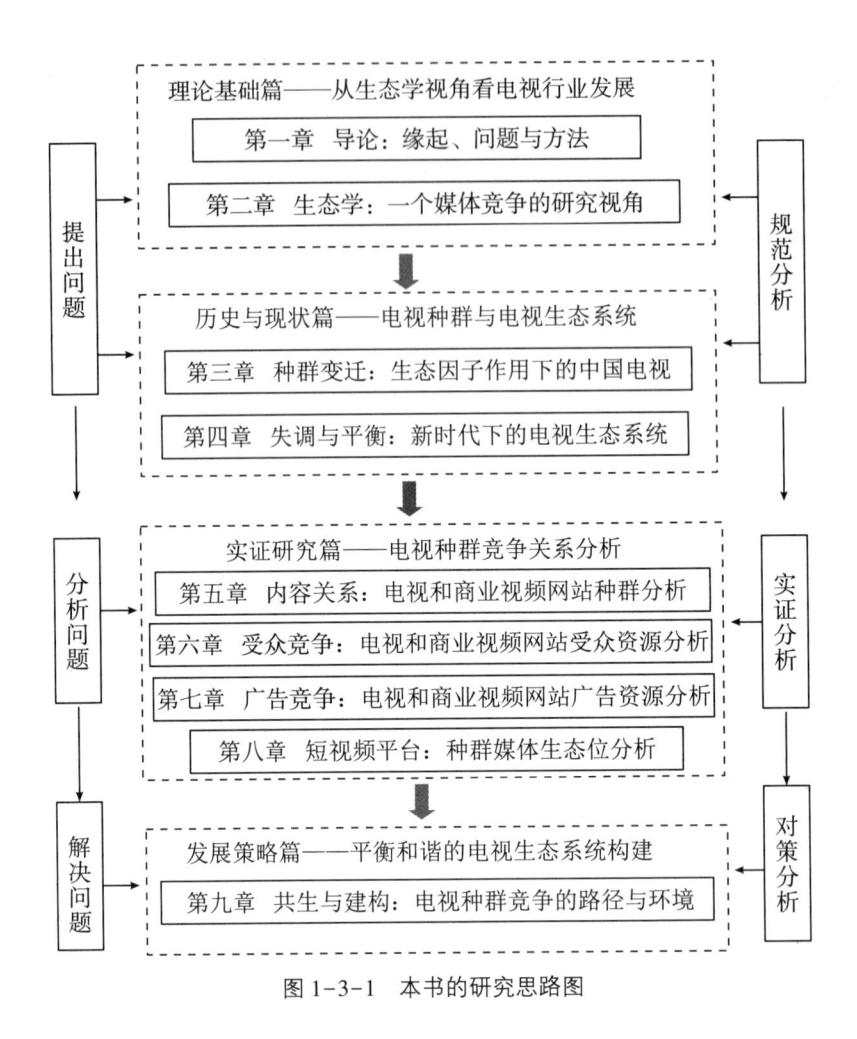

三、研究创新点和重难点

本书的创新点主要体现在学术观点、研究视角和研究方法的创新。

首先，学术观点的创新。本书从生态学视角，关注电视生态系统中各个种群的竞争发展问题，对电视生态系统的分析，对各个视听媒体媒介生态位的分析，对于互惠与共生的资源竞争理念的提出，对于电视生态环境的建构和优化，乃至对于平衡和谐的电视生态系统的构建，是本书在学术观点的创新之处。

其次，研究视角的创新。本书从生态学视角出发，利用生态系统、生态位理论研究电视媒体、商业视频网站和短视频平台的竞争发展，考察电视行业健康发展的路径，在已有的文献中，采用这种视角切入的研究较少。

最后，研究方法的创新。与以往多是规范研究和定性研究不同，本书采用实证研究和规范研究相结合、量化研究和质化研究相结合、文献资料研究和二手数据分析相结合、个案研究和对比研究相结合的研究方法，引入了生态位测量分析、内容分析法等量化研究方法，用一手和二手数据对竞争的不同资源维度进行分析，同时结合深度访谈等质化研究方法，实现了研究方法创新。

本书的重难点主要体现在如下方面：

第一，本书的重点内容。对生态系统、生态位、媒介生态位概念的理解，对中国电视种群变迁历史的梳理，对电视生态系统的现状和生态失调问题的考察，是研究的重点内容。

第二，本书的难点内容。本书使用生态位理论展开媒体竞争发展的研究。其中，对电视媒体和商业视频网站在广告资源、受众资源、内容资源三个资源维度上竞争关系的分析，对短视频平台媒介生态位的考察，对短视频平台发展问题的关注，以及如何开展互惠共生的资源竞争，如何建构和优化生存环境，最终促进构建一个良性的电视生态系统，是本书关注的难点内容。

第二章 生态学：一个媒体竞争的研究视角

本章使用文献分析法，梳理了本书使用的主要理论基础：生态学和生态位理论。首先，介绍了生态学的基本概念，如个体（individual）、种群（population）、群落（community）和生态系统（ecosystem）、环境、生态因子等，以及生态学的种间关系——竞争、互惠与共生，重点梳理了生态学中竞争的概念，以及竞争排除原理。其次，梳理了生态位理论，主要包括生态位的定义，生态位宽度、生态位重叠度和生态位竞争优势这三个生态位的测量指标，生态位关系的五种情况，基于生态位理论的竞争策略（包括生态位分离、生态位压缩与释放、生态位泛化与特化策略）。最后，分析了生态位理论在媒体竞争与共存中的应用。

主要有媒体竞争的生态学解释、媒体生态位、媒体竞争的资源维度（包括资源的宏观维度和微观维度）、媒体竞争的生态位分析层次（包括宏观维度间、宏观维度内、微观维度间、微观维度内）等，并且还给出了本书使用的媒体资源分析框架，以及如何用生态位理论解释媒体竞争。

第一节 生态系统与种间关系

一、生态系统的相关概念

尚玉昌（2010：3-13）在《普通生态学》中对生态学的相关概念给出解释：

生态学 ecology 原意为研究生物住处的科学。Haeckel 定义生态学是研究生物与其环境相互关系的科学。后来，许多学者给出的定义都未超出 Haeckel 的范围。现代生态学的研究逐渐侧重对人类生态系统的研究，也正因为如此，尚玉昌(2010：3)认为"生态学是研究生物和人与环境之间的相互关系，研究自然生态系统和人类生态系统的结构和功能的一门科学"。

生态学研究可分为四个层次，它们由低到高的排列顺序为个体、种群、群落和生态系统。个体是最基本单位，对环境和环境变化做出直接感应和反应的只能是个体，种群的动态变化也是因个体的出生和死亡过程引起的，而不同物种的个体彼此相互作用又深刻影响着群落的结构和动态。最重要的是个体通过繁殖把遗传物质传给后继个体，而这些个体则是未来种群、群落和生态系统的构成成分。种群是指占有某一特定空间或地区的同一物种个体的集合体。生态系统中的动植物种群在功能上是彼此相依不能分开的，一些种群会与另一些种群竞争有限的资源，如食物、水和空间等。两个种群也可能彼此互相有利，每一个种群都会因为另一个种群的存在而更加繁盛。生活在同一生态系统内彼此相互作用着的不同物种的种群集合体就构成了群落。群落包括生态系统中的所有生物，即生态系统的生物成分，而生物成分和非生物成分的总和才能构成一个生态系统。生态系统的基本功能是能量流动和物质循环。生态系统也分层次和大小，地球上最大的生态系统是生物圈(尚玉昌，2010：3-4)。

环境是生态学的另一个核心概念。特定生物体或生物群体的生存需要一定的空间，并受空间中各种直接或间接事物的影响，这些空间和事物的总和就是生物生存的环境。环境可以细分为许多影响生物生存的要素，即生态因子，如温度、湿度就是两种生态因子。

二、生态学的种间关系

生态学中两个种群之间的关系可以分为以下几种[①]：

表 2-1-1　种群之间可能存在的相互关系

关系类型	物种 A	物种 B	关系的特点
竞争	-	-	彼此互相抑制
捕食	+	-	种群 A 杀死会吃掉种群 B 中的一些个体
寄生	+	-	种群 A 寄生于种群 B 并有害于后者
中性	0	0	彼此互不影响
共生	+	+	彼此互相有利，专性
互惠（原始合作）	+	+	彼此互相有利，兼性
偏利	+	0	对种群 A 有利，对种群 B 无利也无害
偏害	-	0	对种群 A 有害，对种群 B 无利也无害

（+号表示有利，-号表示有害，0 表示无利也无害）

如上表，竞争关系通常发生在两个种群共同利用同一短缺资源的情况下，此时两个种群彼此互相抑制；对两个种群都有利的相互关系，如果这种关系是专性的（即缺少一方，另一方也不能生存），就叫共生；如果这种关系是兼性的（即解除关系后双方都能生存），就叫互惠或原始合作，共生是互惠的高级阶段。

我们重点关注竞争。竞争是经济学中的一个核心概念，从古典竞争理论到现代竞争理论，竞争理论的演变几乎贯穿了整个经济学说史的全过程。从经济学角度出发，为了实现自身的经济利益和既定目标，经济主体会在市场上进行不断的角逐，这一行为就是竞争。而在生态学中，竞争也是一个十分重要的概念，在生态学上，是指生物对生存所需的有限的资源的相互争夺，

---

① 表格来源：尚玉昌(2010).《普通生态学(第三版)》，北京：北京大学出版社，第 173 页。

在这一过程中生物彼此之间会产生的不利或有害的影响。对资源利用的竞争是生态学竞争的本质，所谓资源，对植物来说，包括阳光、水分、空间和营养物质，对动物来说则包括食物、空间和水等。

竞争可以分为资源利用型竞争和互相干涉型竞争，互相干涉型竞争又叫干扰竞争或直接竞争，是指一个物种损害或排挤另一个物种使其得不到资源。资源利用型竞争又叫利用竞争或间接竞争，是指两个物种需要相同的资源，但彼此没有直接接触。竞争还可以分为种内竞争和种间竞争。种内竞争是指发生在同种个体之间的竞争；种间竞争是指发生在不同物种之间的竞争。

竞争排除原理是指"生态要求完全一致的两个物种在同一群落中无法共存"（尚玉昌，2010：89），因此，如果两个物种实现了共存，那么在它们之间，必然会存在生态学差异。

第二节 生态位理论：竞争关系研究的基石

生态位（niche）又叫利基或区位，是一个十分重要的生态学概念。该理论在生态学中的许多领域都有应用，如群落的结构和功能、物种的特化与泛化、生物之间的竞争和其他各种相互关系等。

一、生态位的定义

生态位的提出最早可以追溯到1910年，Johnson最早使用了这一术语，但是他并没有对其下定义并形成完整的概念。后来生态位的概念和思想在生态学家、生物学家们的研究中不断发展。

第一个给生态位下定义的人是Grinnell J（1917），他认为"生态位是恰好被一个种或一个亚种所占据的最后分布单元，是生物在群落中所处的位置和所发挥的功能作用"（Grinnell，1917；转引自尚玉昌，2010：326）。Elton CS（1927）的生态位定义通常被称为"营养生态位"或"功能生态位"，他从生物体在生物群落中的地位和角色出发,认为生态位指"该物种在其生物环境中的地位以及它与食物和天敌的关系"(Elton,1927;转引自尚玉昌,2010：326)。Clarke GL(1954)则把生态位区分为功能生态位和地点生态位(Clarke,1954;转引自尚玉昌,2010：326)。

Hutchinson GE(1957)认为"一个生物的生态位就是一个 n 维的超体积,这个超体积所包含的是该生物生存和生殖所需的全部条件"(Hutchinson,1957;转引自尚玉昌,2010：326)。可见,他把生态位看成是一个生物单位生存条件的总集合体,他认为"生物的全部最适生存条件是生物的理想生态位,又叫基础生态位,由于现实中,很少有生物能占据理想生态位,因此生物生存实际所遇到的全部条件就是现实生态位"(Hutchinson,1957;转引自尚玉昌,2010：328)。

Odum EP(Odum,1959;转引自尚玉昌,2010：326)认为"生态位是一个生物在群落和生态系统中的位置和状况,这种位置和状况决定于该生物的形态适应、生理反应和特有的行为",他认为(Odum,1959;转引自尚玉昌,2010：326-327)一个生物的生态位不仅取决于它在什么地方,而且取决于它干些什么。

20世纪80年代初,国内开始了对生态位理论的研究。王刚等(1984;转引自李雪梅,程小琴,2007)认为："一个种的生态位是表征环境属性特征的向量集到表征种的属性特征的数集上的映射关系。"刘建国和马世俊等(1990;转引自李雪梅,程小琴,2007)将生态位定义扩展为实际生态位、潜在生态位和非存在生态位。后来张光明、朱春全等都对生态位给出了自己的解释。

可见,不同学者根据各自的理解,给出了生态位定义,这些定义之间具有共同之处,也存在差异,但是我们可以对生态位内涵所必须包含的要素做出一个基本判断："第一,生态位必须具备于一定的空间和区域;第二,生态位上的物种与周围环境或其他物种之间存在依存关系;第三,生态位上具备某一物种所需要的所有资源;第四,某一物种在其生态位上必然发挥一定的功能和作用。"(王东宏,2012)通过这几个要素,可以帮助我们进一步理解生态位的含义。

二、生态位的测量指标

生态位宽度、生态位重叠度和生态位竞争优势是生态位的三个重要的测量指标。使用这些指标可以对生态位进行量化分析。生态位宽度表达生物个体或种群对资源的利用模式,即其与竞争对手在多大范围内争夺资源;生态位重叠度表征个体或种群对资源竞争的强度;生态位竞争优势表明竞争者在竞争资源时的优劣势地位。

第一,生态位宽度。

生态位宽度(niche breath),又称为生态位广度、生态位大小,是生态位特征的最重要指标之一。综合来说,一个物种所利用的各种资源总和存在一个幅度范围,生态位宽度就是用来表示这个幅度大小的指标,反映的是物种对环境适应的状况或对资源利用的程度,表征了一个物种综合利用各种资源的能力和多样化程度。

生态位宽度值的大小体现了该物种在生物群落中地位和作用,生态位宽度的数值越大,该物种就越接近泛化物种,其综合利用资源的能力和多样化程度就强。从竞争的角度看,生态位宽度表达着生物在多大的范围中与竞争对手争夺环境中的生存资源。

因此当资源有限时,那么生态位宽度越大,对各种多样资源的利用越充分,就越可能在群落中处于优势地位。但是,特化物种的资源利用效率很高,尤其是当资源充足时,特化也会显示出很强的竞争能力。

目前较为常用的生态位宽度的测量公式是 Levins 提出的,如下:

$$B = \frac{1}{\sum_{j=1}^{n} p_j^2}$$

其中，B 代表生态位宽度，p_j 为使用资源状态 j 的个体数比例，或资源谱中资源种类 j 的比例，$j=1, 2, \cdots, n$；$\sum_{j=1}^{n} p_j = 1$，n 为资源总个数。$1 \leqslant B \leqslant n$，当 $p_j = 1/n$，即使用每种资源状态的个体数比例或每种资源的使用量占总体资源的比例相等时，B 的取值达到最大值 n，表明种群的资源利用最泛化，而当种群中的所有个体仅仅利用一种资源状态时，B 的取值达到最小，此时 B=1，表明种群的资源利用最专化。

第二，生态位重叠度。

生态位重叠度是生态学研究的中心问题之一，综合来说，生态位重叠度（niche overlap）指对两个或两个以上生物个体或种群生态位相似性的量度，表征两个或两个以上生物个体或种群对同一种资源的共同利用程度。当资源有限时，生态位的重叠可以引起生物种群之间的竞争，生态位重叠度越高，那么它们的竞争就越激烈。

目前较常用的生态位重叠度计算公式为 Levins 公式，如下：

$$O_{i,j} = \sum_{h=1}^{n} (p_{i,h} - p_{j,h})^2$$

其中，i, j 分别代表两个种群，h 代表生态位所使用的资源种类，p 代表所用该资源的比例，$O_{i,j}$ 代表种群 i 所使用的资源 h 之比例减去种群 j 所使用的资源 h 之比例的平方和，即生态位重叠度。$0 \leqslant O_{i,j} \leqslant 1$，$O_{i,j}$ 越小，表明种群 i, j 的竞争越激烈，当 $O_{i,j}=0$ 的时候，两个种群间的竞争达到最激烈的状态。当 $O_{i,j}=1$ 时，两个种群之间在资源 h 维度上完全不存在竞争。在使用这一概念时需要注意的是，生态位重叠度的数值和重叠度的程度是两个成反比的概念，也就是说，重叠度的数值越小，生物之间的生态位重叠度的程度越大，生物竞争越激烈。

第三，生态位竞争优势。

生态位的竞争优势（niche competitive advantage）对于解释竞争现象有重要意义，因为"从区位宽度与区位重叠度的公式、面向，只能看出族群的竞争情形,但是却不能从中比较出两个族群孰优孰劣的问题,而区位优势可以弥补这个缺点,其可用来判断两个族群之间,何者较具优势,何者处于劣势"(张意曼,陈柏宏,2003)。1974 年生态学家 Schoener 提出一种被称为"阿尔法"的生态位实证度量公式,即生态位竞争优势测量公式,与生态位重叠度的对称测度不同,Schoener 公式是非对称的,使得研究者从公式计算结果可知,在被考察的两个种群中,到底哪个更具有竞争优势,或者到底哪个种群是当前的胜利者(张明新,2011:79)。

竞争优势的计算公式为:

$$\alpha_{AB} = \frac{T_B}{T_A}\left[\frac{\sum_{K=1}^{n}\left(\frac{f_{AK}}{f_K}\right)\left(\frac{f_{BK}}{f_K}\right)}{\sum_{k=1}^{n}\left(\frac{f_{AK}}{f_K}\right)^2}\right]$$

其中 α_{AB} 代表以种群 A 的资源使用为基准,种群 B 对 A 在某资源维度的生态位竞争优势,T_A 代表种群 A 在这一资源维度上的资源总使用量,T_B 代表种群 B 在这一资源维度上的资源总使用量,f_K 代表两个种群在第 K 种资源上的总使用量,f_{AK} 或者 f_{BK} 代表 A 或者 B 在第 K 种资源上的使用量,$f_K = f_{AK} + f_{BK}$。

三、生态位的关系

在环境饱和、资源有限的情况下,可能会存在五种类型的生态位关系(尚玉昌,2010:329-330),如下图[①]:第一种类型,两个物种的生态位完全重叠。第二种类型,一个物种的生态位被完全包围在另一个物种的生态位之内,如图 2-2-1a。第三种类型,两个物种的生态位部分重叠,如图 2-2-1b。第四种类型,物种的生态位彼此邻接,如图 2-2-1c。第五种情况,两个物种

---

① 图表来源:尚玉昌(2010).《普通生态学(第三版)》,北京:北京大学出版社,第 329 页。A 和 B 代表了两个物种。

的生态位完全不重叠,如图 2-2-1d。

图 2-2-1a　生态位包含与被包含

图 2-2-1b　生态位部分重叠

图 2-2-1c　生态位相邻

图 2-2-1d　生态位分离

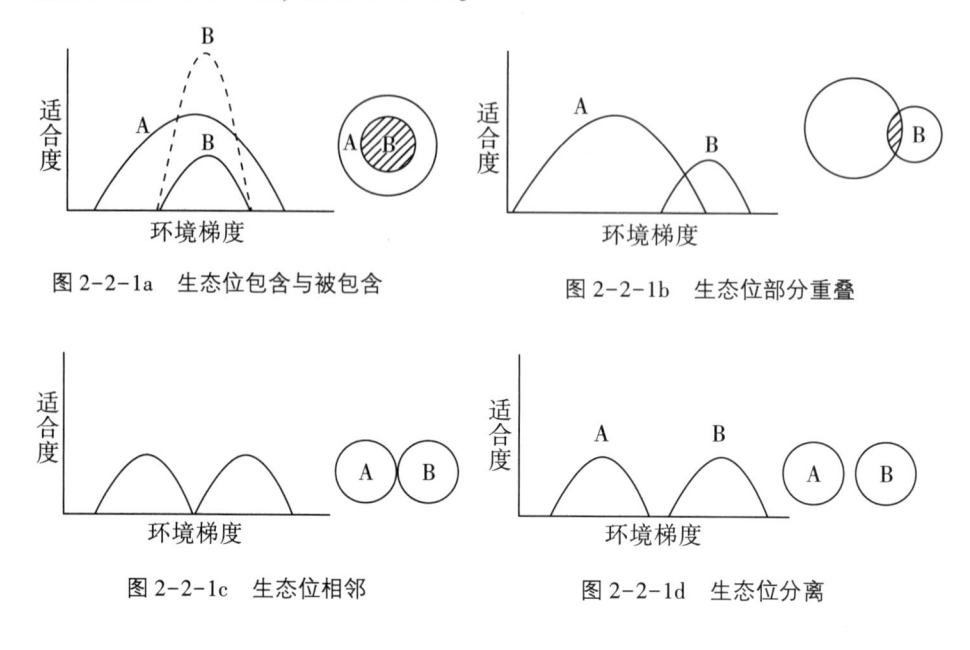

图 2-2-1　几种可能的生态位相互关系

四、基于生态位理论的竞争策略

生态位理论不仅可以从静态上分析物种的竞争现状,还可以从动态上分析物种的竞争变化现象,生态位理论的主要思想即"定位适当准确者得以生存"。接下来要介绍的这些概念就经常被经济管理学等借鉴,用来解释企业的竞争策略。

首先,生态位分离、压缩、释放。

同一群落中的物种,占据最适合自己的生态位空间,从而与其他物种生态位明显分开的现象就是生态位分离。生态位分离可以表征物种之间的稳定性,是两个物种在资源序列上利用资源的分离程度,这是环境胁迫或竞争的结果。

如果一个物种的生态位宽度较大,在激烈的竞争中,该物种也许会被迫压缩它们对空间和资源的利用,结果是该物种会把它们的活动范围限制在能够为它们提供最合适资源的空间内，这种情况就是生态位压缩（niche compression）。相反，当种间竞争减弱时，之前未能被物种利用的空间和资源，就会进入物种的利用范围中，物种也因此扩大了自己的生态位。这种现象就被称为生态释放（ecological release）。

其次，生态位泛化与特化。

竞争的结果，会导致生态位宽度的改变：宽度增加，被称为生态位的泛化（generalization）现象，宽度减少，被称为生态位的特化（specialization）现象。不论是生态位的泛化还是生态位特化，都是竞争导致的物种生存策略。

环境的稳定性影响物种的生存策略：在多变生境中，物种的适应性能使其对资源的选择性减弱，使生态位宽度增加，从而促进生态位的泛化。在稳定生境中，物种的适应性能使其对资源的选择性加强，使生态位宽度变窄，而促进生态位的特化。

生态位宽度与物种生存的策略也存在关系：在可利用资源较少的情况下，应增加生态位宽度，促进生态位的泛化（generalization）；而在资源丰富的环境里，应选择性地采食，促进生态位的特化（specialization）。因此，通常泛化意味着要拓展原有较窄的生态位，而特化则意味着缩小原有较宽的生态位。

第三节　生态位理论在媒体竞争中的应用

一、媒体竞争的生态学解释

张明新（2011：19）认为，媒体竞争的研究属于典型的媒介经济学的研究问题，多年来对这一问题的研究在各种范式下展开，已有的范式包括：经济学范式、管理学范式、媒体经济学范式、生态学范式。其中，经济学中的产业组织理论、管理学中的创新管理、知识管理理论、媒体研究领域的使用与满足理论、二次售卖论等被较多地用来解释媒体竞争，是媒体经济学的主流范式，生态学的研究范式则是一个相对弱小且新近的范式。由于媒体经济与其他国民经济产业的差异，以经济学和管理学理论对媒体竞争（经济）现象做解释，应采用其他范式下的理论作为补充。生态学就是对媒体竞争研究的补充工具，并且越来越受到研究者的重视。

"生态学作为专门的学科，是从自然史和博物学的研究中独立出来的，在生态学的发展史上，曾经出现了几次较大的变化：首先，19世纪末从个体观察转向群体研究，即从个体生态学转向群体生态学；其次，20世纪30年代开始了生态系统的研究；最后，20世纪60年代以来，生态学与社会科学互相渗透，人类学、文化学、社会学等众多学科开始使用生态学作为理论视角"（尚玉昌，2010：8），生态学开始了"人文转向"。

生态学与经济学关系紧密，"生态学就是探讨自然界的经济学，经济学就是研究人的生态学"（毕润成，2012：1）。产业经济学中，各媒体单位是参与市场竞争、有经济诉求的企业和组织，媒体产业是具有特殊属性的国民产业中的一种，所有产业的发展都是在一定的政治、经济、文化、技术等条件下进行，组织和产业的发展需要一定的资源才能存活，如内容、受众、广告、人才、资本资源等。可见，"资源"是经济学和生态学共同的核心概念，它连接起了产业经济学和生态学，产业中的组织和种群中的个体都需要同样的资源才能生存下去，这就为使用生态学理论研究媒体竞争打下了基础。媒体组织是生态学意义上的媒体领域的基本单位，它们是有生命力的社会组织，相当于生态学中的个体；生态学中的种群类似于经济学中的产业概念，如果说媒体产业是一个种群的话，那么报纸产业、广播产业、电视产业、新媒体产业就是一个个亚种群，而再继续往下，电视种群还可以划分为省级卫视种群、省级地面频道种群和地市级电视种群等。媒体群落可以理解为在一定特殊的地理边界内由不同的媒体种群所构成的集合体，如按照地理区域的层面来分，有国际媒体群落、国家媒体群落、区域媒体群落和地方媒体群落等，或者按照国家的地理边界来分，有中国媒体群落、美国媒体群落等。一个媒体群落与其所在的生存环境共同构成了媒体生态系统,如中国的传媒群落就包含了中国所有的媒体种群、中国的传媒业社会环境(如政治、经济、文化环境等)和自然环境。由此,媒体的竞争可以从三个层面上展开,分别是群落(地理市场)、种群(产业)、个体(企业或组织)。

美国学者Dimmick(2003:25-26)认为"媒体的竞争,就是媒体作为个体或种群在生态上的相似性,是媒体组织或产业使用相同或相似资源"。这是一种生态学意义上的资源利用的竞争观念,此时就可以利用生态位理论解释媒体竞争。利用生态位研究媒体竞争的逻辑思路为:生态位适合分析有着相同或相似资源需求的生态单位之间的竞争和共存,因为不同媒体拥有基本相似的资源需求,所以生态位理论同样适用于媒体(产业或组织)的竞争与共存研究。

使用生态位理论研究媒体竞争自有其优势,因为产业组织理论对竞争的解释,"不能回答一个媒体组织在面临其他媒体组织或产业的竞争时,是如何生存下去并繁荣发展或者在竞争中落败的"(Dimmick,2003:25)。张明新(2011:22)认为,利用生态位解释媒体竞争,更有助于考察媒体与环境之间的关系,包括社会环境、历史环境、人文环境,特别是有助于考察媒体的生存与发展所必需的各种资源,如内容资源、消费者和广告费用。

二、媒体生态位的定义

利用生态位解释媒体竞争,需要厘清媒体生态位的内涵。

Dimmick(2003:24)最早把生态位的概念引入媒体竞争的实证研究。他认为"生态位是一个单位(群体或个人)与他所在环境的关系",事实上他十分赞同Hutchison对生态位的定义,认为生态位是一个多维度的超空间存在。他从空间的含义理解生态位,这种空间的含义由生态位宽度、重叠度和竞争优势来反映。在特定的资源空间中,可能生存着一个或多个生态种群,比如一个个电视台构成电视种群,一个种群或产业的生态位是它在特定空间资源中的位置,或者说是它对资源的特定使用模式,而媒体所面临的是一个资源相对稀缺的空间。可见,他认为媒体的生态位是它在由资源维度所定义的空间中的位置。

在中国,邵培仁(2001a)首次提出了媒体生态位概念。他认为媒体生态位是媒体所占有的特殊的时间和空间位置,他指出:"任何一种媒体都必然有其特殊的时间与空间上的生态位,亦即有其特殊的生存与发展的土壤和条件,以及它在这一状态下的特有行为和作用。"他(2001a)分析了几大传统媒体的生态位:"广播和电视同属时间生态位,广播占据的是时间中的以传播声音为主的频率空间生态位,电视占据的是时间中的以传播声画为主的频道空间生态位。"同时,他(2001a)还从营养生态位的角度进行分析,认为"受众资源与广告资源是当代新闻媒介的基础生态位。新闻媒介是以自身独特的功能生态位去争取两个相同的基础生态位中的分层资源的。电视是通过提供声画信息来争夺受众的视听觉资源"。

可见,邵培仁对媒介生态位的理解,"既包括媒体特定的时间和空间位置,又包括媒体发展需要的资源和环境,还包括媒体系统的特殊功能和作用。"(张明新,2011:42)

刘伯贤(2007:21-32)认为,"媒介生态位"指某一媒介在媒介生态系统和社会结构形态中占据的位置及其担负的功能,其基本内涵主要集中在空间结构和角色功能两个维度。其中"空间生态位"是指从空间结构的意义上媒介在媒介生态系统中所处的位置或方位,又叫"结构位","功能生态位"指某一媒介在媒介生态系统中所具有的属性和效能,简称为"功能位"。樊昌志(2003)认为"媒介生态位"是指"媒介种群"从"媒介生境"中取得的并能供给本"媒介种群"的各媒体使用的生存资源,可见,他是从资源空间的角度理解媒介生态位。

卢文浩(2009:20)认为,"媒介种群的生态位是由外界物理因素(经济环境、政治环境、文化环境、技术环境)和传媒业生态圈内的'生物因素'(受众资源、广告资源、媒体种群的数量和特点)在某一特定时空的结合决定的",并且决定了媒体种群的应对反应和发展方向。张明新(2011：43)沿用了对生态位空间内涵的理解,认为"媒体生态位就是媒体利用生存环境中一系列资源的综合状况,和由此产生的与其他媒体的相互影响关系"。张明新对媒介生态位的理解类似于迪米克,围绕这一概念,他深入解读了迪米克的媒体生态位思想,进一步发展和构建了完整的媒体竞争分析框架,并对报纸、广播、电视和网络在各个资源维度上的竞争现状进行了实证研究。

总的来说,不同学者对媒介生态位的理解存在差异。迪米克、樊昌志、卢文浩和张明新的理解比较接近,都是从媒介生存所需的资源维度的角度来界定媒介生态位,而邵培仁的理解比较灵活,在他看来,媒介生态位可以从时空、资源、功能等各个角度来理解,刘伯贤与他类似,从空间和功能两个角度来理解这一概念。本书认为,不论哪种界定都具有其学术价值：从资源的角度,把媒介生态位看作是媒介竞争的特定资源空间,这有利于开展对媒介竞争的实证研究,而从空间、功能角度理解媒介生态位,虽然相对宏观宽泛,但是对理解媒介在竞争中的特性并进一步解释竞争的深层次原因方面大有助益。

三、媒体竞争的资源维度

(一)媒体资源维度的"Dimmick 模式"

种群赖以生存的资源维度(Resource Dimensions),是定义生态位的重要属性,那么媒介在竞争中可以利用的资源维度有哪些呢?

一般而言,内容资源、受众资源和广告资源通常被认为是对媒体最为重要的三种资源,并且是有限的、稀缺的资源。Dimmick(2003：29-33)在分析以上资源时,进行了进一步的细分,把它们分为内容、广告、受众的时间投入、受众的金钱投入、受众满足的获得、受众的满足机会,从而构建了一个媒体生态位资源维度的研究框架,中国学者(张明新,2011：55)将其称为

"Dimmick 模式",如下图①:

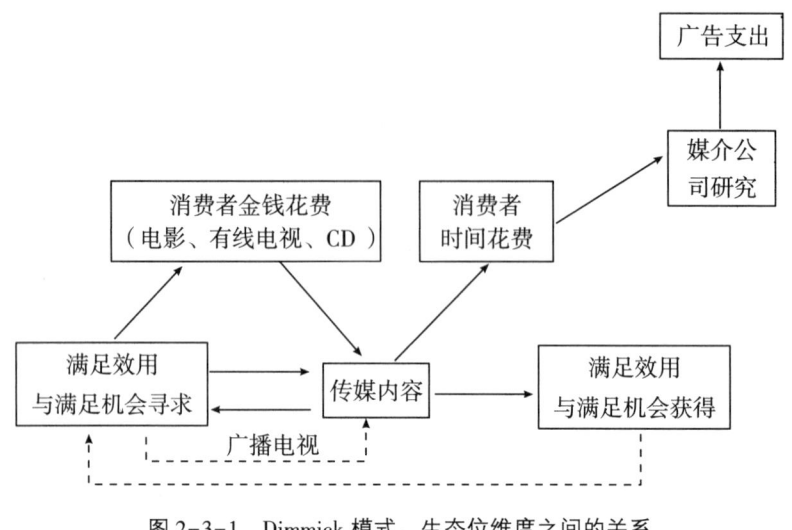

图 2-3-1　Dimmick 模式:生态位维度之间的关系

在"Dimmick 模式"中,有六种重要的资源,分别为获得的满足、满足机会、消费者支出、时间支出、广告投放、媒介内容。其中,满足来自于使用与满足理论的相关研究,类似于经济学上的"效用",他把受众的满足区分为"寻求的满足"和"获得的满足"两个层面,前者指的是受众的需求,后者指受众需求得到满足的程度,即满意度。满足的获得很大程度上取决于满足机会,该概念源自时间地理学,Dimmick(2003:31)认为人们所处的地点随着时间而变化,其信息需求获得满足的机会如何,在很大程度上取决于人们的时空定位。受众花费时间和金钱,是由于他们从媒体那里获得的满足和满足机会。受众的时间进一步被转化为广告投放。对媒介用户和传媒机构来说是一种关键资源。

Dimmick(2003:34)认为这六种资源之间存在转换关系:媒体受众的满足寻求,是媒体通过一定的研究方法,如受众调查、焦点小组访谈、通过观

---

① 图表来源:Dimmick, J. W. (2003). Media Competition and Coexistence: The Theory of the Niche. P35.

察不久前流行的媒介内容或者专业判断(事实上是直觉)等得来的,这些对受众需求的估测被转换成像流行歌曲或者电视剧这样的媒体内容(尽管可能并不完美)。受众或消费者寻求它们认为可满足自己需求的内容,并将之转换为获得的满足——效用,这可能符合或者不符合它们的预期。对于需要付费的媒体内容,用户将"寻求的满足"不仅转换成了不同程度的"获得的满足",还转换为消费者的金钱支出。在广播电视行业,节目内容不需付费,受众的收听收视被受众研究公司转换成收听率和收视率以及受众规模估算,接下来又被广告公司转换成广告商在不同媒体上的广告投放。

(二)资源的宏观维度和微观维度

以上六种资源是宏观维度上的资源,如果对媒体在不同资源维度上的竞争现状进行生态位的量化考察,还需要对宏观维度进行细分,宏观维度的细分即微观维度。Dimmick(2003:33)认为广告资源可以细分为全国性广告、地方性广告等微观维度。金钱维度可以细分为花费在有线电视、电脑、杂志等媒体上的钱,时间维度则不能细分。媒介内容被作为资源进行细分研究的情况比较少见,事实上,对内容资源维度的概念化和量化存在着特殊问题,迄今的研究也不多。在对满足寻求和获得的维度细分之前,首先要区分媒体的用域,如新闻、电视剧等不同的用域,不同用域中受众的满足寻求和获得不同。如在新闻用域,受众使用媒体上的新闻内容,主要出于以下满足的需求与获得:认知需求、情感需求、满足机会或可能性、效率与环境监测需求和互动性需求。这些需求可以作为受众在新闻用域内"满足寻求和满足获得"这一宏观维度所包含的不同微观维度加以分析。

中国学者后来的研究进一步发展了迪米克对各宏观维度的细分,如卢文浩(2009:106-110)在研究中国媒体的种间竞争时,把受众的时间花费细分为在北京、上海、广州等七大城市和东北市场、华北市场、华东市场等七大区域上的使用时间。李秀珠(2002)、张意曼(2003)等人对媒介新闻内容进行了细分研究,主要展开的维度有报道方式、新闻主题、媒体丰富性、资讯回馈互动性等维度。张明新(2011：107-112)对媒体进行产业间的竞争分析时，按照广告的行业来源进行了广告投入的细分，并把受众维度按年龄维度进行了生态位测算，对媒体内容的分析则采用了通过某一大型新闻事件来进行。王春枝(2009：53-59)对广告市场进行了行业来源的细分，在对受众市场分析时，按照受众的受教育程度、年龄结构、收入层次等展开研究。

(三)媒体竞争的生态位分析层次

由此可见，通过对资源维度的宏观和微观的划分，媒体竞争的生态位研究就分为了四个层次，依次为宏观维度间、宏观维度内、微观维度间、微观维度内(Dimmick，2003：40-41)。

宏观维度间考察某种资源轴是否被种群使用，一些关于生态位差异和重叠的重要研究就发生在这个层次。例如，有些传媒行业使用某个特定宏观维度的资源，而有些行业则不使用。电影行业主要赚取消费者支出，而不使用广告资源，但报纸和有线电视则既使用消费者支出，又使用广告资源。

宏观维度内的生态位分析的一个典型例子是广告资源轴。各类媒体在广告市场上所占据的份额，可以进行横向和纵向上的量化和比较。

微观维度间是在生态位研究最核心的层次。传统生态位宽度、重叠和优势的计算，就是这个层次的分析。

微观维度内这一分析层次可以对不同媒体在某一微观维度(如全国性广告或地方广告)的资源总量中所占的份额进行横向或纵向的量化和比较。也可以在满足方面通过关于某一微观维度或者满足问题的受众调查，评估两种媒介之间的差异，并以此代表媒体的相对优势。

关于竞争和生态位差异的问题可以在这四个层次中进行评估，并且不同层次的生态位可能会得出不同的答案，这些不同维度上的生态位关系说明了媒介之间的竞争关系的复杂性，有助于我们全方位地、立体地理解媒体之间的竞争现状。

(四)本书使用的媒体资源分析框架

本书的研究问题是电视媒体、商业视频网站和短视频平台的竞争与发展问题。本书主要采用生态学的研究范式，在生态位理论的指导下展开研究。在研究过程中大量借鉴迪米克及其追随者的研究成果和研究思想。本书非常认同媒体竞争是资源竞争这一观点，接下来的研究中也会围绕电视媒体和商业视频网站以及短视频平台生存和发展所必需的各种资源维度展开。但是同时，虽然本书对媒体竞争资源的判断借鉴了 Dimmick 的观点，却又与之不尽相同。

在 Dimmick 的理论模型中，把受众的满足获得和满足机会作为与受众时间和金钱支出平行的维度，展开对媒体竞争和共存的分析。在本书看来，受众的时间和金钱支出，是媒体竞争的外在结果，与广告投放一起，属于媒体的市场表现。而受众的满足获得和满足机会，则是媒体竞争外在结果的内在原因。事实上，Dimmick 的文章中也指出受众在媒体上的时间和金钱花费，正是他们对媒体有着特定满足寻求的后果。因此，本书考察的受众资源，不仅仅表现为受众在消费信息时花费的时间和金钱，也包括受众的规模以及受众在统计学意义上的各种特征，如收入结构、受教育程度等，而受众满足获得与满足机会，则被作为视听媒体种群在受众资源维度竞争关系的深层原因加以分析。

同时，还需要特别指出的是，对于电视行业的视听媒体来说，受众是和内容、广告一样重要的生存资源，但是受众从来不是和内容、广告一样，仅仅单纯地作为视听媒体的资源而存在，尤其是新媒体环境下的受众，具有更强的主动性，已经参与到行业产业链的方方面面，在短视频平台上，甚至是作为主要的内容生产者的角色存在的，从这个角度来看，受众可以参与建构电视行业的生存环境。因此，本书认为受众既是重要的生存资源，也是电视行业生存环境中重要的生态因子。

另外，我们发现，如果不局限于 Dimmick 的研究框架，结合经济学、管理学等研究视角，那么受众资源、广告资源就是从传媒业的外部市场分析媒体的竞争关系，可以被视为媒体的外部资源，而媒体内容则是媒体的内部资源。

管理学的资源基础理论(Resource-Based Theory，简称 RBT)，把研究视角放在企业的内部资源。最早赋予 RBT 理论基础的是 Penrose，RBT 的核心观点为，"企业好像有机体，其成长的源泉来自企业的内部资源。不同企业的资源是异质的，且不能在企业间实现完全流动；企业内部资源的不同造成企业绩效的差异(苏中兴，2009)"。RBT 的实质就是分析企业的内部资源，以提升企业竞争力。

企业的内部资源有很多类型，对媒体而言，内容、人才等无疑都是很重要的资源，内容始终是媒体竞争的焦点，而"人力资源管理能够成为企业竞争优势的来源已经成为共识"(朱伟民，2007)，尤其是媒体行业是一个知识密集型行业，人力资源对媒体的重要程度不言而喻，于是，媒体内容和人才资源作为媒体竞争的内部资源，是必须重视的两个维度，但是由于时间、精力以及笔力的限制，本书仅重点关注内容资源维度。

因此，本书使用的媒体资源分析框架就由媒体内容、受众资源、广告资源三个维度构成，其中，受众的满足获得与满足机会，作为解释受众资源竞争状况的原因加以讨论，因此就有了如下框架，本书主要在该框架所涉及的资源维度的微观维度间这一层次展开研究，不过也会涉及其他层次上的分析。

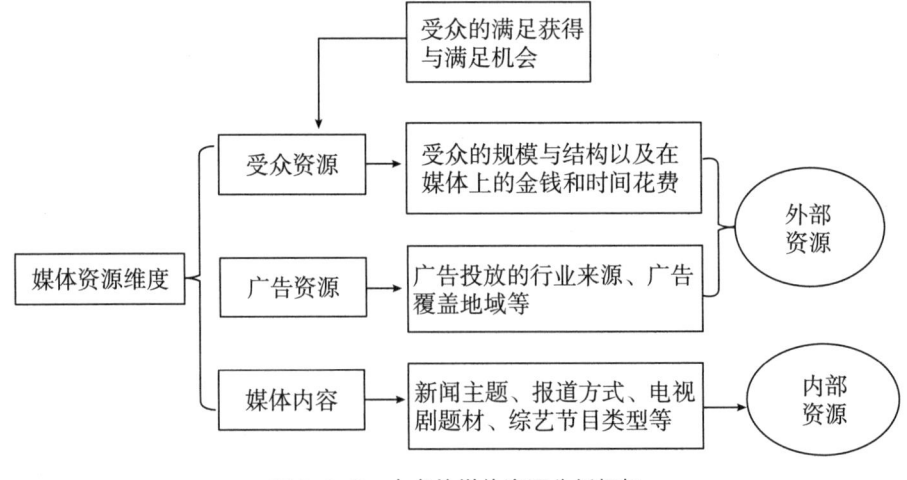

图 2-3-2　本书的媒体资源分析框架

四、用生态位理论解释媒体竞争

Dimmick（2003/2013：70-71）对用生态位解释媒体竞争有非常精彩的总结，如下文：

> 媒介产业是由不同媒介组织构成的种群，而媒体竞争被定义为行业或公司间的生态相似程度。竞争可能在几个资源维度上发生，而这些资源是有限的。在抽象的层次上，媒体生态位是它在由资源维度所定义的空间中的位置。竞争者之间要实现共存，必须存在生态位差异或者有限相似度。传媒行业中资源有限，竞争者众，新媒体进入，与传统媒体展开竞争。如果在新旧媒体形式之间存在高度生态位重叠。可能出现三种情形：第一，资源可能会增加，使更多媒体形式得以共存。第二，具有竞争优势的种群可能占据其他种群的部分生态位，局部占据被称为"置换"（displacement），可以通过竞争中失利种群的生态位收缩进行量化。第三，具有竞争优势的媒介可能占据另一媒介的全部生态位，被称为"竞争排斥"（competitive exclusion），这种情况在传播行业中很罕见。媒介取得成功可能是资源增长、竞争置换和生态位差异等多种因素共同作用的结果。

如前文所述，当我们用生态位解释电视行业的媒体竞争的时候，我们事实上是将电视行业中的各个组织看作是生态学意义上的种群，传统电视、商业视频网站、短视频平台，都是电视生态系统中的种群。由于都是电视行业中的竞争主体，以生产视频内容、吸引受众、获得广告等经济收入作为生存的基本逻辑，因此这些种群存在生态相似度。

存在生态相似度的种群之间，必然会有竞争，竞争的目的是为了生存下去并获得更好的发展。电视行业的媒体竞争也是在内容、受众、广告等若干资源维度上展开的，并且随着不断涌现出的视听新媒体，参与竞争的主体在不断地增加。而另一方面的现实情况是，在一定阶段内媒体的生存资源是有限的。在资源有限而种群不断增加的残酷现实下，如何能够实现竞争和发展的终极目标呢？最好的办法是避免出现生态位的高度重叠，同时不断地扩大群落的生存空间，获得更多的资源。

为什么会做出以上判断呢？因为从媒介发展历史上来看，一种新生媒介完全替代另一种旧媒介的现象是十分少见的，竞争者之间最好的办法是寻找共存之道。从行业内部来看，生态位差异或者有限相似度是共存的基础，因为在资源不变的情况下，长时间的生态位重叠现象是十分危险的，它必然会导致"竞争置换"的出现，甚至是"竞争排斥"现象（虽然这种现象十分罕见），这只会加剧整个行业竞争的激烈程度，使行业出现严重的内卷。

同时，我们还需要认识到"媒介取得成功可能是资源增长、竞争置换和生态位差异等多种因素共同作用的结果"。如果不从整个群落的视角出发，有意识地去寻求资源的整体增加，那么寻找生态位差异、避免出现生态位高度重叠的行为，解决的只是一个种群的生存问题，是行业内部、种群之间你增我减、你少我多的游戏，却对提升整个行业的增量毫无作用。我们的终极目标是，电视行业不但要生存下来，还要获得更好的发展。而不断地增加行业可利用的资源——这些资源不仅可以给群落中的传统媒体、商业视频网站提供营养，还可以养活新兴媒体短视频平台，甚至养活以后可能会出现的更多新兴视听媒体，而反过来这些视听新媒体可以帮助行业获得更多资源——这才是一个行业达到良性循环的最佳状态，也是我们最迫切的、最需要做的事情。

LISHI YU XIANZHUANG PIAN

DIANSHI ZHONGQUN YU
DIANSHI SHENGTAI XITONG

历史与现状篇
——电视种群与电视生态系统

历史与现状篇由第三章和第四章组成，主要梳理电视种群的变迁历史，并分析目前电视生态系统的构成和现状以及各种生态失调问题。根据提出问题、分析问题、解决问题的研究思路，这部分内容逻辑上属于提出问题部分。

从生态学的视角，电视行业的发展是电视生态系统中各个视听媒体种群，在各种生态因子作用下不断变迁的过程。第三章侧重历史，梳理了在政治因子、文化因子和经济因子作用下，中国电视经历的不同历史阶段，包括融合趋势下以商业视频网站为代表的视听新媒体种群崛起的情况。第四章侧重现实，分析了新时代下的电视生态系统现状，包括短视频平台的情况、电视生态系统的构成和生态失调问题等内容。

第三章 种群变迁：生态因子作用下的中国电视

本章从生态学视角出发，梳理中国电视行业的发展历程。本书中的电视行业，是指从事视频内容生产的组织结构体系，也可以称为电视产业。从生态学角度出发，电视行业就是生态学中的种群，简称电视种群，或者视听媒体种群。此时，传统电视、商业视频网站、短视频平台等电视行业中的竞争主体是电视种群中的亚种群。电视种群及其发展环境，则形成了电视生态系统。

在这里需要指出的是，由于中国电视行业发展的历史特点，对电视行业的梳理以产业发展为重点，但又不能局限于产业，行文中会观照到中国电视的体制、宣传、节目等其他方面。在内容安排上，会把产业作为一项重要内容单独列出。

总体而言，中国电视诞生于20世纪50年代，自诞生起就是新闻宣传系统的重要组成部分，其投资、运营也都是政府主导，其宣传功能更受重视，产业功能基本被忽略。改革开放以后，电视的产业属性开始被承认，电视逐步迈上了产业化发展的历程，直至今天逐步发展成为一个包含多种媒体形式的、日益繁荣充满活力的媒体行业，并成为中国文化产业的重要组成部分。

许多学者对电视行业经历的历史阶段进行了划分，如胡正荣（2003：159-161）认为可以把广播电视的产业发展分为1940—1979年的事业型广播电视阶段、1979—1992年的事业型和产业型结合阶段、1992年至今的产业深入发展阶段。唐世鼎、黎斌（2009：26-27）把电视产业分为了四个阶段：中国电视的前产业阶段(1958—1978年)、萌芽阶段(1979—1991年)、形成阶段(1991—2000年)、整合阶段(2000年至今)。刘成付(2007：75-77)则根据电视产业主要推动力量的变化，将其分为前产业期(1940—1979年)、事业主导期(1979—1992年)、双业主导期(1992—1999年)、产业主导期(1999年至今)四个阶段。邢建毅(2011：12-14)从电视业的转型发展角度，把电视产业历程划分为解放思想、挣脱束缚(1978—1992年)，市场取向、增量改革(1992—2003年)，制度重构、整体转型(2003年至今)三个阶段。黄迎新(2012：27-55)则按照1958—1978年、1979—1999年、2000—2010年几个时间段，把我国电视产业发展分为电视事业的开端与曲折发展、电视的产业化探索、博弈中的电视产业三个阶段。参考以上学者的研究，根据不同时期电视行业发展影响因素的不同，本书把中国电视的发展划分为四个阶段，即从电视诞生的20世纪50年代到70年代的近20年间、20世纪80年代的中国电视、20世纪90年代的中国电视以及21世纪初(以2012年党的十八大为时间节点)的中国电视，其中，包含了中国电视产业发展的全过程，即始于1979年的产业萌芽期、始于1992年的产业形成期和自2000年进入的产业深入发展期三个不同阶段。

第一节　政治因子推动电视成立：20世纪50至70年代

一、电视种群的出现：北京电视台成立

中国第一家电视台是成立于1958年的北京电视台(后更名为中央电视台)。1958年5月1日，在国家领导支持、国际社会鼓舞和大跃进运动的推动下，北京电视台试验播出成功，中国电视诞生了。开播当天的节目有座谈会、新闻纪录片、诗朗诵、舞蹈、科教片等内容，当时北京市仅有电视机50台左右。正是在这样极端简陋的条件下，中国电视开始蹒跚起步。

北京电视台建台伊始就被界定为国家的宣传机关，其宣传教育作用与中国广播一脉相承，1958年中国广播事业局提出北京电视台的任务是"宣传政治、传播知识和充实群众文化生活"（常江，2018：90）。早期的电视新闻节目主要有电视台制作的新闻片、图片报道、简明新闻和新影厂的《新闻简报》，"大跃进"运动对早期的电视新闻实践也产生了负面影响。早期电视的社教节目有1960年开办的《科学知识》《医学顾问》和1961开办的《文化生活》等。1958年至1966年是电视剧的初创期，8年时间内全国电视台共制作播出了210部左右的电视剧。

继北京电视台成立之后，许多省、市也纷纷成立电视台，如1958年10月上海电视台成立，同年12月哈尔滨电视台播出。1958年12月，中央广播事业局在北京召开全国电视台基建工作座谈会，决定从点到面在全国各地建立电视台，吹响了电视"大跃进"的号角。1960年初我国仅有9家电视台，到1962年底全国省级台已有23家。从北京电视台的成立到多家省、市台的出现，标志着一个新的种群——电视种群出现了。

二、电视种群的曲折发展

1956年至1966的十年时间，是社会主义建设的初期阶段。这段时间国家的经济建设取得了不小的成就，积累了丰富的经验，但是也遭遇了很大挫折。整风运动、反右斗争、"大跃进"等频繁开展的各种政治和经济运动影响了正常的社会生产秩序，中国电视事业也因此走了不少弯路。

中国电视从无到有，是"特殊时代下的特殊事件"（常江，2018：08），受"大跃进"的影响，在条件并不成熟的情况下，许多省、市台纷纷开办，仅1959年至1961的两年时间内，就有19家电视台建成开播。但是在经济困难时期，许多电视台又被迫停办，1966年底，全国的电视台数量为13家（方汉奇，2002：378）。

在1966年开始的长达十年的"文化大革命"中，刚刚有起色的电视事业又遭遇了严重挫折,"新闻事业不但重回宣传本位,而且把原先定位的党的宣传工具推向极端"(李良荣,2009),电视成为"全面专政的工具",完全偏离了新闻传播规律,"从根本上背离了马列主义、毛泽东思想和党的正确路线和方针,违背了人民群众的根本利益和正当愿望,给社会主义事业带来了严重的危害"(赵玉明,2006:307)。直到1976年"文化大革命"结束,电视事业发展才又重新回到正常轨道上。

整体上看,在20世纪50年代末至70年代末这一历史时期,是电视生态系统中的政治因子对电视种群起绝对影响作用的时代,以北京电视台为代表的中国电视,配合党和国家的各项政治运动和经济建设工作,积极展开宣传并发挥了巨大作用。不过,这近30年间的中国处于坎坷曲折的年代,也决定了广播电视事业同样坎坷曲折的发展道路。

第二节 政治和文化因子促成电视新景观：20世纪80年代

一、电视种群的恢复和发展

(一)反思回归阶段的电视事业

粉碎"四人帮"后,为了拨乱反正,全国展开了关于真理标准的大讨论。1978年11月中央台播出了《理论和实践问题广播讲座》,一些省市级电视台也举办了类似节目。电视重回党的新闻工作的优良传统,并陆续恢复了一批"文化大革命"中被停办的专题和文艺节目。1978年12月召开的中共十一届三中全会,是中国改革开放的开端,也是电视新闻事业变革的开始。1980年召开的第十次全国广播工作会议确定了广播电视宣传的基本任务是"为经济建设服务、为实现四个现代化服务",并再次强调广播电视"自己走路"的方针：建设一支能独立工作的采编队伍,深入实际,独立自主地采编新闻、撰写评论,做不同于报刊和通讯社、突出广播特色的新闻报道和评论。要充分发挥广播电视文艺节目的作用,积极发展广播剧、广播小说和电视剧、电视小品。

自此,电视的面貌焕然一新:新闻时效差、篇幅长、重播多、来源少的情况得以改变,《新闻联播》①1981年7月1日改版,改版后节目的新闻条数多了、时效强了、每条时间短了、口播新闻也增加了。电视现场报道开始出现:中央电视台②1980年现场实况报道了对林彪、江青反革命集团公开审判的经过,并第一次在电视新闻中保留同期声。央视最早的电视评论专栏《观察与思考》栏目于1980年7月开播,该节目通过解读和评述国家政策和社会热点话题以引导舆论。同时,自1978年5月央视制作播出"文化大革命"后第一部电视剧《三亲家》以来,电视剧迅速恢复和发展,其题材广泛、类型多样、数量增加,1982年单央视播出的电视剧就有235部。

(二)全面改革阶段的电视事业

1982年以后,经济领域的改革推动了社会对信息的需求,传播信息使新闻重要功能的观念越来越深入人心。新闻媒体的定位从宣传本位逐步转向新闻本位(李良荣,2009)。1983年3月31日,第十一次全国广播电视工作会议(以下简称第十一次广电会议)召开,这次会议是广播电视事业发展历史上的重大事件,会议做出的许多决定,如广电节目改革、"四级办"方针、"条块结合、以块为主"的管理体制等,都对广播电视事业的发展产生了深远影响,电视业从此进入全面改革时期。

第一,电视的节目改革。第十一次广电会议强调"宣传工作的改革要以新闻改革为突破口",新闻节目改革又一次成为广电事业改革的重点内容。

就电视而言,新闻节目的比重增大、信息量增多、节目类型增加,同时报道形式也有了一定创新和突破。如央视陆续开办了《午间新闻》《晚间新闻》节目,控制会议新闻等时政新闻的长度,增加经济、科技、文化、体育等社

---

① 《新闻联播》正式创办于1978年1月1日,全称《全国电视台新闻联播》。
② 1978年5月1日,在诞生20年之后,北京电视台正式更名为中央电视台,简称央视。

会新闻和国际新闻的内容，拓宽了报道面。尤其是经济报道比重增大，1984年，央视专门成立了经济部，开办了《经济生活》新闻专题。在对1987年第六届全国人大第五次会议和党的第十三次全代会的报道中，电视新闻采用了录像剪辑的形式，同期声的使用让观众耳目一新、好评如潮。

另外，电视社教专题节目和文艺节目也有了较大发展。《话说长江》（1983）、《话说运河》（1986）、《让历史告诉未来》（1987）等电视专题题材宏大、思想深邃、信息丰富，获得了很好的社会效果。文艺节目中春节联欢晚会和电视剧的发展引人注目。自1983年央视举办了春节联欢晚会并大获成功以后，每年一次的央视春晚形成了传统，成为中国的社会新民俗和国家仪式的代表。电视剧的数量不断增加，截至1988年达到1155部，《高山下的花环》（1983）、《四世同堂》（1985）、《红楼梦》（1986）、《西游记》（1987）等优秀剧目的出现引起了很大的社会反响。

第二，"四级办广播、四级办电视、四级混合覆盖"的方针。1983年以前，我国的广播事业是四级（中央、省、市、县）办广播，两级（中央、省）办电视。为了满足观众需求、减轻中央财政压力、调动地方开办电视的积极性，第十一次广电会议提出了"四级办广播、四级办电视、四级混合覆盖"的方针。

"四级办广播电视"是指除了中央和省级办广播电视以外，具备条件的省辖市、县等都可以根据需要和可能开办广播电视。"四级办"政策影响最大的是电视，1982年全国电视台数量47家，到了1989年已突增至469家，可见市县两级政府投入了极大的热情响应这一政策。"四级办"提升了广播电视的全国覆盖率，丰富了播出资源，但是也带来了许多负面影响：管理混乱、资源浪费、节目水平低下等问题，并直接促使了1997年国家"治散治滥"政策的出台。1999年11月，国家出台《关于加强广播电视有线网络建设管理的意见》（国办82号文件），文件中明确提出停止四级办台。"'四级办'对中国电视业的影响是巨大而深远的，这一影响直到今天仍然极其有力地塑造着中国电视业的形态"(常江,2018:209)。

第三,"条块结合、以块为主"广播电视管理体制。第十一次广电会议还开展了广电系统的管理体制改革。新中国成立初期,广播事业实行的是中央为主的"一揽子"领导,广播既是新闻宣传机关,又是事业管理机关,中心工作是宣传。从1956年起,大多数省(自治区、直辖市)相继建立了广播事业管理机构,地方广播事业受中央广播事业局和地方政府的双重领导。由于20世纪50年代末的广播电视事业规模较小,所以实行"条块结合、以条为主"的管理体制,即双重领导中以中央广播事业局为主。

第十一次广电会议在肯定了广播电视"新闻宣传机关和事业管理机关"双重职能的同时,提出广电体制要"与广播电视事业的性质和任务相适应"的原则,并确定广电管理体制的"条块结合、以块为主"的模式,即我国"各级广播电视机构之间的关系,应实行如下领导体制:省、自治区、市广播电视厅(局)受该省、自治区、市人民政府和广播电视部双重领导,以同级政府领导为主。同时,省、自治区、市广播电视厅(局)的宣传工作,受省、自治区、市党委和广播电视部领导;事业建设受省、自治区、市人民政府和广播电视部双重领导,以同级政府领导为主"(赵玉明,2006:387)。

二、电视产业开始萌芽

1978年,中国进入改革开放新时期,经济建设成为国家工作的重心,电视行业也受到改革开放的影响,电视产业开始萌芽。

广告的出现是中国电视产业开始发展的标志。1979年1月28日,中国大陆第一条商业广告——"参桂补酒"广告,在上海电视台播出,吹响了电视产业发展的号角。1979年4月,广东电视台开始推出商业广告,同年9月,中央电视台也播出了首次商业广告。1979年11月中共中央宣传部发出《关于报刊、广播、电视台刊播外国商品广告的通知》,对大众媒体播发商业广告的行为给予认可。1980年,中央电视台开办《广告》节目。随后,各地方电视台也纷纷效仿，广告业务迅速在全国大中媒体中逐渐推广（赵玉明，2004：459）。至今广告已成为各个电视台的主要收入来源。1982年2月，国务院通过了《广告管理暂行条例》，从而在国家法规层面确立了广告经营制度。

1983年的第十一次全国广播电视工作会议，确立了"四级办电视、四级混合覆盖"和"广开财源，提高经济效益"的改革方针，倡导"开源节流"以"补充国家财政拨款的不足"。一批经济扶持政策也相应出台，如对广播电视设备进口减免税优惠政策、允许广播电视相关产业的经营等。除广告外的其他经营创收开始出现，如节目、设备等多种依托广播电视信息资源和资本资源的跨行业经营。1985年国家统计局第一次将广电产业作为第三产业加以统计。据统计，1991年底广播电视创收总额16.39亿元，但仍低于21.32亿元的国家财政拨款。

总之，这一阶段电视种群发展的特征为：继政治因子之后，文化因子尤其是精英文化也一度对电视种群发展产生重要影响。电视产业处于起步阶段，电视台的事业性内容和经营性内容开始结合，电视台仍旧是事业性单位，电视产业发展的目的是为了减轻国家财政负担，国家财政拨款仍然是电视台的重要收入，产业的市场还未形成，产业的竞争主体也不明显。

第三节　经济因子促使电视产业快速发展：20世纪90年代

一、改革突破阶段的电视种群

1992年党的十四大确立了社会主义市场经济体制改革的目标，从而引发了新一轮的广播电视新闻事业改革。同年6月，中共中央《关于加快发展第三产业的决定》将广播电视作为文化产业的重要组成部分列为第三产业，产业属性的明确进一步促进了广播电视事业的深化改革。这主要表现在如下方面：

第一，继续推进新闻改革，增加新闻节目的比重、提高新闻的时效和质量,同时加强新闻评论节目的生产。1993年央视综合杂志节目《东方时空》开播,其中《焦点时刻》栏目,承继了《观察与思考》的宗旨和风格。1994年《焦点访谈》开播,节目关注社会热点,反映群众呼声,起到了舆论监督的强大作用。1996年央视又推出了电视谈话节目《实话实说》和深度调查类新闻节目《新闻调查》:《实话实说》是一种以演播室谈话为主要要素的评论类新闻节目,在20世纪90年代是十分新颖的节目样式;《新闻调查》是国内最长的电视深度报道栏目,该节目采用大量真实、生动的现场音响和画面,加上实际调查得到的翔实背景材料和准确、精辟的评论,深度报道社会热点问题和典型事件,一经开播就推出了许多经典内容。同时,央视的新闻改革被各地电视台纷纷效仿,一时之间,"新闻深度报道、新闻评述性节目、新闻杂志型板块栏目、纪实风格的采访,成为各地电视台和电视新闻从业人员热衷追求的目标,类似的栏目如雨后春笋般地涌现出来"(赵玉明,2006:433)。

第二,电视开始细分受众,节目形式朝着分众化、对象化和频率(道)化的方向发展。央视和地方台的播出频道不断增加,频道开始专业化定位以面向不同需求的观众。1999年央视提出了"频道专业化、栏目个性化、节目精品化"的战略,2000年前后央视的电视剧频道、英语国际频道、科教频道、新闻频道、少儿频道等相继开办。2002年北京电视台推出了第一个面向青少年观众的专业频道,2001年浙江电视台教育科技频道开办,都取得了不错的成绩。频道专业化表明"电视台传统的以栏目内容为划分依据的'中心式'管理体制,正逐渐向'栏目''频道'并重的矩阵式管理体制转型,电视台对于节目的制作和购买也越来越多地考虑到不同频道的目标受众的具体需求"(常江,2018:404)。

二、电视产业初步形成

自1979年财政部批示媒体"事业单位,企业化管理"的经营方针以来,广播电视就开始了多种经营的探索,但真正步入产业化的快速发展道路,还是从1992年广播电视的产业属性明确之后开始的。1992年6月，国家发布了《关于加快发展第三产业的决定》，将广播电视明确定位为第三产业，并明确指出现有大部分福利型、公益型和事业型第三产业要逐步向经营型转变，实行企业化管理。从而从政策上确定了电视的产业属性，鼓励电视"自主经营、自负盈亏"，"'以事业单位企业经营'的口号开路，广播电视的'产业'思路和'产业化'走向逐渐流行"（郭镇之，2013：220），电视的产业发展开始加速。

这一阶段，电视产业的竞争主体逐渐增加：有线电视、卫星电视、高清电视等相继产生，截至1999年全国所有省级电视台至少有一个上星频道，从而形成了中国电视产业中的特殊竞争主体：省级卫视。从此，中央电视台、省级卫视、省级地面频道、市级电视台的竞争全面展开。

广告经营成为电视产业经营的重点，自1992年以后，电视广告收入突飞猛进。中央电视台自1992年起先后在开播的8个频道都安排了广告播出，并于1993年5月开放了5秒标版广告（乔云霞，2007：459）。1994年央视开始黄金段位广告招标，首届招标高达3.3亿元。1996年，央视实行"以栏目带广告，以广告养栏目"的机制，节目质量和广告经营共同发展、互相促进。1993年，我国电视广告收入首次超过国家财政拨款，截至1999年底，电视的各种经营性收入已经占到全部收入的85%以上，远超国家的财政拨款。

在电视内容生产方面，电视台的市场意识深化，加强了对制作播出关系的探讨和节目市场的培育。从20世纪90年代初开始，对节目制播机制的探讨逐步成为热点话题。频道数目随着有线电视、卫星电视的发展而增加，各电视频道对节目的需求量剧增，从而对电视台的制作能力提出挑战，电视节目生产的社会化呼声变得越来越强烈。刘习良（2007：443）对此总结道："从1993年开始，一些社会节目制作公司和制作人开始出现。"1996年，《广电部关于〈认真贯彻党的十四届六中全会精神进一步加强和改进广播影视工作的意见〉》发布，在国家层面第一次明确提出电视节目制作和播出分离的指导意见。1999年,《关于加强广播电视有线网络建设管理的意见》公布,提出"无线有线合并,网台分营",明确了广播电视制播分离改革走向,同年,全国广播影视系统内部管理改革座谈会提出:积极推进新闻类节目外的其他广播电视节目播出与制作分离,进一步发挥市场机制对广播电视节目制作的基础作用(哈艳秋,苏亚萍等,2010),从此正式提出制播分离的行业指导意见。制播分离的节目生产机制,有助于降低节目制作费用、提高节目质量、促进电视节目市场的成熟,推动了电视产业的发展。对此,有学者(杨伟光,1998:325)认为:宣传和经营、台和网、节目制作和播出分离,推进了电视的产业化进程,实现了电视运营的市场化和电视节目的商品化,将成为电视发展的"必然趋势"。

电视节目市场逐步繁荣。得益于卫星电视等频道的增加和"制播分离"生产机制的推广,电视节目市场开始形成并逐步发展繁荣。随着节目生产方式的改革,1996年,首届全国国产电视节目交易会举办,而今,全国逐步形成了多个电视节目市场,如全国电视节目交易会、全国省级电视台节目交易网、北京国际电影周、上海国际电视节、四川国际电视节、湖南金鹰电视艺术节等电视节目交易市场,成为节目信息交流和交易的重要平台。在众多节目类型中,对电视剧制作领域制播分离的探索最早,众多电视台纷纷改组或成立电视剧制作中心,节目制作理念、模式和管理方式逐步朝市场化方向发展。央视大投入制作的《三国演义》《水浒传》等电视剧,不但在国内播出效果良好,还走出国门,在国外掀起了中国文化热。

电视的集团化开始起步。作为集团化发展的先行者,上海市广电局1992成立的"东方明珠"股份有限公司、湖南省广电厅1997成立的"湖南广播电视产业中心"已经初步具备现代传媒集团的基本特征。1999年6月9日,无锡广电集团成立,成为中国第一家正式命名的广电集团。2000年8月,国家广播电影电视总局局长徐光春指出,中国广播电视的改革方向,就是要"着手组建中央一级和省一级的广播影视集团",从而正式肯定了广电行业的集团化发展方向，之后湖南、山东、上海、北京等相继组建广电集团。2001年12月6日，国家广电总局组建的"中国广播电影电视集团"也宣告成立。

同时，电视的资本运作也迈开步伐。1992年，上海东方明珠股份有限公司成功上市，从此我国广电业走上资本运作的道路。1997年，中视传媒股份有限公司挂牌上市，1999年湖南广电传媒公司上市，电视产业市场和资本市场开始互相渗透。

总的来说，至20世纪90年代末，经济因子对我国电视行业的影响日显巨大，电视产业初步形成。电视产业化发展是以广告为主，多种经营开始起步，节目生产方式开始市场化，节目市场、竞争主体也进一步形成，但产业链还未形成，产业规模不大。电视"扬独家之优势、汇天下之精华"，坚持"自己走路"，不断创新节目形式，开展管理体制改革，同时积极探索产业化发展道路，成为重要的文化产业，在市场经济的大潮中不断走向纵深。

第四节　融合趋势下多种视听新媒体种群崛起：21世纪初期

进入21世纪以后，电视行业进入一个高速发展又错综复杂的历史时期。经济、科技、文化、社会、政治等各种生态因子都对电视行业产生了巨大影响：经济的快速发展带来了电视产业的繁荣；科技的巨大进步提升了电视行业的生产力；大众文化和视觉文化的转向改变了受众和媒体之间的权力关系；网络社会的崛起促生了丰富的网络圈子、改变了人们认识社会的方式；而一直以来对电视行业都具有强大影响力的政治力量，也对电视行业提出了加强网络空间的舆论引导、传播主流意识形态的政治目标。这些都促使电视行业不断改革，电视产业开始了深入发展，而电视行业又出现了新的种群：传统电视第一个真正意义上的竞争对手——商业视频网站出现了。

一、电视产业开始深入发展

进入21世纪以后，电视产业的发展逐步深化。这主要表现在如下几个方面：

(一)电视产业的集团化和资本运作

2000年以后，随着市场经济深入发展、中国加入世贸组织之后国际传媒竞争压力增强，同时伴随着报纸媒体集团化的示范效应，广播电视集团化成为热点。2000年11月，国家广电总局发布《关于广播电影电视集团化试行工作的原则意见》，指出广播电视可经营其他相关产业，可发展综合性传媒集团。2000年12月，中国第一家省级广播电视集团——湖南广播影视集团成立。随后，山东、上海、北京、江苏、浙江等省市纷纷成立省级广播电视集团。其中，作为中国最大的广播影视集团，中国广播影视集团于2001年12月6日在北京成立。集团化的目的是整合分散的广播电视机构，然而，这个时期的广电集团更多是政府政策推动、行政力量主导下的结果，多为广电系统内部的横向联合，不是真正意义上的产业集团，而是一种事业集团(刘成付，2007：77)。可以说，虽然集团的发展极大地改变了中国广电业的格局，但是也出现了很多问题，2004年，国家广电总局停止对组建广播电视集团的批准。2006年1月国家发布了《关于深化文化体制改革的若干意见》，明确了广电产业化、集团化的发展应该坚持企业与事业剥离，运用市场机制，走跨地区、跨行业的兼并重组的路径。之后广电集团化的发展道路虽然经历了一些波折，但是一直在探索中前进，其中以上海文广新闻传媒集团和湖南广播影视集团为代表。

虽然考虑到意识形态的安全性，国家对电视产业的资本运营采取谨慎态度，但是总体而言，电视产业的资本政策是逐步开放的，电视产业的资本运作也日益常见。2001年，中国证监会《上市公司行业分类指引》中，在13个基本门类之一的"传播与文化产业"之下，又分为五个小类，其中"广播电视电影"赫然在目，明确肯定了电视是可以上市经营的产业。2010年初，新闻出版总署出台《关于进一步推动新闻出版产业发展的指导意见》，鼓励条件成熟的新闻出版企业上市融资，政策上的支持推动电视企业纷纷上市。目前，我国上市的广电类传媒公司主要有：东方明珠、中视传媒、中信国安、电广传媒、歌华有线、广电网络、天威视讯等。近年来电视产业的资本运作频繁，产业资源进一步优化。2014年上海百事通与东方明珠合并重组，成为统一的产业平台和资本平台。2015年1月湖南卫视旗下电视购物品牌快乐购在深圳交易所创业板上市，市值超过52亿元。新媒体环境下，互联网企业也纷纷涉足影视行业，如2014年6月，阿里巴巴集团以62.44亿港元认购文化中国传播集团60%的股份，成立阿里影业，加速了影视产业的市场格局的重构。

(二) 对制播分离生产机制的进一步探索

2001年以后，国家继续鼓励社会资本进入节目制作领域。2009年，国家广电总局出台《关于认真做好广播电视制播分离改革的意见》，从此制播分离进入快速发展期。同年12月，中国电视剧制作中心转企改制，成为电视媒体推进制播分离改革、将可经营性资产推向市场的重要标志。2010年，湖南广播影视集团改为湖南广播电视台，对所属湖南卫视、湖南经视等实行"统一宣传、统一人事、统一财务资产、统一营销、统一技术"的管理原则。2012年《中国好声音》开播，灿星制作与浙江卫视共同投资、共担风险，灿星直接参与浙江卫视的广告分成，《中国好声音》被誉为是"一档真正意义上的制播分离的节目"。2013年，中共十八届三中全会《中共中央关于全面深化改革若干重大问题的决定》第三十九条提出，允许制作和出版、制作和播出分开，但是要保证出版权、播出权特许经营的前提（新华网，2013）。目前，制播分离或者节目制作社会化的概念已成共识，具体的操作方式也在进一步的探索之中。

(三) 民营及外资企业加入电视市场

制播分离促生了许多民营企业积极进入电视生产领域。2002年至2003年共有13家民营企业获得"广播电视节目制作经营许可证"，8家民营企业获得"电视剧制作许可证"。2003年12月，《关于促进广播影视产业发展的意见》发布，鼓励国内外各种资本进入影视制作产业。2005年8月，国务院发布了《关于非公有资本进入文化产业的若干决定》，支持非公有资本进入电影电视制作发行、有线电视接入网络等与电视产业相关的领域。目前，国内有名的民营电视制作公司有北京嘉实、光线传媒、北京银汉、唐龙国际等，民营企业已经大规模进入内容制作与运营领域。2014年，光线传媒与中央电视台合作推出《梦想星搭档》《少年中国强》等综艺节目。

虽然在2001年中国加入世界贸易组织（WTO）之时，并没有承诺开放国内的电视市场，但是视中国市场为一片发展蓝海的国外跨国传媒集团，通过各种途径进入中国电视市场。颇具代表性的有美国在线时代华纳集团在2001年花费巨资入主华娱卫视，占股85%，并于2002年获准在广东省落地，华娱卫视是第一家获准在中国直接播放节目的外资传媒公司。2004年该集团又与中影集团成立了合资电视节目制作公司，2005年其旗下的HBO专业频道在北京等78个城市落地，同时该集团的卡通频道与中央电视台也有合作。2001年，新闻集团通过其控股的凤凰卫视进入珠江三角洲地区。2002年，该集团旗下的星空传媒集团与湖南广电集团合作，共同制作并联合播出电视节目。2003年，维亚康姆剧团的音乐频道MTV在广东落地，并在次年与上海文广集团合资成立节目制作公司，在此之前，隶属于美国NBC环球集团的美国财经频道CNBC已于2003年与上海文广集团展开合作。2004年11月，国家出台了《中外合资、合作广播电视节目制作经营企业管理暂行规定》，首次对外资进行有限开放。政策的鼓励加速了国外传媒集团进入中国电视市场的节奏，改变了电视产业的产权结构，促进了国内的电视产业的竞争。"在管制相对宽松的相关领域，跨国传媒集团的投入更大，在电视有线网络、卫星通信、互联网视频、移动视频、户外视频、电视广告代理等领域，已经有很大成效"（黄迎新，2012：47）。

（四）媒介融合的布局和发展

进入21世纪以来，产业融合成为行业发展的趋势，最突出的表现就是电信网、广电网、互联网三个行业之间的融合发展，即三网融合。技术的创新、政策的推动和行业的竞争被认为是融合的推动力量。其中，IPTV、网络视频和手机电视等视听新媒体的出现是三网融合的代表性业务。

IPTV 是交互式网络电视的简称，我国的 IPTV 业务始于 2000 年网通与广电的合作。2004 年，电信、网通着手 IPTV 的项目立项，并开始商用试验，但由于缺乏政策支持，该业务进展缓慢。随着政策的松动，2005 年，在上海、哈尔滨、杭州、河南等地的 IPTV 业务得到进一步的发展。2008 年，一系列指导性支持政策出台，为 IPTV 业务创造了良好的政策环境。2010 年，国务院出台政策加快推进三网融合进程，明确提出三网融合时间表，IPTV 业务因此进入快速发展期，2010 年底用户数量达到 800 万户，截至 2015 年用户数量高达 4589.5 万户。

随着数字技术的进步、新媒体的快速发展，传统媒体纷纷寻求媒介融合之路，传统电视台也开始与网络结合，经营网络视频业务。网络视频是指在互联网上传递、被网民在线或下载使用的视频节目类型，有时也被称为在线视频、网络电视、在线电视等。作为一种节目内容，网络视频的生产主体可以是个人、视频网站、传统电视台，发布平台主要是在网络上，发布的目的可以是分享、交流，也可以是以商业目的为中心。根据运营主体的不同，网络视频行业可以分为三大阵容：传统媒体的视频网站（又称为网络电视台）、传统商业门户网站的网络视频业务（又称为门户视频）、综合性商业视频网站。事实上，早在 20 世纪 90 年代末，许多电视台就纷纷开办网站，但网站建设水平参差不齐，只有个别网站有在线点播、直播等视听服务（周勇，2013：34）。2000 年以后，电视媒体网站进入快速发展期，重庆网络电视台、央视网络电视、东方网络电视等相继开播，2007 年以后，电视媒体更加重视网络平台，所属网站纷纷改版，如凤凰卫视、北京电视台网站、中央电视台央视网等。2009 年，中国网络电视台正式上线，并推出了 CBOX 客户端，2009 年湖南广电成立芒果网络电视台，继央视和湖南卫视之后，江苏电视台、安徽电视台等相继开办了网络电视台。2014 年 4 月，芒果 TV 实行"芒果独播"战略，直接参与与商业视频网站的竞争，引发了广电媒体如何"触"网融合转型的反思，受到广泛关注。

随着智能手机、Wi-Fi 技术的发展，出现了手机和电视相结合的新的视听媒介，即手机电视。作为一种移动电视收视终端，手机电视具有便捷、交互、私密等多种优点，成为视频行业的业务新增点，电信和广电系统都大力进行该业务的开发。2004 年，广东联通与广东卫视合作，率先推出手机电视，同年，SMG 成立上海东方龙移动信息有限公司，运营手机电视，并于次年获得全国第一张手机电视牌照，同时展开了与中国移动的手机电视内容合作。2005 年中国联通与央视合作推出"视讯新干线"，打造手机视频业务，同年中广卫星移动广播有限公司成立，负责全国 CMMB 的统一运营，至此手机电视一路快速发展，截至 2014 年 12 月，我国手机用户达到 5583 万人。

这一阶段电视产业发展的主要特征是：电视行业开始了全面的整合、调整和深入发展，国家层面的政策始终是电视产业化发展的主导力量。竞争主体多元化，各种视听新媒体加入电视行业的竞争。开展了集团化、制播体制改革、社会化、资本经营、媒介融合等多种试验，积累了宝贵经验，同时也遇到了一些问题。

二、新种群的出现：商业视频网站从诞生到成熟

（一）网站萌芽期（2004—2005 年）

2004 年乐视网的成立，掀开中国商业视频网站成长的序幕。2005 年 2 月，美国定位视频分享服务的著名视频网站 YouTube 成立，其发展模式被中国的视频网站借鉴，2005 年上半年，土豆、56 网、激动网、PPTV、PPS 等以视频服务为主要业务的网站相继上线，并采取了长视频网站、视频分享网站、网络电视客户端等不同的定位。

视频网站的兴起伴随着中国视听产业政策法规的更新和演进。2004 年 6 月国家广电总局颁布了《互联网等信息网络传播视听节目管理办法》，首次对

网络传播视听节目进行行业规制，国家广电总局负责全国互联网视听节目的监管工作，该办法的出台标志着我国对包括视频网站在内的网络视频行业进行规范管理的开始。

这一阶段的商业视频网站处于初始阶段，多是在对国外视频网站发展模式模仿的基础上，开展适合中国市场的探索，视频网站的数量有限、带宽不足，网站影响力和用户规模都不大，网民在互联网上看视频成本很高。整个产业规模不大，产业链也不成熟，商业模式不够清晰。

（二）快速成长期（2006—2007年）

2006年10月，Google宣布将以价值16.5亿美元的股票收购YouTube，这一交易意味着YouTube将成为第一家交易金额超过10亿美元的社会网络网站。受YouTube模式的影响，国际风险投资大量进入中国，推动了国内商业视频网站的发展。优酷、酷6、6间房、爆米花、暴风影音等颇具影响力的视频网站先后成立，搜狐、新浪、网易等门户网站也开始涉足视频领域。据不完全统计，在高峰期中国各种视频网站多达数百家。

2006年被称为中国网络视频产业发展的元年，2007年，该行业市场继续高速发展并进入大规模拼杀阶段。根据艾瑞数据显示，2007年中国网络视频用户规模达到16150万人，用户覆盖率76.9%，用户增速高达96.5%。同年根据流量排名，前15位的视频网站的流量之和比例高达85%，用户集中度持续加大（朱旭光，梁静，关萍萍等，2014：55）。

这一阶段比较重要的影响该行业发展的国家政策有《信息网络传播权保护条例》（2006年5月10日发布）、《互联网视听节目服务管理规定》（2007年12月29日发布）。前者对网络信息的版权使用等进行了规定，是对著作权法在网络环境下实施的有力补充，为我国的信息数字化进程提供了法律保证；后者对网络视听业务进行全程管理，明确了网络视频行业的准入条件，规定开办网络视听节目服务的单位必须是国有独资或国有控股，对提供新闻、电影、电视剧等类型节目服务的形式做了进一步的管理规定，同时还对消费者、著作权人等的合法权益做了保护性规范措施。

总的来说，这一阶段的参与者众多，竞争较为激烈，初步形成了以内容提供商、网络平台运营商、技术提供商、分销渠道、广告主、用户等为主要构成的网络视频产业链雏形。UGC 模式是该阶段商业视频网站发展的主要模式，虽然在短时间内聚集了大量的人气和流量，并培养了不少属于自己的民间原创工作室和草根名人，但是也造成了盗版内容的泛滥，由此引发了版权大战，并促使了国家相关版权保护政策的出台。

（三）网站优化期（2008—2009 年）

2008 年以后，由于国家监管政策的实施、国际金融危机的影响，网络视频行业进入调整优化期。

2008 年 1 月 31 日开始实施的《互联网视听节目服务管理规定》关停处罚了一批视频网站，提升了网络视频行业的进入门槛。据该年 3 月份国家广电总局公布的抽查情况公告显示，有 62 家违规网站被关停或警告。2009 年国家发布了《关于加强互联网视听节目内容管理的通知》，正式开展了网络视听节目内容监管，整个网络视频行业逐渐整合，开始了规范发展的进程。

2008 年底的金融危机使多家视频网站出现了"融资"门槛，风险资本大量撤离，加速了行业的大规模洗牌，短短一年的时间，视频网站由 200 多家跌到不到 10 家（吴根良，2008）。小企业被淘汰，优酷、土豆、PPTV、腾讯等网站脱颖而出，行业集中度进一步提高。

版权保护进一步加强。在发展的早期，盗版现象是视频网站一直被诟病的问题。多数视频网站通过盗版获取内容，不必花费太大的成本，就可以获得高额利润，一度侵害了版权方的利益。随着版权意识的加强，有关版权维权的事件也日益增多。2009 年，以搜狐、激动网为代表的"中国网络视频反盗版联盟"成立，并发起了一系列维权事件，随着国家版权保护力度和行业自律的加强，这一时期的网络盗版现象有了明显好转。

这一阶段国有媒体的网络电视台进一步发展，影响了整个视频行业的格局。2009年，中国网络电视台（CNTV）上线，许多传统电视台紧跟央视步伐，也陆续成立了网络电视台，与以综合视频网站及门户网站为代表的商业视频网站一起，构成了网络视频行业的三大主体，行业竞争程度因此更加激烈，各个竞争主体之间的互动合作也逐渐增多。

整体来说，这一阶段的行业竞争加剧，产业集中度提高，形成了较高的行业门槛，产业的商业模式逐渐清晰，行业格局初显，产业链也进一步成熟。

（四）成熟发展期（2010年至今）

2010年以后，商业视频网站进入成熟发展期，这段时期的表现如下：商业模式进一步多样化。从UGC模式到Hulu模式，再到"UGC+Hulu"模式①，视频网站在不断探索各种发展模式。2010年3月，百度旗下奇艺网成立，其商业模式是明显的HuLu模式，爱奇艺CEO龚宇曾表示："'HuLu'模式是放之四海而皆准的，不管是在美国还是在中国。（赵子忠，赵敬，2011：150）"爱奇艺致力于为用户提供高清、流畅、丰富的专业视频服务，秉承"悦享品质"的品牌理念。2010年，优酷改走"UGC+Hulu"路线，一方面保持用户分享模式，一方面拿出高额资金购买影视长剧。据悉，2010年前9个月优酷用于版权资源购买的资金就达5647万元人民币（i美股：2010）。

对付费点播模式的探索也进一步展开。2011年，《让子弹飞》首次在所有视频网站同时尝试收费，3月乐视、腾讯等成立电影网络院线发行联盟，实行统一上线时间、统一播放品质、统一资费，推进影视剧的付费点播模式（郭人旗，2011）。2015年爱奇艺推出的网络剧《蜀山战纪》，探索会员付费抢先看全集的消费模式，以培养受众的付费习惯。

2010年网络视频行业的一个关键词是"上市"，酷6网加盟盛大集团后于

---

① "UGC即User Generated Content，是指用户生成内容，是Web 2.0环境下一种新兴的网络信息资源创作与组织模式"（赵宇翔，范哲，朱庆华，2012），也是视频网站的一种发展模式。Hulu模式来源于2008年新闻集团与NBC合作打造的新视频网站Hulu，其发展模式被称为Hulu模式，主要特点是提供专业、权威、高质量、有正式授权的视频，该模式常常被与注重用户创造的UGC模式相对比。

2010年6月登陆美国纳斯达克，紧接着2010年8月至2011年8月，乐视、优酷、土豆纷纷上市融资。同时，这一阶段行业内的并购整合和入股合作也在持续。2012年8月，优酷土豆合并，优酷土豆集团公司正式成立，该集团坚持"优酷更优酷，土豆更土豆"的原则，强化两者间的差异化；2013年5月7日，百度宣布3.7亿美元收购PPS，爱奇艺与PPS视频资产合并；2013年10月28日，PPTV聚力与苏宁云商、弘毅投资联合宣布，苏宁和弘毅将联合战略投资PPTV聚力；2014年4月，优酷土豆集团与阿里巴巴合作，2015年10月阿里巴巴宣布将收购优酷土豆。

在线视频企业基于不同的战略目的进行并购整合或引进战略投资者，形成了全新的行业竞争格局，网络视频市场份额进一步集中，也促使行业在并购整合与入股合作中持续快速发展。

行业整合的同时，内容自制和多屏发展也成为行业趋势：

首先，视频网站大力发展"内容自制"。2011年被称为是自制节目的正式开局之年，国内多家视频网站都加大自制内容。2012年，围绕伦敦奥运会，视频网站制作的自制节目多达数十个。2013年各大视频网站继续积极探索自制节目和内容。比如，搜狐视频的《屌丝男士》《我的极品是前任》《钱多多嫁人记》等，腾讯视频的《爱呀幸福的男女》《大牌驾到》《夜夜谈》《天天看》等，爱奇艺的《天天神评论》《爱说财经》《娱乐猛回头》等自制节目均在网民中获得了广泛的关注，网络自制作品制作水平在不断提升。

其次，视频网站的多屏发展。随着新技术和移动终端的发展，受众形成了多屏消费习惯，这促进了各个视频网站多屏发展的步伐。2013年6月，优酷土豆集团宣告其视频业务正式迈进"多屏时代"。2013年9月25日，三星与搜狐视频客户端进行进一步的深度合作。除此之外，迅雷看看、风行网等也相继推出各自的多屏发展方案。

除了电脑、手机、平板，视频网站还试图把电视屏也包括到其"多屏"布局中去，2012年底，许多视频网站推出电视盒子，但盒子的发展受到了管理机构的约束。2014年6月至8月，总局接连表态，"只有经过国家新闻出版广电总局批准的广播电视机构，才有资格开展互联网电视内容平台"（孙洪磊，2014）。视频网站的电视终端发展道路因此面临政策困境。

这一阶段对在线视频行业影响比较大的文件还有2010年的《推进三网融合的总体方案》，以及2012年的《关于进一步加强网络剧、微电影等网络视听节目管理的通知》，前者积极推动广电网、电信网和互联网的融合发展，促进了跨行业全面竞争，后者对网络剧、微电影的发展给出了积极的政策导向。

整体而言，这一阶段的商业视频网站产业发展的特征为：产业格局基本形成，产业链趋于成熟，产业集中度进一步提高，市场进入壁垒增大，行业规则逐渐建立，市场进一步规范化，以网络电视台、门户网站、综合视频网站为代表的市场竞争主体进一步明晰，各竞争主体之间的竞争与合作成为行业常态。

第四章　失调与平衡：新时代下的电视生态系统

　　自2012年党的十八大开启中国历史上的新时代以来，电视行业的发展站在了一个新的历史起点，新时代下的电视行业面临着如下发展环境：中国经济发展仍然势头强劲，以习近平同志为核心的新一代国家领导集体，带领中华民族在实现伟大复兴的道路上稳步迈进。云计算、机器学习、人工智能等各项数字新技术眼花缭乱，IPTV、OTT TV、视频网站、短视频平台等各种视听新媒体层出不穷，电视行业的媒介融合从技术探索上升为国家战略，在政治力量的推进下向着纵深方向发展。与此同时，中国网民的数量持续增长，网络空间成为信息传播的重要平台，舆论的形成和扩散机制发生巨大改变，网络舆论场众声喧哗，主流媒体引导舆论、凝聚共识的难度越来越大。网民在积极参与公共事务的同时，也逐步习惯了网络游戏、网络阅读、网络视频等多种线上娱乐活动，碎片化、即时性、互动性等成了新一代受众信息消费的显著特征。网络空间繁荣发展的同时，也带来了低俗信息、情绪化表达、版权侵权等各种负面问题，国家相关管理机构针对以上问题加强了对互联网空间的治理和监管。

　　从生态学的视角，我们看到的是一个复杂的电视生态系统：电视行业的生存环境是政治、经济、技术和文化等生态因子相互交织的复杂网络，电视行业中的各个视听媒体也表现出与以往不同的特点。为了行业更好地生存发展，有必要对电视行业的生态系统进行分析和研究。在本章中，首先描述了新时代下中国电视行业的种群发展现状，特别指出了短视频平台加入电视行业的事实;其次分析了电视行业的生态系统构成,指出目前电视行业已经初步构建了相对稳定平衡的行业结构;最后指出了电视行业出现的生态失调现象,提出后续研究需要解决的问题。

第一节 新时代电视种群的总体概况

传统电视和视听新媒体相互交织,多样竞争主体融合发展,是目前的中国电视行业的基本景观。本节首先从传统电视、商业视频网站、短视频平台三个主体分别出发,分析电视行业的发展现状。

一、传统电视的种群概况

根据《中国广播电影电视发展报告(2020)》统计,截至2019年底,全国广播电视播出机构有2591座,其中电视台72座,教育电视台35座,广播电视台2422座。获批准开办的广播电视频率频道4659个(不包含数字付费频道),其中,电视频道1592个(含各级教育电视台开办的38个教育教学类频道)。全国广播电视行业从业人员将近100万,共制作电视节目345.58万小时(国家广电总局,2020:91-92)。

从综合人口覆盖率来看,2019年无线电视为97.80%;全国有线广播电视覆盖达到3.52亿户,数字电视覆盖3.31亿户,高清有线电视用户突破1亿户,有线电视智能终端用户2385万户。有线广播电视网络传输干线总长(不含县级前端以下)达到218.87万公里(国家广电总局,2020:418)。

根据国家广电总局的统计,2019年,全国广播电视总收入8107.45亿元,同比增长16.62%;实际创收收入6766.90亿元,同比增长19.99%,其中,广告收入为2075.27亿元;有线网络收入为753.35亿元;新媒体业务收入1361.16亿元(国家广电总局,2020:420)。我国广播电视行业市场呈现如下特点:在广播电视总收入构成中,广告收入占比25.6%,仍然是广播电视产业的主要收入来源；以网络视听节目服务收入为代表的新媒体业务收入逐年增加，其地位日益突出。中央直属广电媒体总收入达 773.15 亿元，占全国广电总收入的 9.54%；此外，东部地区、中部地区和西部地区的收入总量依次减少，广播电视产业发展的区域性差异显著。在中央、省级、地市级和县级广播电视机构中，省级广电的总收入占 70.37%，是比重最大的。

二、商业视频网站的种群概况

目前的商业视频网站市场，呈现出与以往不同的态势。优酷、爱奇艺、腾讯、芒果 TV 引领头部企业。据艾瑞数据，2020 年，中国在线视频企业收入市场规模为 1151.9 亿元，同比增长 12.6%。广告仍是行业的主要收入来源之一，2020 年广告市场规模 330 亿元，同比下降 10.2%，其中，移动广告市场规模达 253.1 亿元，占总体广告收入比重的 76.8%。

同时，商业视频网站的核心收入来源已从广告向内容付费迁移，付费会员规模日益扩大，2019 年，中国网络视频付费市场规模为 514 亿元，同比增长 49.4%。爱奇艺会员业务营收 144 亿元，同比增长 36%，超过广告收入 83 亿元，成为最大收入来源，芒果 TV 会员收入增幅超过 100%。

2021 年，从月活、付款会员等指标来看，爱奇艺、腾讯视频持续保持领先，2020 年平均月活 6 亿左右；优酷仍保持较强的市场竞争力，平均月活超 4 亿；芒果 TV 等平台凭借独特定位特色，平均月活近 2 亿。

进入 2021 年，视频领域的竞争愈演愈烈。总体上来看，爱优腾芒以剧集和综艺为主要发力点，获得平台基础流量。腾讯视频凭借海量丰富内容，付费会员规模已经超过爱奇艺。在腾讯生态布局中会持续重金打造长视频这个流量入口，支持内容生产创作。爱奇艺在热门题材的预判及用户运营方面，不断预测与顺应市场需求，不断细分垂直市场，是行业的积极探索者。2020 年短剧（24 集及以下剧集）成为一大亮点，其"迷雾剧场"深耕"悬疑+"内容创作，探索类型与题材的更新迭代。值得注意的是，内容自制已成为各大平台差异化的核心战略，爱奇艺凭借独播自制剧获得的差异化优势已不显著。优酷一直坚持大剧精品独播策略，在受众覆盖上更为均衡，和阿里巴巴整体淘系业务协同运营。在会员体系上也和淘宝88VIP会员进行了打通。在近年来女性题材风口方面，着力拓展女性向、年轻向的项目，2020年推出了女性悬疑题材短剧。芒果TV则主打"青春""女性"向，在女性情感、成长类题材的综艺研发上表现不俗。与腾讯、爱奇艺和优酷目前还在烧钱阶段不同，芒果通过对生产要素比如艺人、品牌资源、生产制作团队更高的自主权及控制力成为唯一一家盈利的平台。

三、短视频平台：快速成长的新种群

(一)平台的萌芽阶段(2011—2013年)

短视频应用最早出现在美国，2011年4月11日主打视频分享的Viddy正式发布移动短视频社交应用产品。用户能够拍摄、剪辑30秒的短片，添加音效和特效，并且在网络上分享。2013年1月24日，Twitter正式推出视频分享应用Vine iOS版本，用户可以拍摄6秒长的视频短片，并且无缝地嵌入到Twitter消息中。半年后，Instagram也推出了拍摄长度达15秒的视频分享功能，2014年8月，Instagram发布了具有延时摄影功能的视频编辑应用Hyper-lapse。得益于其庞大的用户基础，Instagram的短视频应用迅速崛起(王晓红等，2015)。

与此同时，国内的短视频应用也紧跟步伐，开始了初步探索。2011年3月GIF快手诞生，用于制作分享GIF图片。2012年11月至2013年10月，GIF快手从纯粹的工具应用成功转型为短视频社区。2011年8月，移动短视频娱乐分享应用和移动视频技术服务提供商"北京炫一下科技有限公司"成立，致力于短视频应用的探索。2013年9月28日，腾讯推出了针对年轻受

众的微视，用户可以拍摄 8 秒短视频，开展社交活动。① 2013 年 8 月，炫一下科技有限公司旗下"秒拍"上线，并入驻新浪微博客户端，迅速吸引千万级用户量，正式开启短视频时代。2013 年 12 月，该公司发布短视频平台秒拍 3.5 版。

这个阶段的短视频平台，还处在应用开发的早期阶段，在内容生产、用户培养、商业模式等方面都处于刚刚起步阶段，但紧紧抓住短视频、社交分享的关键词，"以推广制作工具为主要营销核心，间接诱导用户入驻社区分享内容，培养其使用习惯"（艾瑞咨询，2019：5）。

（二）平台的探索阶段（2014—2015 年）

2014 年 4 月由美图公司推出的美拍，凭借美颜领域的传统优势笼络了大量城市女性用户。2014 年 10 月腾讯更新的微信 6.0 版本中加入了"小视频"功能，用户可以拍摄 6 秒短视频在聊天界面以及朋友圈中与朋友分享。2014 年 11 月"GIF 快手"更名为"快手"，成立了以个性鲜明的三、四线农村文化为主要特点的快手社区（徐丽娜，2017）。2015 年炫一下科技推出"小咖秀"，该应用创造性地采用对口型的流行娱乐新玩法，用搞笑的方式吸引了海量用户，其中不乏贾乃亮、蒋欣、王珞丹等明星参与，上线两个月就得到爆发式传播，一度冲至 App Store 总榜排名第一的位置（海峡法治在线，2016）。小咖秀的出现标志着个性化短视频工具方向的开始。

2014 年 8 月旨在关注渐冻症的公益活动——"冰桶挑战"借助明星效应在微博大范围传播，再加上"春节拜年""全民社会摇"等著名营销活动，将短视频市场推到了一个新的高度。在短视频平台的不断努力下，这一视频行业的新应用很快进入大众视野，短视频用户数不断提升。2014 年上线后 9 个月内，美拍用户量突破 1 亿。2014 年，秒拍平台上部分明星用户的短视频单日点击量已突破 400 万，个别用户的日点击量甚至与当下热门电视剧的单日点

---

① 微视于 2015 年被腾讯战略边缘化，2017 年 4 月 10 日被正式关闭。近一年以后，腾讯重启微视。

播量齐平，发展势头强劲。2015年5月，小咖秀上线数月内用户量超过1500万（黄楚新，2017）。

此阶段的短视频平台，已经蓄势待发：社区功能基本完善，用户规模进一步扩大，用户习惯已初步养成。平台的发展重点在于如何吸引用户参与内容营销，扩大短视频内容形式接受程度（艾瑞咨询，2019）。

（三）平台的快速生长阶段（2016—2017年）

2016年是短视频平台的转折年，这一年开始，短视频行业进入快速生长期。更多的竞争者加入短视频领域，竞争的焦点在于对优质内容生产者的争夺，其最终目的还是对平台用户的争夺。而此阶段的平台用户仍高速增长。与此同时，处于野蛮生长阶段的行业乱象频出，对国家政策监管提出了新的要求。

2016年传统专业媒体进入短视频领域，并急速增长。新京报的"我们视频"、南方周末的"南瓜视业"、界面的"箭厂"、澎湃味的"梨视频"等出现。

2016年，同属于头条系的火山小视频[1]、西瓜视频正式上线[2]。同年9月，音乐创意短视频社交软件"抖音"上线，用户可以通过这款软件选择歌曲，拍摄音乐作品形成自己的作品。2017年11月10日，"今日头条"10亿美元收购北美音乐短视频社交平台 Musical.ly，与抖音合并。

2016年12月12日，新版本的微信朋友圈视频长度延长到了10秒，同时实现了短视频的全屏播放以及从用户相册中调用视频并编辑提取10秒精华部分进行发布（徐丽娜，2017）。2017年3月，腾讯投资快手。阿里文娱推出20亿大鱼计划，宣布土豆视频进军短视频市场；百度投资人人视频、上线好看视频。BAT入局短视频领域，进一步说明了短视频行业的乐观前景。

互联网巨头纷纷入局短视频市场，采用巨额补贴促进内容生产，使得创

---

[1] 2020年，火山小视频和抖音进行整合升级，更名为抖音火山版，并启用全新图标。
[2] 西瓜视频的前身为"头条视频"，于2016年5月正式上线，次年6月，头条视频正式升级为"西瓜视频"。

作者参与热情剧增。诸多传统媒体人涉足短视频内容生产，短视频内容的头部创作团队已获得资本青睐。Papi 酱成为短视频创业代表人物，更于 3 月获得 1200 万元融资。2016 年 7 月，短视频生产团队"一条"宣布完成 1 亿元人民币 B+轮融资。同年 12 月，"二更"视频宣布全网播放量达到 10 亿次（艾媒咨询，2017）。

内容生产端逐渐向短视频 MCN 机构转型，2016 年 4 月，Papi 酱推出短视频 MCN 机构 papitube，何仙姑夫发布贝壳视频等。各大平台也推出相应的支持短视频 MCN 发展计划，2017 年 5 月，微博正式发布垂直 MCN 合作计划；2017 年 9 月，美拍开展 MCN 战略合作计划；2017 年 11 月，今日头条推出 MCN 扶持计划。

优质的内容吸引了更多平台用户。据艾媒咨询数据显示，2016 年中国移动短视频用户规模为 1.53 亿人。截至 2017 年底，用户规模增至 2.42 亿人，增长率为 58.2%。

与短视频领域的爆发式增长同时出现的是，短视频行业乱象频出，低俗信息问题、版权侵权问题、侵犯隐私问题、青少年沉迷上瘾问题等层出不穷，对国家政策监管提出了新的要求。

(四)平台的成熟稳定阶段(2018 年至今)

2018 年初短视频行业市场格局初定，行业相关主体进一步细化和完善，产业链发展基本成熟，在作为基础支持的各项数字技术的加持下，从内容生产端、短视频平台到短视频用户的生产、传播和消费流程更加流畅。短视频获得了更多广告商的关注，以广告服务为主要业务的各个营销平台也应运而生，与内容方、广告商和平台方开展了深入合作。同时，相应的行业监管也逐步跟进。

当用户习惯逐渐养成，各大巨头纷纷入局后，"野蛮生长""抢夺初期平台红利"的现象已逐步消失，内容领域的作者逐渐细化、明晰自身定位，向某一专业垂直领域过渡，短视频领域内容愈发垂直细分化（黄楚新，2017），视频内容涉及美妆、美食、生活方式、资讯、教育等多个领域,一改短视频初期主要是泛娱乐和搞笑内容的情形。作为行业内容生产整合者的 MCN 机构发展愈加成熟,发挥了更加重要的作用。2018 年中国短视频 MCN 机构数量超过 3000 家。

目前,短视频行业呈现出"两超多强"格局。字节跳动三款短视频(抖音、西瓜视频、火山小视频)产品去重用户超过 6 亿。快手日活用户超过 3 亿,腾讯系、百度系紧随其后。据艾媒咨询数据,抖音、快手是目前短视频行业头部平台,但抖音在社交和支付等业务发展加持下,规模优势逐渐抛开快手。关于短视频用户最常使用的产品调查结果显示,抖音以 45.2%的占比排名第一,快手仅占比 17.9%(艾媒咨询,2021)。截至 2019 年,头部平台逐渐开启商业化变现道路,迅速完成从"流量积累"向"流量变现"的转变。同时其优质的流量资源,得到了广告主、内容方、MCN 机构等不同产业链参与方的认可。

据艾媒咨询数据,2018 年中国短视频用户规模仍然保持高速增长,达 5.01 亿人,2018 年以后,行业用户规模增速开始放缓,但仍保持稳定增长态势,2019 年和 2020 年分别达到 6.27 亿人和 7.22 亿人(艾媒咨询,2021)。根据 CNNIC 第 49 次报告数据,截至 2021 年 12 月,我国网络视频(含短视频)用户规模达 9.75 亿,较 2020 年 12 月增长 4794 万,占网民整体的 94.5%。其中短视频用户规模为 9.34 亿,较 2020 年 12 月增长 6080 万,占网民整体的 90.5%。中国短视频 App 日均总使用时长达到 704 亿分钟。从年龄分布来看,25—35 岁人群占比高达 51.3%,短视频正逐渐从 24 岁以下青年人群向 25—35 岁中青年用户群体中渗透;从城市分布来看,短视频用户正在从一二线城市逐渐向三四线城市渗透;75.6%的用户表示"浏览有趣的内容"是大多数人选择短视频产品的主要原因,"分享生活中的精彩瞬间"成为短视频用户除"学习知识技能"外选择短视频产品的一项重要原因(艾瑞咨询,2019)。

用户高速增长红利逐渐消退的同时，探索如何增加用户黏性以及完善商业模式成为各方主要目标。2018年10月30日，快手正式发布营销平台，主要分为快手广告和快手商业开放平台两大体系，广告管理平台支持硬广投放的精准化和效率化，而商业开放平台主要支持内容营销的管理。2018年6月，抖音在营销峰会上提出ACI营销全景的概念，即以Dou Ad（抖音商业推广）、Dou Content（抖音原生推广）、Dou Infinity（抖音互动创新）三大板块为支撑，搭建商业生态系统，实现用户与品牌的双向互动与精准触达。抖音通过商业化平台的搭建和布局，将整个短视频营销的环节全部规整到自己的平台之下，一方面打通了广告主、内容方、MCN、营销服务商等各方的合作流程，另一方面也建立了抖音在整个短视频营销生态中的枢纽位置（艾瑞咨询，2018）。

根据艾瑞报告数据显示，2020年，中国短视频行业规模为2211亿元，增长率约为69.8%。2020年，短视频广告仍为各大广告主的投放重点，中国短视频广告收入市场规模为1336亿元，同比增长67.1%。平台不断优化的内容生态持续拉升整体用户量和用户黏性，成为广告主营销增长的肥沃土壤。整体来看，头部平台也在持续探索更多商业化可能，在广告形式方面逐步开放直播广告、搜索广告等，预计到2023年短视频广告收入将突破3000亿元。

同时，直播电商成为短视频行业发展的又一个重点。2018年3月，抖音正式试水直播电商，开始在大账号中添加购物车链接；12月购物车功能正式开放申请。同年6月，快手与有赞合作推出"短视频电商导购"，并新增快手小店，同时推出"魔筷TV"小程序。艾瑞分析认为，当前短视频平台的电商业务仍处于扩张阶段，对平台总体收入的贡献尚有上升空间。

另外，平台基于庞大用户群体的多元需求而衍生出的本地服务、游戏等有望对平台的未来增长持续做出贡献。预计到2023年短视频行业市场规模将超过5000亿元。

进入2018年以来，政策监管力度不断加大，对于短视频版权纷争、内容乱象和平台资质等问题均推出了相关政策和监管行动。2018年7月，国家版权局、国家互联网信息办公室、工业和信息化部、公安部联合宣布启动打击网络侵权盗版"剑网2018"专项行动，截至2018年11月，15家短视频平台共计下架各类涉嫌侵权盗版作品57万部。同时，针对短视频内容乱象，对于触碰低俗、暴力、血腥、色情、有害问题等红线的情况，2018年以来，国家广电总局、网信办等有关部门多次约谈相关短视频内容方和平台方，并予以责令整改、暂停运营和永久封号等处罚措施（艾瑞咨询，2018）。

第二节 电视生态系统的构成

电视种群及其生存环境构成了电视生态系统。那么，这个生态系统的结构如何？各有哪些组成要素？各个要素之间的关系如何？

一、电视生态系统的内涵

大视频时代的媒介生态格局已经深刻改变，整个电视行业正在面临一场巨大的变革，为了更好地理解大视频时代电视行业的特征和发展规律，本书采用生态学的视角，从生态系统出发，把电视种群及其生存环境看作是一个完整的生态系统，分析电视生态系统的结构和组成要素，探索电视生态系统的特征和运行规律。需要说明的是，在大视频时代，电视生态系统往往也被称作大视频生态系统，本书中也将同时使用这两种称呼。

在生态学中对生态系统的定义为"在一定时间和空间范围内，生物与生物之间，生物与非生物之间，通过不断地物质循环和能量流动而互相作用、互相依存所形成的一个生态学功能单位"（李振基，陈小麟，郑海雷等，2000：267）。即生态系统=生物群落+非生物环境，无论何时群落都不是孤立存在的，而是和它周围的环境密切相关、相互作用。并且生态系统的特征为："是一个生态学最高层次上的结构与功能单位；具有自调节、自组织、自更新的能力；具有物质循环、能量流动和信息传递三大功能；营养级的数量有限；是一个动态系统等。(李振基，陈小麟，郑海雷等，2000：267-268)"

生态系统的理论也可以用来解释社会科学的相关现象，因此被管理学、媒介经济学等学科借鉴。1993年，Moore将该理论引入商业研究领域，并提出了商业生态系统的概念，随着互联网的快速发展，又衍生出了电子商务生态系统、农产品电子商务生态系统、农产品直播电商生态系统等理论。在媒体研究领域，邵培仁(2008：110)在对生态系统的概念解读之后引申出媒介生态系统的定义，即"人、媒介、社会、自然四者之间通过物质交换、能量流动和信息交流的相互作用、相互依存，而构成的一个动态平衡的统一整体"。

本书参考生态学的概念和邵培仁的定义，认为电视生态系统或者说大视频生态系统就是"在一定时间和空间范围内，视听媒体和用户之间，视听媒体与视听媒体之间，视听媒体与社会环境和自然环境之间，通过不断地物质循环、能量流动和信息交流而互相作用、互相依存所形成的一个动态平衡的功能单位"。在这个大系统中，存在若干个种群，如传统电视(常简称为电视)媒体种群、商业视频网站种群、短视频平台种群、IPTV种群和互联网电视种群以及其他的视听媒体种群等，这些种群和其生存环境共同组成了大视频生态系统。其中生存环境包括社会环境和自然环境。社会环境包括政治、经济、文化、技术等因素，自然环境则是指地理位置、气候条件等因素。同时，从视听行业的角度来看，各个视听媒体种群需要各种生存资源，如内容、受众、广告、人才、资本等要素，都是环境中被各个视听媒体种群所利用的资源。因此，从视听媒体种群的视角出发，电视行业的生态系统如下图所示①：

---

① 该图中重点展示了传统电视种群、商业视频网站种群和短视频平台种群，其他的视听媒体种群出于对图片简洁性的要求，在此不予展示。

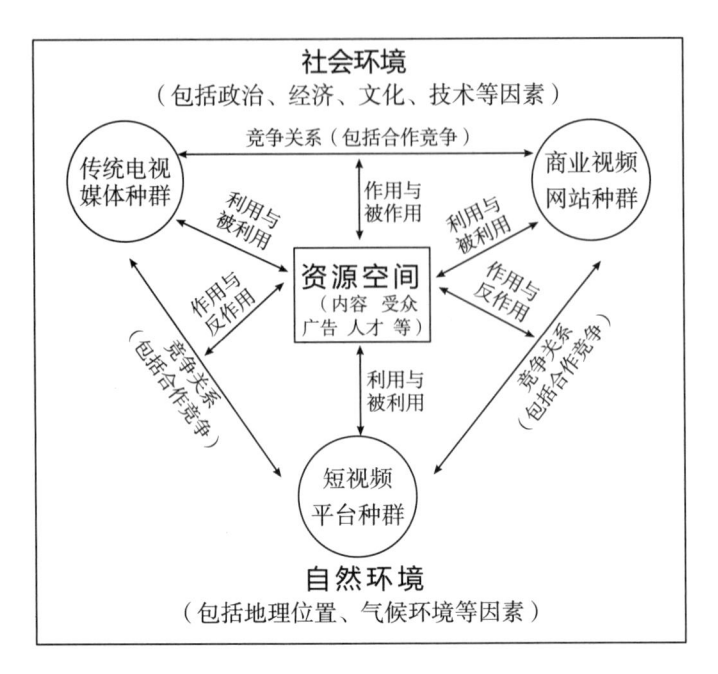

图 4-2-1 大视频生态系统结构图

二、电视生态系统的特点

电视系统或者说大视频生态系统中的各个种群，它们之间并不是互相独立的，而是存在各种关系，包括竞争、互惠、共生等，管理学所理解的互惠共生即合作，并且也属于竞争的一种，称之为合作竞争，在各个视听媒体种群之间，竞争和合作是最常见的关系。大视频生态系统中的资源空间，包括内容、受众、广告、人才、资本等要素，各个视听媒体种群从资源空间中获取生存的养料，并对资源空间产生作用。各个视听媒体种群之间的竞争关系受资源空间各要素的影响，同时竞争关系也反作用于资源空间。

在大视频生态系统的社会环境和自然环境中，对视听媒体种群生存起直接或间接作用的环境因素被称为生态因子，环境就是各种生态因子的总和。环境中的各个生态因子都有不可替代的作用，但是在一定条件下，又可以分为主导因子和非主导因子，主导因子是指对视听媒体种群发展起决定性作用的生态因子，非主导因子是指起辅助作用的生态因子，在整个大视频生态系统中，社会环境的作用明显大于自然环境，因此政治、经济、文化、技术等因素都是重要的主导因子。当然，政治、经济、文化、技术均是笼统的说法，具体展开，如法律法规、行政管理等都是对电视生态系统中的种群起决定性作用的主导因子。需要特别指出的是，受众（即用户）由于已经不是传统意义上的接受者，而是更多地参与到内容生产中来，具有了生产者和消费者的双重地位，受众的素养对电视行业的发展起到决定性的作用，因此，本书认为受众既是各个视听媒体种群赖以生存的重要资源，也是各个视听媒体种群生存环境中重要的生态因子。

各生态因子相互联系、协同演化，形成各个视听媒体种群生存的环境，并对各个视听媒体种群发挥综合作用。而各个视听媒体种群，也时刻对环境产生反作用，即环境和各个种群之间无时无刻不存在着彼此的作用与反馈，并时刻进行着物质、能量和信息的交换。

大视频生态系统具有一般系统所具有的特征，如整体性、层次性、稳定性、动态和自组织性等。"系统是由若干要素组成的具有一定新功能的有机整体"（魏宏森，曾国屏，1995：201），大视频生态系统就是由环境、媒介、消费等若干要素组成的一个有机整体。"系统组织在地位与作用、结构与功能上表现出等级秩序性，形成了具有质的差异的等级系统"（魏宏森，曾国屏，1995：213）。大视频生态系统是一个具有明显层次性的等级系统，以传统电视媒体种群为例，如果把大视频生态系统作为一级系统的话，传统电视媒体生态系统就是二级系统，在二级系统中，又存在着中央级电视台、省级卫视、省级地面频道、地市级电视台等三级系统，这些都是不同层次的系统组织。

"系统具有一定的自我稳定能力，能够在一定范围内进行自我调节，从而保持和恢复原来的有序状态、原有的结构和功能"（魏宏森，曾国屏，1995：255）。大视频生态系统具有自组织和自调节的平衡功能，始终处在自我运动、自发演化的过程中。系统内部的矛盾是系统自我运动的动力,系统的环境是系统自我运动的条件,大视频生态系统自我调节的最佳状态是保持生态平衡。如不顾节目版权的抄袭行为,导致节目同质化严重的现象,破坏了生态系统的平衡,此时组织各种行业自律联盟,国家推出版权保护的政策和法规,就是大视频生态系统的自我调节行为,从而保证了大视频生态系统的稳定性。再比如,当系统中出现新的成员时,大视频生态系统内部各个视听媒体种群之间的竞争合作方式会发生相应的改变,这也是系统的一种自我调节行为,而对这种现象的观察和讨论正是我们需要进一步研究的新话题。

第三节 电视生态系统的生态失调问题

生态系统具有自我调节的能力,但是当干扰因素超过了系统的自我调节力度时,就会发生生态失调甚至生态危机。生态失调是指生态系统的不平衡状态,生态失调如果持续到一定程度,甚至能够引发生态危机——生态危机是生态失调的恶性发展结果,是指生物的活动严重破坏了环境和资源,使生物的生存与发展受到威胁的现象。

目前电视生态系统中存在许多生态失调现象,这些问题主要是各竞争主体(视听媒体种群)的破坏性竞争造成的。各个种群之间,不断地在竞争中寻求合作,在合作中开展竞争。积极有效的竞争,是基于生存压力下的良性选择,是不断进步发展的动力。但是,竞争发展的过程中也会有不和谐的音符,不同于生产性竞争的破坏性竞争就是一类。视听媒体种群的破坏性竞争主要表现为盗版侵权问题、低俗信息问题、侵犯人格权问题和虚假营销问题,这是竞争主体不遵守规则的活动和行为,这些活动和行为,不但无法促进行业发展,反而会带来生产效率降低和社会福利减少,如果不加以改变,则有发展成生态危机的可能。

一、同质化及盗版侵权问题

生态失调的第一个表现就是同质化问题层出不穷、盗版侵权现象屡禁不止。在传统电视领域,同质化问题是长期存在的问题:节目之间争相模仿、互相抄袭,一时之间选秀节目纷纷上马,一时之间歌唱节目狂轰滥炸,视频内容重复,难以创新,造成了对资源的极大浪费,节目高投入、低产出,效率低下,生存空间越来越小。而在商业视频网站发展的相当长的时间内,盗版和侵权问题不断。据统计,北京市海淀区作为视频网站公司的高度聚集地区,在2007—2011年的5年内,该区法院知识产权庭共审理以视频网站为被告的版权侵权案件1989件(王光文,2012)。

到了短视频平台时代,短视频行业用户和市场规模持续增长,应用场景不断拓宽,与之相关的侵权问题也频频发生。各种"剪刀手""搬运工"将著作权人的智力成果据为己有。短视频成为版权侵权的"重灾区",据北京互联网法院介绍,自2018年9月9日至2022年2月28日,该院共受理涉短视频著作权纠纷案件2812件,案件数量逐年增加,其中2021年涉短视频著作权案件数量达到2020年的近2倍(时斓娜,苏墨,2022)。如在影视作品的创意剪辑等二次创作类内容领域,就是短视频版权纠纷经常出现的地方,长视频与短视频创作者的矛盾冲突凸显。谷阿莫创作的"×分钟带你看完××电影"系列短视频,通过幽默、诙谐的语言在几分钟内解说一部完整的电影,迅速吸引了数百万微博粉丝。谷阿莫在电影解说短视频方面获得巨大成功的同时也引来了纠纷和诉讼(董彪,2022)。2021年4月23日,优酷、爱奇艺和腾讯视频与500多名艺人联合发布倡议书,要求对短视频平台的内容加强著作权合规管理,清理未经授权剪辑的影视作品(谢若琳,2021)。

虽然相关部门近些年加大了对盗版现象尤其是网络侵权现象的打击力度,但是隐蔽灵活的网络侵权行为,使得对其的监管困难重重,打击侵权盗版,任重而道远。

二、低俗暴力等不良信息问题

视频节目中低俗、血腥、暴力等内容屡见不鲜。为了抓人眼球，一些媒体不顾社会良俗，无视媒体社会责任，迎合某些受众的低级需求，播放血腥暴力、低俗色情的视频内容以增加收视率和点击量，获取经济利益。

2018年"儿童邪典视频"在国内视频平台传播的问题引发了社会关注。该类视频通过对少年儿童喜欢的蜘蛛侠、艾莎公主、小猪佩奇等卡通形象进行二次加工，制作成卡通视频、人偶剧、小游戏供未成年人观看，以获取流量和利益。该类视频没有任何营养价值，全片充斥着恶搞、低俗、软色情等信息，且由于打着儿童、动漫、母婴、教育等标签，极难被监护人及时发现和杜绝，对未成年的心理健康造成了很大的负面影响。对此，我国中宣部、文化和旅游部、全国"扫黄打非"办公室等部门快速进行了集中查处，全国"扫黄打非"办公室部署开展深入监测和清查，对优酷、爱奇艺、腾讯、百度旗下"好看"视频立案调查，大规模的自查和清理就此展开。经整治，清理有害信息37万余条，对提供传播渠道的多个互联网平台予以行政处罚并曝光，严厉查处制作"邪典"视频企业，有关负责人被刑事拘留。

2021年3月，网络平台再现"儿童邪典"视频传播，以新虚构创建的卡通形象视频短片为主，如"卡通猫"和"SCP"系列。这次的违规视频不再走恶搞、低俗路线，而是多以阴暗、恐怖、惊悚为基调，充斥大量暴力血腥以及宣扬犯罪、教唆犯罪的内容。视频生产方式均为境外生产制作，汉化后上传至国内互联网。北京市文化市场综合执法总队在整治工作中，处罚了7家违规平台，清理删除相关违规视频33789个，清理儿童邪典图片7930张，删除相关违规内容链接83254条。总队专门组织抖音、爱奇艺、百度等8家在京重点网络视频平台召开"儿童邪典"视频专项治理和防范工作会。平台采取拓展回查、样本增强、升级算法等措施，累计新增屏蔽关键词421个，下线风险站点821个(北京日报，2021)。

通过"儿童邪典"视频的传播和整治工作，我们不难看出，由于利益驱使，低俗、恐怖等不良信息的传播往往容易钻营投机、见缝插针、死灰复燃。对这类信息的治理工作，绝对不是一朝一夕可以完成的，而是一个长期的艰巨的任务。治理工作也绝不是仅仅靠政府监管机构一方推动，而是要靠政府、社会、平台等多方参与，协同治理。

三、侵犯隐私等人格权问题

电视行业中侵犯人格权等违法违规问题较多出现在短视频领域。随时随地用手机拍摄视频，并上传到互联网平台分享，确实丰富了受众的生活，给广大网友带来了表达机会和交流空间，但有一些不恰当的内容，会引起个人的隐私权和名誉权受到伤害，从而引发法律问题。

2022年初，短视频平台上一类视频内容引发了热议。该类视频内容多为房东或中介公司拍摄，拍摄者通过视频公开租客遗留下的各种物品，并分析这些物品，推测租客可能的职业及个人故事。如一短视频平台上名为"济南租房·分好"的账号，经常以"开盲盒"名义拍摄并发布租客遗留物品的视频。视频标题："小美女退房啥稀奇的都有""小姐姐退房这职业有点神秘""夜店小姐姐退房来捡捡漏"等，再如一个简介为"日常捡漏，查房保洁"的4万多粉丝的账号，分享20多个退房视频作品，不乏标题"情侣租客退房，看看剩什么""百万粉丝美女主播退房，留下好多宝贝""美女租客退房，留下一堆袜子"等内容，拍摄的内容除了正常清理房间外，还会公开租客遗留的生活用品、吃剩的食物，乃至贴身衣物等（张守坤，韩丹东，2022）。这类短视频很容易涉嫌侵犯租客的个人隐私权，对于使用抓人眼球的标题吸引流量的做法，还涉嫌打色情擦边球的嫌疑。

事实上，短视频平台上的视频类型多样，其中不乏涉嫌侵犯隐私、名誉等人格权的内容。2021年，福建省龙岩市上杭县林某在和妻子离婚时将相关诉讼材料制作成短视频发布并传播。在相关材料中隐去自己名字保留其妻子谢某名字发布短视频。法院认为，林某在处理离婚纠纷过程中，将离婚中相关保留谢某名字的材料制作成短视频发布并传播，侵犯了谢某隐私。最终法院根据林某过错情况，判决其离婚时赔偿妻子1万元（王莹，陈立烽，2022）。

2020年5月2日，素不相识的王先生与张先生在一次驾车时发生碰撞，经当地交警事故责任认定为双方同等责任。但之后张先生用拍摄的事故现场照片制作发布了一条抖音短视频，视频中出现原告王先生正脸及其车辆车牌照片，并配上文字"你是个男人吗，你娘不配在安徽住，老子陪你玩到底"。张先生的做法严重损害了王先生的名誉权、人格权。法院审理后判决被告张先生删除其在抖音上发布的短视频，并于判决生效之日起10日内连续5日在其抖音首页置顶发表致歉声明，向原告王先生赔礼道歉（郭剑烽，胡明冬，2020）。

短视频平台出现的视频内容侵犯人格权的问题，不但将内容制作方和短视频平台带入法律纠纷中，影响了平台的声誉，也不利于整个电视行业的发展。在新媒体环境下，信息传播速度快、范围广、信息源头查找困难，愈来愈显示出侵权主体多元、客体范围扩大、侵权行为复杂的特点，这都对侵权问题的治理提出了挑战。

四、虚假广告和恶意营销问题

在电视行业中，虚假广告和恶意营销一直都是困扰行业多年的问题。

对于电视而言，传统电视中曾经播放的"脑白金""生命一号""黄金搭档"等电视广告，内容不合逻辑、夸大其词，一度受到学者和观众的批评。电视购物广告也饱受争议，诚信缺失、行业不规范、假冒伪劣、骚扰消费者等现象严重。2015年7—8月，中消协针对33家卫视的购物栏目及12家专业购物频道，开展电视购物服务测评活动。发现电视购物存在不开发票、不履行7天无理由退货、产品没有发货地址和联系人、产品质量不符合国家标准等问题。特别是虚假宣传问题突出，120条电视购物宣传信息中，有111条涉嫌违规。其中较突出的表现有：违规介绍药品、性保健用品和丰胸、减肥产品；使用公众人物形象，或者以医生患者名义进行功效宣传，使用极端化、绝对化语言；叫卖式夸张语调宣传商品；未标明药品广告批准文号；保健食品、化妆品广告使用医疗用语或者易与药品混淆的用语；以新闻报道、百姓故事或科普宣传形式发布宣传信息；等等（搜狐网，2015）。

对于商业视频网站，近年来颇受争议的是"网站会员还要看广告"的问题。会员制是商业视频网站探寻出的基本成熟的商业盈利模式，网站提供高质量的影视内容，受众通过付费购买，成为会员，享受观看付费内容和免看广告的VIP待遇。目前，许多受众都购买过会员，具有了付费观看的习惯。但是，近年来很多人发现，即使购买了会员，还会在视频内容中看到广告，并且有些影视内容，即使是会员也需要另外付费，即所谓的"VVIP"，这引起了大家的不满。对此，视频网站给出了"是VIP专属广告，可选择关闭""贴片内容涵盖热门内容推荐和VIP会员福利活动，不是付费广告""VIP会员权益说明里已标明仍可能提供广告服务"的解释，但是网友对于网站一方面宣传"加入VIP，免广告"，一方面又在会员权益介绍中用小字描述"对VIP会员仍可能提供不同的广告服务"这种行为，并不认同，认为这涉嫌广告虚假宣传。浙江省消保委于2020年3月、2021年11月相继约谈多家视频网站，要求对"会员还要看广告"问题进行整改。

对于短视频平台，自2019年逐渐开启商业化变现道路以来，也遭遇了虚假广告、恶意营销等各种问题，如夸大宣传知假卖假、三无产品利用短视频引流、直播带货卖惨营销，等等。

2020年，快手主播辛巴及其团队成员在直播间售卖假燕窝事件曝光。辛巴在微博中承认确实存在夸大宣传的问题，并声称辛选直播间将召回全部售出产品，并退一赔三。后经市场监管部门调查显示，辛巴涉事直播公司存在引人误解的商业宣传行为，其行为违反了《中华人民共和国反不正当竞争法》

第八条第一款的规定，对其做出责令停止违法行为、罚款 90 万元的行政处罚。

2020 年，上海警方捣毁了一个利用短视频平台发布虚假购物广告进行引流，继而通过网络社交平台实施诈骗的团伙，抓获犯罪嫌疑人 54 名，涉案金额上千万元。该团伙通过短视频平台发布广告引流，吸引被害人添加视频中公布的网络社交平台账号。其后，使用专门话术，骗取被害人信任，并引诱其一而再、再而三地以高价网购所谓的养生护发产品。而经过鉴定，这些产品都是没有任何治疗功效的食品，成本价大多为数十元。

2021 年，四川省凉山州公安局公布了"韩文团队"卖惨营销案例。当年 3 月，"韩文团队"以扶贫捐助、帮扶困难群众为名，从事网络直播带货。事实上，该团队却是通过"悲情营销"虚假助农。视频中塑造了一个四川凉山地区身世凄惨的小姑娘"阿佳"，通过策划、摆拍、渲染凉山贫困，发布不实视频博眼球、吸粉。为了卖惨，采用滴眼药水、掐孩子等手段，人为制造女孩流泪场面，通过虚假视频带货牟利。后该团队成员被依法惩处。事实上，"卖惨"式营销、"悲情"式带货在短视频平台上屡见不鲜："小男孩住危房，独自抚养弟弟妹妹""低价卖货为孩子筹治疗费""乡村老人卖山货维生""疫情导致工厂倒闭，成本价抛售给员工发遣散费"等视频均是此类代表，甚至已经发展成为一条灰色产业链，剧本、分镜头脚本等均可量身定制。

以上问题，都是电视生态系统中的生态失调现象，不但影响了系统中各个视频种群的良性竞争，也影响了系统的平衡发展，是亟须解决的问题。而相关部门也意识到了这些问题，开始了强监管阶段，如针对虚假广告和恶意营销问题的专项行动已经开展：2021 年"清朗·打击流量造假、黑公关、网络水军"专项行动、2022 年"清朗·整治网络直播、短视频领域乱象"专项行动。2019 年抖音封禁涉嫌黑产带货账号 17089 个，2020 年封禁涉嫌黑产带货账号约 52000 个。2022 年 6 月 24 日，抖音电商发布了关于开展营销活动未履约的专项治理公告。中国广告协会 2022 年 7 月 1 日起执行《网络直播营销行为规范》，从商家、主播、网络直播营销平台和其他参与者等方面约束了网络直播营销行为。对生态失调问题的应对措施，在后面的章节中，我们会从法律法规、行政管理等方面详细展开分析。

SHIZHENG YANJIU PIAN

DIANSHI ZHONGQUN
JINGZHENG GUANXI FENXI

实证研究篇
——电视种群竞争关系分析

通过对电视行业历史和现状的分析，我们了解到了电视行业的基本情况，并且认识到行业中存在的很多问题，我们将之称为生态学中的生态失调。各竞争主体(视听媒体种群)的破坏性竞争是造成生态失调的主要原因。那么，为了应对这些问题，我们有必要对电视生态系统中的各个种群是如何开展竞争的做出分析。根据提出问题、分析问题、解决问题的研究思路，这部分内容逻辑上属于分析问题部分。

电视行业的发展遵循一定的历史脉络：在2010年之前，电视行业中传统电视一家独大，行业竞争行为主要在传统电视种群内部展开。2010年以后，商业视频网站高歌猛进，开始进入成熟发展期，与传统电视一起，成为电视行业重要的竞争主体。2016年是电视行业的又一个分水岭，因为从2016年开始短视频平台异军突起，成为电视行业又一个重要的竞争主体。因此，根据行业发展趋势，这部分的研究分为如下章节：

在第五章至第七章中，主要对传统电视和商业视频网站的竞争关系展开分析，对媒体生态位的实证研究集中在2010—2015年这一个重要的时间阶段①。在第八章中，主要对2016年以来的短视频平台在内容和受众资源维度的媒体生态位展开实证分析。

---

① 需要说明的是，由于数据的可得行以及可操作性，在具体对内容、受众和广告资源的生态位分析中，时间段的把握有一定灵活性，如对广告资源的分析，集中在2010—2014年间，具体原因请看文中说明。

某电视频道节目拍摄现场

第五章 内容竞争：电视和商业视频网站内容资源分析

内容一直是媒体最重要的资源。对于处于市场竞争中的媒体来说，内容是媒体经营的产品，是媒体参与竞争的根本，是吸引受众的筹码，因为受众永远跟着内容跑，准确地说，是跟着优质内容跑。内容尤其是优质的内容，是一种稀缺资源，是媒体竞争的对象。围绕着媒体竞争，"内容为王"的话题是学界和业界长期以来关注的热点。在 Dimmick 的媒体资源研究模式中，媒体内容处于核心位置。研究电视和视频网站的竞争，绕不开二者在内容维度上的较量。接下来，本书从纵向——历史发展和横向——生态位两个角度，分析电视和视频网站在内容方面的竞争现状，并进一步总结二者在内容资源方面的特征以及原因。

本章主要是对传统电视和商业视频网站在内容资源维度上的生态位情况展开分析，了解二者在内容资源维度上的竞争关系，最终判断出二者在 2010—2015 年间的内容竞争的基本态势，并对现状背后深层次的原因展开探讨。

第一节 电视和视频网站内容竞争的纵向考察

从纵向角度考察电视和视频网站的内容之争，即引入时间维度，梳理二者在时间脉络上是如何进行内容之争的。事实上，自视频网站出现之日起，就伴随着电视和视频网站对内容的竞争，并且随着视频网站的发展、成熟和日益壮大，二者的竞争态势也表现为不同的阶段。

一、从电视台的内容输出到网台联动的初级阶段

国内的视频网站在成立伊始，受美国 Youtube 网站的影响，除乐视网以外较多地采用了 UGC 的内容生产模式。UGC 是互联网发展到 Web2.0 时代出现的一个新名词，简单来讲就是用户将个人原创的内容通过网络平台加以展示和分享的内容生产方式。在这一模式下，每个人都可以将自己自制的内容通过网络平台进行展示或者提供给其他用户。对视频网站来说，UGC 是以用户为中心的内容资源生成方式，用户在视频网站上不仅是内容产品的使用者和消费者，同时还是网站内容的制作者和传播者。

UGC 模式最突出的两大优势为：用户成为生产主体，参与内容的制作和分享；内容的海量性、多样性和低成本。采用 UGC 模式的视频网站，不必对内容有较大的成本投入，但是，UGC 的内容生产模式有一个很大的劣势，即"要承担由于用户直接侵权而连带产生的间接侵权责任"（王光文，2012）。用户上传到视频网站上的内容，除了原创之外，还有很多是电视台、节目制作公司、版权公司等的内容，这些内容在视频网站上的出现侵害了对方的利益。据统计，北京市海淀区作为视频网站公司的高度聚集地区，在 2007—2011 年的 5 年内，该区法院知识产权庭共审理以视频网站为被告的版权侵权案件 1989 件（王光文，2012）。版权问题增加了视频网站和电视台以及影视公司等版权方的矛盾，降低了视频网站的品牌形象，影响了广告商的广告投放，网站吸引来的大量流量不能变现，阻碍了网站的进一步发展。

版权问题引起了政府层面的注意，为了改善这一现象，2005 年，国家出台了《互联网著作权行政保护办法》，详细界定了互联网中的侵权行为。从 2005 年开始，国家加大对侵权盗版的非法网站的打击力度，2006 年，国务院公布了《信息网络传播权保护条例》，有效区分了著作权人、图书馆、网络服务商、读者各自可享受的权益，使网络传播和使用都有法可依。2007 年《互

联网视听节目服务管理规定》发布，从各方面对我国的视频产业做出了严格规定。2010年7月，国家版权局、公安部、工业和信息化部又联合下发《2010年打击网络侵权盗版专项治理的"剑网行动"方案》，方案强调"加强主动监管、规范版权授权秩序"，悠视、新浪、搜狐、百度等15家视频网站被纳入国家版权局主动监管网站名单（马海燕，高琳，2010）。2010年11月，国家广电总局下发了《广播影视知识产权战略实施意见》，对视频网站的正版节目，尤其是影视剧作品的监督工作提出明确要求（中国数字电视，2010）。

同时，视频网站也开始加强行业自律。2009年12月，酷6网成为国内首家正式发表声明主动删除清理国际无版权影视作品和限制网友分享影视剧的视频网站，促进和加强了视频行业的自律（人民网，2009）。2009年9月，由激动网、搜狐视频等共同发起创建的"中国网络视频反盗版联盟"在京启动（人民网，2009）。2010年1月，《中国互联网行业版权自律宣言》发布，国内近120家网站参与其中（周治宏，2010）。

通过政府监管和行业自律，视频网站版权问题正逐步改善，并促进了版权交易和内容市场的发展：为了获取版权内容，各视频网站开始通过各种途径，加强与版权方的内容合作，客观上促进了内容市场的发展。

对版权的重视进一步抬高了网络播放权的版权价格。2005年国内影视剧的独家版权价格还只是个"白菜价"，到2007年每集价格也就在3000元到5000元左右，而到了2009年，已飙升至每集高达十几万元，2010年起版权价格更是接连创下纪录（企业观察报，2014）。2011年后，多家公司争抢一部电视剧的现象屡见不鲜。国内某些影视剧每集网络独家播放的版权价格甚至高达180万元，这个价格已经相当于四家省级卫视联播的价格，很多电视剧制作公司光靠给视频网站出售版权，就已经能赚回成本。2013年末，爱奇艺为获得湖南卫视《爸爸去哪儿》《快乐大本营》《天天向上》等5档综艺节目2014年的网络独播版权，付出了2亿元的代价。风行网CEO罗江春表示："网络视频网站争夺内容资源的价格还会提升，这是视频网站发展阶段决定

的。"(企业观察报，2014)

重新回到对电视媒体和视频网站在内容资源的竞争关系这一话题上来，不难发现，视频网站的 UGC 内容生产方式，与电视台在生态位上是分离的，但是盗版内容使这一战略出现了偏差，因此视频网站从初始的 UGC 内容分享到接下来的引进正版内容，与传统电视台从来都不是毫无关系的。可以说，电视台一直在对视频网站进行内容输出：在 UGC 阶段是电视台被动输出(被盗版)内容，此时二者在内容资源上的关系是寄生关系，是视频网站的盗版内容(无论盗版行为是有意还是无意)，直接损害了电视台的利益；再后来是电视台主动输出(售卖版权)内容，此时二者在内容资源上的关系是合作关系——视频网站需要电视台制作的内容以补充节目来源，电视台乐于出售自己的内容以增加收入，所以，在某种程度上可以认为此时二者在这一资源维度的竞争是一种合作竞争关系(即竞合关系)。总之，在内容资源的维度，电视和视频网站在这一阶段从最初的寄生关系走向了较为温和的合作竞争。

学界和业界都曾经对电视台和视频网站的竞争合作历程各抒己见，虽然说法混杂，并没有形成一个统一的观点，但是都脱不了台网互补、台网互动、台网联动、网台联动、网台融合等关键词，在这里本书并不准备对这些概念进行辨析，提及这些概念，也仅是为了称呼电视台和视频网站在内容资源维度的竞争关系。可以说，在视频网站花费巨额成本购买电视台的内容开始，二者进入了网台联动的初级阶段，即台网互补或台网互动阶段。此时电视台是视频网站的内容提供商，获取版权收入和市场影响力，而视频网站是电视台的信息传播和宣传的平台，获取电视台的优质内容，至于网台联动的第二阶段，笔者将在下节内容中讨论。

二、网台联动的第二阶段：内容合作、反向输出与多屏互动

视频网站购买内容版权谋求发展的模式，区别于网友上传共享的 UGC 内容生产模式，被称为 PGC 内容模式。随着视频网站对正版内容的追逐，版权

价格水涨船高，各大视频网站的投入成本日益增长，如何平衡内容和成本之间的关系成了视频网站亟须解决的又一大问题，同时为了避免过度依赖购买的正版内容，规避行业未来发展风险，各视频网站加大了对自制内容的投入。自制内容的发展可以追溯到2006年，彼时还只是简单的尝试，专业化水平不高。到了2011年，为了拥有优质精良内容的版权，扩充自己的内容资源库，自制内容得到了更多重视。此时的自制内容，多由专业人士和团队制作，因此视频网站的自制内容与购买版权方的正版内容一样，也归属于PGC内容模式。

按照内容的生产主体来分类，视频网站开展自制内容的方式主要有以下两种：

第一，直接吸引传统媒体中的专业节目制作人才加入网站，成立自己的内容制作部门，专门从事内容开发和制作。这种方式一般是视频网站全额投资，依靠自身的制作部门完成从剧本选择、拍摄场地与设备准备、演员选择、广告植入、后期编辑处理、发行推广等整个生产流程。

视频网站借助自己的平台优势，吸引了大量优秀人才。如著名媒体人刘春、罗振宇、蒋为民、马东等相继投入互联网的怀抱，原中国传媒大学教师、现灿星文化传播有限公司研发总监徐帆提及其在腾讯视频的经历，指出"几乎所有合作的网络视频业者，不是来自央视，就来自地方台，大家曾经都是'电视人'"（徐帆，2012）。

与此同时，视频网站努力建设自身的制作部门，借助这一方式，视频网站已经打造了许多优秀的自制内容，如优酷土豆的《泡芙小姐》《嘻哈四重奏》等，搜狐视频的《微言大义》《心灵讲堂》《综艺马后炮》《屌丝男士》等，爱奇艺的《奇葩说》《灵魂摆渡》《娱乐猛回头》等。

第二，与电视台、影视制作机构共同合作开发和生产内容。视频网站通过投资参与或以委托的方式与专业的影视制作机构、电视台合作生产内容。

以爱奇艺为例，该视频网站与华策影视合作投资了华策爱奇艺影视公司，与开心麻花团队合作了《废柴兄弟》，与河南卫视合作了《汉字英雄》等。由河南卫视和爱奇艺共同出品的《汉字英雄》，作为国内首档网台联动大型文化类节目，自2013年7月开播以来，收视率一度高升，颇受观众网友好评。爱奇艺原首席内容官马东认为，爱奇艺与河南卫视首次从节目策划、节目制作、节目推广及节目招商等全程联手操作，是传统台网联动未曾有过的全线合作模式(爱奇艺，2013)。"此次合作发挥了爱奇艺的技术和平台优势，通过PC和移动设备的跨屏整合，强化了网台联动的市场影响力，打造了立体式、多屏互动的网台联动新模式"(爱奇艺，2013)。

另一个成功的例子是优酷土豆和万合天宜合作的网络剧《万万没想到》，该剧被评为2013年第一网络神剧，自2013年8月播出以来迅速突破了4亿点击量。2014年湖南卫视加入该剧，三方共同打造该剧的贺岁版《万万没想到之小兵过年》，湖南卫视知名主持人马可与当红女星戚薇也在该剧中扮演角色，对此有媒体评价说，联合制作、营销、推广的合作模式是视频网站与电视台不断探索"台网联动"的深度整合、营销创新的全新模式，标志着"台网联动"已从营销阶段走向从营销到内容制作的联动阶段(新华网，2013)。

按照节目类型来分类，视频网站自制的内容可以分为微电影、网络自制剧、自制综艺节目等，这些内容均具有独特的网络特征。以网络自制剧为例，2014年被称为自制剧元年，从2014年初开始，国内几大视频网站不约而同地加大了在自制影视作品方面的投入，大量不同规模、不同成本、不同市场反响的网络剧不断涌现。据统计，2014年全年视频网站自制剧的总部数达到了44部，是2013年的近2倍，总集数达到了734集，比2013年增长了69%(罗朝辉，李钢，2015)。有代表性的剧目有爱奇艺的《灵魂摆渡》《废柴兄弟》，优酷的《万万没想到》第二季，腾讯视频的《暗黑者》、搜狐视频的《屌丝男士》第三季等。网络剧也表现出了独有的特征：剧情跟风热点，演员爱用网络红人；小成本——人员、场景、道具等能省就省，大创意——靠剧情和后期剪辑的创意来制胜；善于抓住小众题材、尺度较大，风险也大(罗朝辉，李钢，2015）。

不得不提的是，2014年的网络自制剧越来越向传统电视剧靠拢。2013年前，网络自制剧大部分是搞笑短片，内容紧凑、节奏较快、篇幅短小，到2014年已经是搞笑短片和类传统①电视剧并重的格局。视频网站自制的类传统电视剧内容上以偶像剧和都市悬疑剧为主，单集时长不再是搞笑短片的10分钟左右，而是传统电视剧的半集时长25分钟甚至和传统电视剧一样45分钟（罗朝辉，李钢，2015）。到了2015年，大投入、制作精良的自制剧屡见不鲜，如《盗墓笔记》《他来了请闭眼》等，堪称不输于传统电视台的大制作产品。

与此同时，不只是自制剧制作水平在提升，自制综艺节目的制作也越加精细化，可看出随着视频网站重视程度的提升以及专业团队的加入，自制内容在逐渐由草根气质向精良制作转变，网络自制内容迈入了大制作时代。

视频网站优秀的自制节目，不但在一定程度上缓解了版权购买的成本压力，还实现了对电视台的反向输出。2011年，搜狐视频网络剧《钱多多嫁人记》在旅游卫视播出，此外，深圳卫视、安徽卫视、青海卫视、湖南卫视等都输入过视频网站的节目。2014年初，《万万没想到之小兵过年》在湖南卫视《一生一世合家欢》节目播出。2014年底，爱奇艺投入制作的自制综艺《爱上超模》，在爱奇艺和湖北卫视两个平台同步播出。

事实上，视频网站积极开展自制节目的阶段，也是电视台与视频网站网台联动的第二阶段，这一阶段电视的生产过程和视频网站的生产过程互相交织，双方的力量也由电视台的压倒性优势转向二者力量达到均衡。当然这一阶段也是可以细分为不同的层次的，首先是二者共同合作生产内容，其次是视频网站实现内容的反向输出，最后是二者资源打通，实现多屏互动传播。不难看出，此时视频网站与电视台在内容方面的竞争仍然是竞合关系，合作

---

① 一般而言，类传统电视内容是指视频网站自制的、与传统电视内容在质量、形式、风格、成本投入等方面相似的内容。

多于竞争，除了视频网站购买电视台的内容，二者之间还共同生产内容，并且视频网站的内容开始反向输出给电视台，竞争的态势比较温和。

就视频网站内容自制的方式来看，与电视台共同合作开发内容资源，做大蛋糕实现了双赢：视频网站获得了差异化的专业内容，形成其他网站无法模仿的核心竞争力，借助电视台提高了宣传效果、扩大了影响力；电视台增加了播出渠道，扩大了市场需求，实现了内容资源的增值，提升了频道的品牌影响力，同时视频网站自制内容也增加了电视台的内容类型。

就视频网站自制内容的特征来看，独特的网络特征与电视台的内容具有很大差别，此时二者内容生态位是分离的。但是不得不提的是，随着商业视频网站重视程度的提升以及专业团队的加入，自制内容逐渐由草根气质向精良制作转变。仍以网络自制剧为例，2014年以后的网络自制剧就越来越向传统电视剧靠拢。2013年前，网络自制剧大部分是搞笑短片，内容紧凑、节奏较快、篇幅短小，到2014年已经是搞笑短片和类传统电视剧并重的格局。

网站自制内容向着大制作、大投入方向发展，与电视台内容的题材、风格、质量等差距逐渐缩小，二者的内容越来越相似，此时商业视频网站发生了"生态释放"。同时，网站需要的海量内容并不是单独靠自制内容就可以支撑起来，它仍然需要从电视台、影视制作公司那里购买大量的内容。这些购买的内容与网站精心自制的类传统电视内容一起，增加了商业视频网站的生态位宽度，使得其向着"生态位泛化"方向发展。此时，若网站内容独具的网络特征不再明显，那么与电视台的生态位重叠必然增加。

生态位的重叠预示着资源利用的相似及随之而来的激烈竞争。在视频行业，优质的影视剧、综艺节目是稀缺资源，当电视台和商业视频网站播放的内容越来越相似，虽然此时二者在内容资源维度上合作多于竞争，竞争态势比较温和，但是随着在用户和广告资源维度上的竞争逐渐激烈，二者在内容领域温和的竞争关系也会因此发生改变，出现某些对抗性竞争的行为。接下来本书要论述的二者竞争的第三个阶段中出现的现象，也印证了这一观点。

三、网台联动的第三阶段：对抗性竞争现象出现

电视台和视频网站在内容资源竞争维度上的第三个阶段，仍然处于网台联动阶段，但是出现了一些新的现象，因此本书将其称为网台联动的第三阶段。这一阶段二者在内容资源方面出现了对抗性竞争行为，最典型的案例是湖南卫视的"独播"策略，即电视收紧了对视频网站的版权内容输出，同时视频网站进一步加大对自制内容的投入，从而使电视和视频网站的竞争表现出了与以往不同的特征，二者在内容资源方面展开了新一轮的博弈。接下来，本书就以湖南卫视的"独播"策略为案例，分析此阶段的特征。

2014年5月，湖南卫视官方声明："湖南卫视拥有完整知识产权的自制节目，将由芒果TV独自播出，在互联网版权上一律不分销，以打造自己的互联网视频平台。"（朱新梅，2014）该模式被国家新闻出版广电总局评为最具创新价值融合发展模式。

湖南卫视独播策略一出，业界学界议论纷纷。有人认为此举是传统媒体对新媒体的反攻，意义重大；有人认为湖南卫视此举太过冒险、前途堪忧；大多数人在肯定其积极意义的同时也指出独播可能遇到的困难。总的来说，议论的焦点主要集中在原因、意义、优势和劣势等几个方面。

（一）独播的原因及意义

湖南卫视的独播，最大的原因是由于卫视资源对自身贡献力小，却壮大了竞争对手视频网站的力量。因此"肥水"都流向了"外人田"，既有的网台合作模式亟须改变。

魏如翔（2014）对此做了很形象的分析，他认为电视台卖内容给视频网站，短期内换来了巨额版权收入，长期内却是在慢慢扶植最大的竞争对手。观众通过互联网络收看视频的习惯因此培养起来，电视观众进一步分流。观众收视习惯的变化，加速了观众从传统电视向互联网视频的大迁移。

同时，成熟起来的视频网站，采取产业链纵向整合发展模式，开始涉及

传统电视的两大重要领域：内容生产领域和终端领域，通过自制内容和互联网电视机、盒子等开展客厅战，对电视台的核心领域展开抢夺。"这预示着视频网站和电视台之间共存的生态链的裂变"（卢令枚，2015），如果任事态发展，那么会出现的结果就是：当前，电视台本身不具备技术和渠道优势，未来，电视台又会失去内容优势。所以，"电视台倒逼视频网站进行内容自制，反过来，视频网站又倒逼电视台进行渠道和平台创新，芒果 TV 独播，是提前预见到这种趋势"（卢令枚，2015）。

正是由于如上原因，湖南卫视开展了独播策略。独播策略的意义是多方面的，但是本书认为，独播最大的意义在于开启了电视媒体与商业视频网站竞争的一个新阶段，打破了二者网台联动的蜜月期，使二者的竞争出现了明显的对抗行为。

(二) 独播的优势和不足

湖南卫视的独播，既有优势也有劣势：网络视频的流行、高质量的节目、良好的年轻人口碑，这些都是独播的优势所在，因此被称为占据了"天时地利人和"三个要素（魏如翔，2014）。

但是，担忧的声音也非常明显。独播并不仅仅是丧失不菲的互联网版权收益、损失一部分网络视频网站的用户那么简单，而是对内容、技术、管理等提出了更高的要求。

首先，内容方面，缺乏多样的、丰富的节目内容，因为仅仅靠湖南卫视系统的内容，还无法满足一个视频网站平台的需要，因此芒果 TV 要想吸引观众，除了自身的节目内容之外，还需要大力引进其他各种类型的内容，那么由此花费的成本也是不小的。

其次，技术的开发和使用也是芒果 TV 的短板。在《花儿与少年》播出时，不少网友吐槽使用体验：不能方便地搜索，不能多屏使用，没有网络直播服务，等等，可见用户体验并不美好。另外，如何利用技术，如何对用户需求开展大数据开发等，都是芒果 TV 需要改进的方向。

更有人指出，独播有违互联网的开放和共享精神。互联网的逻辑是"开放分享、用户中心"，"互联网渠道是不可抗拒的内容分享第一渠道，湖南卫视却反其道而行之"（何博仪，2014），其结果不能不让人担忧。视频网站作为崛起的市场新势力，已经具有强大的市场竞争能力，形成了一定的技术和市场壁垒。因此，未来芒果 TV 向一线网络视频平台发展的路程"道阻且长"（孙春艳，2014）。

（三）其他电视台和视频网站的反应

那么，其他卫视和视频网站对此作何反应呢？

继湖南卫视之后，安徽卫视表示《我为歌狂》第二季也要收紧版权，央视则称 2014 年世界杯将不向任何视频网站开放直播权，只通过 CNTV 播出。不过，除了安徽卫视和央视，其他电视台表现并不积极：浙江卫视表示不会跟进，该台策划推广部主任王征宇认为"由视频网站购买版权在网络播出，这才是市场运作的结果"（韩元佳，2015）。江苏卫视也并没有什么动作，由此来看，短时间内让处于卫视第一阵营的几大有实力的卫视，结成与商业视频网站竞争的攻守联盟，恐怕还不能实现。事实上，很多电视台缺乏优质的节目内容和品牌效应，因此在短时间内想复制湖南台的独播方式是不可能的。

同时，作为最直接的利益相关方，视频网站的反应似乎也并不如想象中的悲观。视频网站已进入成熟发展期，仅凭芒果 TV 一家，"恐怕难以撼动行业格局"（中国传媒科技，2014）。优酷土豆表示，其与湖南卫视一直保持良好合作，"我们认为基于互联网技术的文化娱乐产业潜力巨大，需要来自各方面的力量。我们相信未来的组织模式将是 O+O（线上线下融合）。"显然并不赞同独播的做法。爱奇艺有关工作人员表示，并不影响爱奇艺和湖南卫视已经签订的版权合同（新快报：2014）。爱奇艺 CEO 龚宇则称爱奇艺和湖南广电的合作是借鸡下蛋，而芒果 TV 保护版权的措施也使他们更加明白在互联网时代原创能力还是这个产业的核心竞争力（钛媒体，2014）。

确实，只要有原创能力，就不怕买不来版权，因为视频网站可以做自己的版权内容。湖南卫视独播影响最深的是综艺栏目转播权,本身娱乐属性明显的国内视频网站,在原创综艺节目方面已经积累了一定的经验。同时,加大自制剧的投入和 UGC 的开发也是不错的选择。

以上通过湖南卫视的独播个案的分析,梳理了电视台和视频网站在内容资源维度竞争的第三个阶段。用生态位理论来解释,显然,这一阶段之所以会出现是因为电视和商业视频网站内容生态位的重叠程度变大,以及在用户和广告资源维度上竞争的激烈共同导致的。

目前电视台播出的内容以新闻、综艺节目、电视剧为主,在视频网站上播出的节目以 UGC 内容、综艺节目、影视剧为主,其中,二者在内容维度的生态位发生了部分重叠:电视的新闻是视频网站目前无法赶超的,而视频网站的 UGC 内容和海量的电影也不是电视台擅长的,二者仅仅在综艺节目和电视剧方面存在重合。当两个物种的基础生态位发生部分重叠时,重叠的生态位空间会被更有竞争优势的物种占据。视频网站在内容的开发方面比电视台更加灵活、精深,对综艺节目和电视剧的二次开发很常见,重新剪辑和编排后的节目更加吸引人,花絮和串烧等内容也丰富了视频种类,再加上节目播出的时空方便性,视频网站在节目内容开发利用和满足受众需求方面更具竞争优势,因此更有可能占据综艺节目和电视剧的生态位空间,把相关节目的观众吸引到网站上来。

同时,视频网站不但购买还自制综艺节目和电视剧,当视频网站生产出越来越多的类传统电视节目时,电视台和视频网站内容重叠的部分在逐渐增大。迪米克认为,竞争者之间要实现共存,必须存在生态位差异或者有限相似度。传媒行业中资源有限,竞争者众,新媒体进入,与传统媒体展开竞争。如果在新旧媒体形式之间存在高度生态位重叠,可能出现以下情形:资源可能会增加,使更多媒体形式得以共存;具有竞争优势的种群占据其他种群的部分生态位,即"竞争置换";具有竞争优势的媒介占据另一媒介的全部生态位,即"竞争排斥"(Dimmick,2003/2013:70-71)。因此,为了避免"竞争置换"和"竞争排斥"的发生,有实力的电视台收紧版权内容、减少生态位重叠度也就不足为奇了。

但是,我们也应该看到,除了"竞争置换"和"竞争排斥",还有一种情况:资源增加,新旧媒体得以共存。对湖南卫视的独播策略持有异议的人,更多的是相信电视台和视频网站通过合作,发挥各自特长,可以创造出更多的资源,做大市场蛋糕,实现共生。事实上,湖南卫视的独播策略的意义在于开启了一个电视和视频网站竞争的新阶段,使二者的竞争关系表现出了新的特征,但是我们也应该看到这个阶段的复杂性、考虑到湖南卫视的独播是否具有代表性,不是所有的电视台都具有像湖南卫视一样独播的实力和勇气,因此电视和视频网站的竞争关系就形成了一个竞争与合作交叉存在的复杂网络结构,如下图所示:

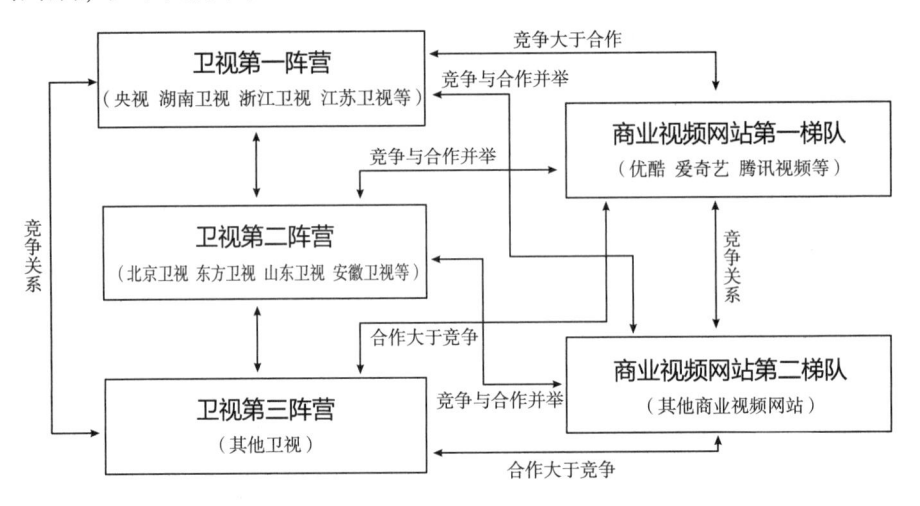

图 5-1-1 电视和视频网站竞争关系的网络结构

电视媒体以卫视为代表,主要包括央视以及各个省级卫视,根据目前的市场结构,卫视可以分为三大阵营:以央视、湖南卫视、浙江卫视和江苏卫视为代表的第一阵营;以北京卫视、东方卫视、山东卫视和安徽卫视为代表的第二阵营;包括其他卫视的第三阵营。而商业视频网站又可以分为两大梯队:以优酷、爱奇艺、腾讯视频为主的第一梯队和包括其他视频网站的第二梯队,这五大竞争主体之间的关系,表现是复杂多样的:电视媒体之间存在竞争,视频网站之间也存在竞争,电视和视频网站的关系,有的竞争大于合作,有的竞争与合作并举,有的合作大于竞争,总的来说,除了第一阵营的电视台和第一梯队的视频网站的竞争表现得较为激烈之外,其他主体之间仍然是以合作为主。总之,未来的大视频生态系统中,电视和视频网站的竞争关系是竞争与合作共存,以合作为主的复杂的网状结构。

第二节 媒体内容生态位分析——横向考察

上一部分的内容是从纵向——历史发展的角度,分析电视和视频网站在内容方面的竞争现状,发现在不同的阶段二者具有不同的竞争特点。这一部分主要从横向——生态位的角度,分析电视和视频网站在内容方面的竞争现状。在媒体竞争研究的三个层面:群落(地理市场)、种群(产业)、个体(企业或组织),本书主要从种群(产业)层面和个体(企业或组织)层面展开。首先,对电视和视频网站2014年整个产业的内容资源进行整体分析。接着,根据二者播放内容的不同类型,把关注的焦点集中在电视剧领域,对电视和视频网站2014年的电视剧内容资源进行生态位实证分析。最后,对2015年在东方卫视、北京卫视以及乐视网、腾讯视频热播的电视连续剧《芈月传》进行生态位个案分析。最终,由面到线及点,立体深入地展现二者在内容上的竞争态势。

一、电视和视频网站内容资源的整体情况

根据《中国广播电影电视发展报告(2015)》(广电蓝皮书),得出2014年全国电视节目按类别播出时间情况如下:

表 5-1-1 2014年全国电视节目按类别播出时间情况

电视节目播出类别	时间(万小时)	占全年电视节目播出的比重(%)
新闻资讯类节目	244.38	13.98
专题服务类节目	219.64	12.57
综艺类节目	143.67	8.22
影视剧类节目	742.70	42.50
广告类节目	203.26	11.63
其他节目	193.96	11.10
总计	1747.61	100.00

广电蓝皮书中对电视节目的分类过于简单笼统，因此，本书根据央视《中国电视收视年鉴2015》以及《中国广播电影电视发展报告(2015)》，综合得出2014年全年的电视播出节目类型及播出份额如下：

表 5-1-2 2014年电视媒体的节目播出情况

节目类型	播出时长(万小时)	播出份额(%)	收视份额(%)
新闻/时事	190.4895	10.9	14.2
综艺	106.6042	6.1	11.4
电视剧	436.9025	25	31.1
体育	38.4474	2.2	3
专题	157.2849	9	6.2
教学	5.2428	0.3	0.1
外语	1.7476	0.1	0
青少	62.914	3.6	5.2
音乐	17.4761	1	0.8
电影	59.4187	3.4	4.3
戏剧	8.7381	0.5	0.4

续表

节目类型	播出时长(万小时)	播出份额(%)	收视份额(%)
财经	20.9713	1.2	0.8
生活服务	321.5602	18.4	8.5
法制	26.2142	1.5	1.9
其他	293.5989	16.8	12.2
总计	1747.61	100	100

（注：播出份额是指各类节目的播出时间占所有节目类型播出时间的百分比；收视份额是指各类节目的收视时间占所有节目类型收视时间的百分比。）

由于缺乏统一的调查机构和有效的数据，视频网站的节目内容整体播放情况的数据收集比较困难，本书只能根据已有的文献资料以及个人观察，从侧面了解视频网站的节目播出情况。

以爱奇艺为例，打开爱奇艺网站，娱乐、体育、资讯、电影、电视剧、片花、综艺、微电影、脱口秀、动漫、生活、少儿、母婴、游戏、健康、音乐、搞笑、时尚、原创、旅游、拍客、财经、军事、科技、教育、汽车、纪录片等27种类型，每一类型都类似电视台的一个专业频道，分别呈现相对应的内容。这些内容是海量的，以电视剧为例，在爱奇艺的电视剧页面，对网站的电视剧按各种分类方式加以呈现（如下表），并且在主页面上又按照微观剧透社、独家策划、卫视热播、同步热播、全球剧场等加以分栏，并且还会有猜你喜欢、热点推荐等个性化推荐内容。据本书统计，2015年爱奇艺网站上共提供的电视剧为299部，而所有电视剧共计2138部，几乎囊括了20世纪80年代以来的所有国产电视剧，还不包括日韩美等国外的电视剧。而本书只是统计了一个视频网站的一个内容类型的数量，如果算上所有视频网站的内容，这一内容体量是巨大的，用海量来称呼并不过分。

表 5-1-3　爱奇艺电视剧的分类情况

分类标准	分类情况
按地区	内地、美剧、韩剧、日剧、台剧、泰剧、港剧、其他
按年代	2015，2014—2011，2010—2000，20 世纪 90 年代，20 世纪 80 年代，更早
按类型	言情剧、历史剧、武侠剧、古装剧、年代剧、农村剧、偶像剧、悬疑剧、科幻剧、宫廷剧、商战剧、神话剧、穿越剧、罪案剧、谍战剧、青春剧、家庭剧、军旅剧、剧情剧、都市剧、网络剧、喜剧、超清 1080P、粤语电视剧

二、电视和视频网站的内容生态位竞争：电视剧研究

由于内容资源类型丰富多样，在进行媒体内容竞争的生态位分析时，需要选定不同的内容类型，目前已有的研究较多地开展了新闻内容的生态位分析。本书选择在电视剧这一内容类型内展开分析，因为电视剧历来是电视台播放的重要内容：据广电蓝皮书数据统计，在 2014 年全年电视台的节目播出中，影视剧以 42.5% 的播出比重位列第一。而电视剧也是商业视频网站播放的主要内容之一：据《2015 网络视听产业发展报告》显示，无论是在 PC 端还是在移动端，电视剧分别以 51.4% 和 48.8% 的比例在用户最喜欢观看的内容类别中排名第二，仅次于电影。同时，电视剧也是电视台和视频网站内容资源重叠和竞争的重要部分，因此考察二者的内容资源竞争态势，对电视剧生态位的研究具有代表性。

研究的焦点集中在电视剧的题材类型这一微观维度，本书试图通过对电视台和视频网站播放的电视剧的题材这一微观维度的生态位测算，衡量二者对内容资源的利用和竞争情况。研究的数据来源主要是《中国电视收视年鉴 2015》和克顿传媒数据中心发布的《2015 年上半年视频网站电视剧市场分析》报告。两个机构对电视剧的分类标准并不一致，因此本书进行了适当的调整。得出 2014 年电视台和视频网站各类题材电视剧播出比重如下：

表 5-1-4　2014 年电视和视频网站剧目题材分布情况

电视剧题材	电视台播出比重%	视频网站播出比重%
都市生活伦理	19	34
青春偶像言情	9	20
古装传奇演义	3	12.5
涉案悬疑警匪	2	11
革命斗争谍战	19	8
年代变迁情感	19	7.5
农村	3	2
军事军旅生活	21	1
科幻玄幻	1	1
其他题材	4	3
总计	100	100
B 值[1, 10]	6.0827	5.0800

由此数据计算出电视台和视频网站的生态位宽度 B 值分别为 6.0827 和 5.0800，其中 B 值的取值范围[1, 10]，由此看出电视台和视频网站的生态位宽度都很一般，而电视的生态位宽度稍高于视频网站。说明二者对不同题材的电视剧的利用不够多样化，通过上表也可以看出，电视台过于依赖军事军旅生活、都市生活伦理、革命斗争谍战、年代变迁情感这四类的电视剧，这四类剧的总播放数量高达 78%；而视频网站也遇到了相同的问题：过于依赖某些类型的电视剧。视频网站偏重的电视剧题材为都市生活伦理、青春偶像言情、古装传奇演义、涉案悬疑警匪四类，分别占据播放总量的 34%、20%、12.5%、11%。其中，都市生活伦理类的电视剧是二者都重视的题材，其他三类则各不相同，同时测算生态位重叠度为 0.1173，这说明二者在电视剧题材维度存在竞争，不过其程度并不如受众和广告资源维度的竞争激烈，

这一结论也从另一个角度印证了本书之前的判断：在内容资源方面，电视台和视频网站的竞争在早期阶段是比较温和的，本书当时做出这一判断是基于二者在内容上的合作多于竞争，在这里，则表现为二者在内容题材方面存在差异，而内容差异的一大原因是因为各自受众存在差异：视频网站的受众更加年轻，因此更倾向于青春偶像古装等类型的电视剧。但是一旦受众差异不在，竞争就会从温和转变为激烈。从克顿传媒提供的 2015 年的电视剧播放数据中，我们已经可以看出这一趋势。如下图所示①：

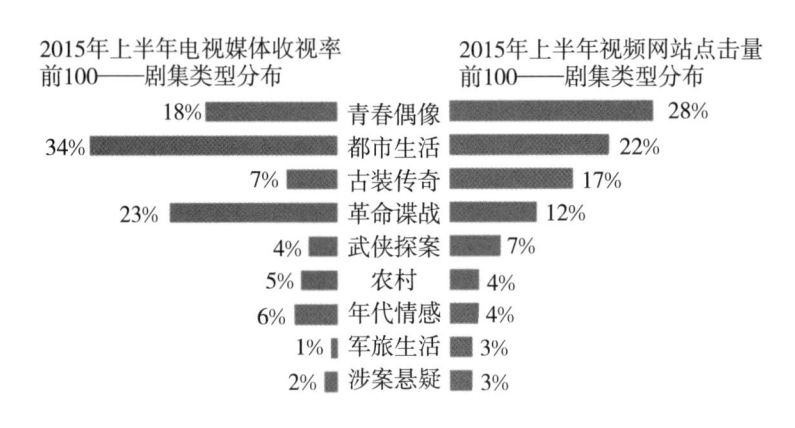

2015年上半年电视媒体收视率前100——剧集类型分布	剧集类型	2015年上半年视频网站点击量前100——剧集类型分布
18%	青春偶像	28%
34%	都市生活	22%
7%	古装传奇	17%
23%	革命谍战	12%
4%	武侠探案	7%
5%	农村	4%
6%	年代情感	4%
1%	军旅生活	3%
2%	涉案悬疑	3%

图 5-1-2　2015 年上半年电视和视频网站电视剧播放类型对比

通过生态位计算，发现电视台和视频网站的生态位宽度 B 值为 4.6729 和 5.5556，其中 B 值的取值范围[1, 9]。生态位重叠度为 0.0484。电视的生态位宽度 2014 年稍高于视频网站，2015 年上半年则稍低于后者，说明电视对题材利用的多样化程度有所降低，视频网站的多样化程度则有所提升。生态位重叠度从 0.11725 到 0.0484，发生很大的缩减，说明二者的热播剧题材正在逐渐趋同，在内容题材维度上的竞争更加激烈。

那么，在很大程度上出现这一现象的原因是"一剧两星"政策和"限外令"的实施，"一剧两星"影响了内容制作方的策略，"限外令"增加了视频网站的

---

① 图表来源：克顿传媒：http://datacentre.croton.com.cn/NewsDetail.aspx?id=6032.

国产剧的购剧预算，因此视频网站成了内容制作方的"第三颗星"。因此，2015年的剧目增加了偶像元素以满足年轻观众的口味，如《千金女贼》《花千骨》等，这样做的直接后果就是导致电视台和视频网站的受众趋同（克顿传媒数据中心，2015）。如果受众差异不在，可以预见，电视台和视频网站不只是在内容资源维度而是在整个生态位空间上的竞争程度都会白热化。当然，竞争的方式是采取对抗还是合作，仍然需要台、网双方的智慧。

由于数据的缺乏，不能对电视台和视频网站电视剧题材维度的竞争优势进行测算。

三、电视和视频网站电视剧的生态位竞争：《芈月传》分析

学者张明新（2011：116-122）利用生态位理论，考察报纸和网络新闻内容的生态位竞争时，选取了一个大型的新闻事件——2008年奥运报道，作为研究对象，这给本书以启发：聚焦于某一部电视剧的研究，可以实现从所有内容的研究、某一类内容的研究到某一个内容的研究的过渡，从而完成一个立体化的研究观照。因此，在进行完本节第一部分和第二部分的研究之后，本书把研究的目光聚焦于一部热播电视剧——《芈月传》，目的在于通过电视台和商业视频网站对该剧及其相关视频的播放情况，考察二者对内容资源的利用程度，从而了解二者在内容资源维度上的竞争态势。

《芈月传》是由东阳市花儿影视文化有限公司、北京儒意欣欣影业投资有限公司、北京星格拉影视文化传播有限公司于2015年联合出品的古装剧，由郑晓龙执导，孙俪、刘涛、方中信、黄轩、高云翔等领衔主演，讲述了中国历史上第一个女政治家芈月曲折传奇的人生故事。该剧于2015年11月30日在东方卫视、北京卫视每天19时35分的黄金时段播出，并在乐视网、腾讯视频等视频网站同步播出。

《芈月传》播出之前，就已经经过多方渠道预热，形成了讨论的热点话题，播出后各卫视和视频网站也不遗余力地宣传跟进，从2015年11月30日

至2016年1月9日全集播放期间，电视台的收视率一路攀升，视频网站的点击量也表现不俗：开播首日CSM50收视率东方卫视和北京卫视分别高达1.760%和1.854%，视频网站上播出后仅9小时播放量便突破4000万大关，首日正片播放量近亿，专辑播放量达3亿。全剧81集，东方卫视CSM50平均收视率2.867%，单集最高4.177%，北京卫视CSM50平均收视率2.809%，单集最高4.125%，两台收视加起来破8%，乐视网、腾讯视频两家网站点击总量突破200亿。据艾瑞数据显示，2015年12月网络电视剧热播榜单中，《芈月传》高居榜首，网络视频播放覆盖人数高达1.5亿。

《芈月传》的播出平台有两类：代表传统媒体的省级卫视和代表新媒体的商业视频网站。那么，通过对《芈月传》这一节目内容的播放情况的考察可以了解电视媒体和商业视频网站的内容资源生态位的具体情况。鉴于同类型媒体播出平台播放情况的高度相似性，本书选取北京卫视和乐视网为研究对象，考察两者对《芈月传》的播放情况。在考察两个平台上的视频播放情况时，视频节目内容其实是作为两者生态位的宏观维度——即内容资源维度存在的，如果需要进行生态位宽度、生态位重叠度等的测量，则可以在更加微观的维度：如节目类型、节目主题、节目表现方式等。在此本书仅围绕节目类型这一微观维度展开实证分析。

本书根据播放该剧期间北京卫视的节目单进行统计，从2015年11月30日至2016年1月10日（1月9日播放完毕，次日重播也计算在内）北京卫视播放该剧的6周时间内，除了每日在19时33分的红星剧场播放两集《芈月传》主剧之外，还在每日的午茶剧场重播该剧，并且在2015年11月30日开播的当日以及2016年1月10日，播放了综艺类《芈月传》开播特别节目和《芈月传》收官盛典，同时还播放了纪录片《芈月传奇》以及《大剧抢先看》等相关花絮，具体的播放情况和播放数量以及比例如下表所示：

表 5-1-5　北京卫视《芈月传》的播放情况

节目类型	节目名称	播放时间	播放数量（集/个）	节目比例（%）
主剧	《芈月传》	每天 19：33 红星剧场两集连播	81	0.25
重播剧	《芈月传》	每天 13：08 午茶剧场四集连播①	161	0.5
综艺类	《芈月传》开播特别节目、《芈月传》收官盛典	首播当日与播放完毕次日	2	0.0062
纪录片	《芈月传》创作纪实、《芈月传奇》精华版	2015 年 12 月 7—11 日、12 月 17—31 日等时间段集中播放	32	0.099
花絮	大剧抢先看 宣传短片	每周一 21：10、主剧播放之前②	48	0.15

（注：①2015 年 11 月 30 日首播当日没有重播，12 月 1 日重播两集，2016 年 1 月 10 日重播 3 集；②在主剧播放之前一般会播放几分钟简短的剧情提示短片，在此笔者将之作为花絮部分统计入内，共计 42 个）

同时，本书浏览观察乐视网《芈月传》的专题页面，对该网站播放《芈月传》的视频情况进行统计分析，结果如下表。

表 5-1-6　乐视网《芈月传》的播放情况

节目类型	节目名称	播放数量（集/个）	节目比例（%）	
主剧	《芈月传》	81	0.068	
剧情剪辑	独家视频	398	0.33	
综艺新闻	娱乐播报	316	0.27	
自制综艺	《极速看懂芈月传》	45	0.038	0.055
	《芈月笑传》	20	0.017	
花絮	独家幕后	300	0.25	0.272
	BTV 片花	26	0.022	
访谈类	独家专访	6	0.005	

通过表格展示的数据，我们发现乐视网的视频类型除了主剧之外，还有

介绍剧情的独家视频、娱乐播报(其中有一部分内容来自电视台),乐视网自制的综艺节目《极速看懂芈月传》和《芈月笑传》,以及相关花絮和人物访谈。

为了测量在节目类型这一微观维度上北京卫视和乐视网的生态位情况,本书对以上表格中的节目类型进行了适当的综合和调整,按照主剧、综艺类、花絮、重播剧、纪录片、剧情剪辑、访谈类7个节目类型,得出北京卫视和乐视网播放的视频数量以及比例如下:

表 5-1-7 北京卫视和乐视网《芈月传》播放情况比较

节目类型	播放数量(集/个) 北京卫视	播放数量(集/个) 乐视网	节目比例(%) 北京卫视	节目比例(%) 乐视网
主剧	81	81	0.25	0.068
综艺类	2	381	0.0062	0.325
花絮	48	326	0.15	0.272
重播剧	161	0	0.5	0
纪录片	32	0	0.099	0
剧情剪辑	0	398	0	0.33
访谈类	0	6	0	0.005

通过生态位各个指标的测量公式,计算出二者的生态位宽度、生态位重叠度以及竞争优势如下:

表 5-1-8 北京卫视和乐视网的内容生态位(以《芈月传》为例)

生态位指标	北京卫视	乐视网
生态位宽度[1, 7]	2.90	3.41
生态位重叠度	0.52	
竞争优势	0.025	0.60

由以上的数据,可以看出北京卫视和乐视网的生态位宽度分别为2.90和3.41,乐视网的生态位宽度大于北京卫视,说明乐视网各个类型播放比例较

北京卫视相对平均,对视频内容资源的利用相对泛化。乐视网的视频类型中比较重要的三个类型分别是剧情剪辑、综艺类和花絮,主剧部分所占比例并不大,在综艺类节目中又可以分为综艺新闻和自制综艺,在剧情剪辑中不仅有按照各个剧集分类的剧情剪辑,还有按照不同主题分类的剧情剪辑,如"秦王嬴驷去世""魏丑夫与老年芈月相遇"等,另外还有按照不同人物出场下线分类的剧情剪辑,如"芈月传之翟骊出场"等,内容十分丰富。而北京卫视播放的节目类型中,重播剧和主剧占据了大部分比例,其他类型的节目比例相对较小。其中,纪录片《芈月传奇》的播放是北京卫视区别于乐视网的一大特色,但是播放的数量太少,占比仅为 9.9%。

通过表格数据还可以看出二者的生态位重叠度为 0.52,生态位重叠度的数值相对较大,这说明二者在《芈月传》内容资源方面的竞争程度远不如对总体电视剧内容资源的竞争激烈,甚至是相当温和的、在某种程度上可以互补的。北京卫视专注于主剧、重播剧以及纪录片,乐视网重视综艺类、花絮、剧情剪辑和访谈,二者之间的生态位仅仅在某一部分存在重合,在纪录片、访谈、剧情剪辑等方面都是分离的。

在竞争优势方面,乐视网对北京卫视的竞争优势为 0.60,北京卫视对乐视网的竞争优势为 0.025,虽然 0.60 的数值本身并不大,但是鉴于 0.025 近似为 0 的数值,我们仍然可以做出乐视网的竞争优势相对较大的判断。整体上看,在视频数量上,二者并不在一个体量上,北京卫视播放的相关视频节目总数为 324 个,乐视网的视频总数则为 1192 个,是北京卫视的 3.7 倍。

第三节 电视和视频网站内容资源的特征分析

通过以上对电视媒体和商业视频网站内容竞争关系的纵向和横向分析,本书得出如下结论:商业视频网站对内容资源的利用更加多样,并比电视更具内容竞争优势,二者在内容资源方面的竞争总体较为温和,但后来在某些竞争主体之间也开始出现竞争加剧的现象。需要说明的是，对以上观点的实证分析的验证只是在一定程度上成立，因为限于材料收集的困难性，本书仅选择了电视剧内容这一类型，无法对所有内容进行生态位测算。同时，通过以上分析我们还可以洞悉二者在内容资源利用方面的差异，这些区别表现在二者的内容传播能力、节目风格与表现手法、内容生产方式等方面，这些区别不但可以帮助我们更清晰地了解电视和视频网站的生态位，也在某种程度上解释了二者在竞争中所采用的发展策略。

一、在内容传播能力方面的区别

毋庸置疑，商业视频网站的内容传播能力要远远高于电视。在内容数量方面，视频网站的内容承载量远高于电视媒体。通过以上的分析我们可以很明显地做出这样的判断：仅就爱奇艺一个视频网站上的电视剧这一类型的内容数量来看，据统计，网站所有电视剧共计 2138 部，几乎囊括了 20 世纪 80 年代以来的所有国产电视剧，如果算上所有视频网站的所有内容，这一内容体量是巨大的，用海量来称呼并不过分。北京卫视和乐视网播放《芈月传》的情况也可以说明这一问题：据统计，北京卫视播放的相关视频节目总数为 324 个，乐视网的视频总数则为 1192 个，是北京卫视的 3.7 倍。再以 2015 年乐视网推出的明星婚恋爱情真人秀节目《十周嫁出去》为例，该节目邀请 2004 届超女冠军安又琪为女嘉宾，讲述的是安又琪与网友投票选出的各类型男嘉宾约会，在众多明星组成的"闺蜜团"出谋划策下，十周内最终选定结婚对象，携手走进婚姻殿堂的故事。该节目每周一期，在乐视网和安徽卫视同时播出。在安徽卫视播出的情况是：每周播出一期，重播一次，配以若干预告片。乐视网原创事业部管理人员 G 女士告诉笔者该节目在乐视网的播出情况："从周一到周日有不同的相关视频，如不同长度约会的短片、幕后花絮、男嘉宾的选择过程、直播、正片，整个节目的播出不论从传播力度、传播深度还是传播广度上讲，都跟传统媒体不可同日而语。"这样的播出是波浪形的，始终在绵绵不绝地传递相关视频。

而造成以上区别的主要原因是由于二者信息传播模式的不同：电视媒体的信息传播是以电视机为中介的大众传播，节目播放方式是线性播出的，电视台的节目播放量是按照小时来计算的，因为每天24小时是固定的时间，因此电视可以容纳的内容数量有限。再如北京卫视播放《芈月传》，重播剧的比例占据了播放相关视频总量的50%，这也是为了充分利用主剧内容资源而克服线性播出方式的无奈之举；但是视频网站的信息传播是以计算机为中介的CMC(Computer-Mediated Communication)传播模式，这种传播模式克服了时空的限制，视频节目的播放方式是点播形式的，网站可以把海量的内容上传到网络上并在网页上长期显示，以供网友随时随地点播。

从生态位的角度来理解，"生态位显示的是一个物种在群落或生态系统中的位置和状况"(Odum，1959；转引自尚玉昌，2010：326)。决定生态位位置和状况的维度是多样的，以此观点来分析不同媒介的生态位，邵培仁引入时间和空间的维度，引申出"任何一种媒介都必然有其特殊的时间和空间上的位置和状况"(邵培仁，2008：72)，如电视的时空生态位是时间中的以传播声画为主的频道空间生态位，那么沿此思路，视频网站的时空生态位就是空间中的以传播声音、图像、文字、画面为主的网页时间生态位。也就是说，从时间和空间的维度考虑，电视生态位的重点在于时间维度，电视这一物种首先活在时间中，其次才活在空间里，而视频网站恰恰相反，它的生态位的重点在于空间，它首先活在空间里，其次才活在时间中。时间的有限与空间的无限，决定了二者播放方式的不同以及可以容纳内容的多与寡。

二、在节目风格和表现手法方面的区别

在节目风格方面，电视的内容更加符合主流意识形态，更加严肃正统权威，视频网站的节目内容则更加偏重娱乐化。如对电视和视频网站2014年播放的电视剧的分析，可以看出电视媒体播放的电视剧题材多是革命、战争、

年代等，这与其国家媒体的身份相符；视频网站更偏重轻松和娱乐，其播放的电视剧题材多为偶像、古装、传奇、探案等，这与其商业媒体的属性和年轻化的受众特征相符。而在分析电视和视频网站对《芈月传》播放的情况时，也存在这一现象：北京卫视的节目类型较少也较为传统，主剧、重播剧、综艺类、花絮、纪录片均是传统的节目类型。而视频网站的节目类型则多样而且新颖，不但有传统的节目形式，如主剧、综艺新闻、访谈类、花絮等，还开发出了符合网络传播特征的节目类型，以自制综艺为代表，除此之外，乐视网在芈月专题页面上，还使用了角色解读的超链接、高清剧照展示以及包括剧情评论和乐视电视剧官方微博的互动区。

在表现手法上，视频网站的内容表达更加个性化、叙事语言也更加网络化。如乐视网芈月专题中推出的两个综艺节目《极速看懂芈月传》《芈月笑传》，能够很好地说明视频网站和电视媒体在内容表现手法上的不同。对比北京卫视播放的综艺类节目《芈月传》开播特别节目、《芈月传》收官盛典这些传统经典的节目形态，《极速看懂芈月传》和《芈月笑传》的表达更具网络特征。以《极速看懂芈月传》为例，这是乐视的一档自制综艺节目，其主题主要是对电视剧的剧情做出另类解读，整个节目共 45 期，每期节目全部使用剧中的画面，由一个女神经式的配音主持人负责串联整个节目，以主持人画外音为主、电视剧中的画内音为辅。主持人对剧情的解读非常个性化，一定程度上甚至带有恶搞性质，网络语言、方言、英语、戏谑语、夸张语等交叉使用，并且较多使用口语，词汇丰富鲜活，创意十足。如该节目第一期的文案如下：

前方高能预警、高能预警，由《甄嬛传》原班人马打造的大型古装历史剧《芈月传》终于上了。自从《甄嬛传》走后，精神上一直十分地寂寞：想当年老娘靠着《甄嬛传》里牛逼的职场技能一路过关斩将，从一名无耻的富二代成为纯洁的打工妹，老娘等了四年，就因为这个一直没升到保洁部小组长啊。在之前的预告中，我们看到的芈月是这样、这样、这样的(配以成熟芈月的画面)，结果一开场，芈月是这样、这样、这个样的(配以幼年芈月的画面)，这剧组是人吗？简直就是神啊！芈月还是个小孩啊，我跟个小孩能学到毛线啊。芈月自己的部门看起来衰得不行：部门经理莒姬竟然从盛气凌人的华妃变成了受气女人，而且芈月的直属上司槿汐姑姑那叫一个善良、单纯、人畜无害、岁月静好啊。每天眨着单纯的大眼睛问着："这是谁要害我？"宫里看来看去就那么一个脸上写着两个大字"坏人"的女人，自己不会看啊！芈月自带女主光环，驰骋后宫，在四岁就开始呼风唤雨力挽狂澜了，硬生生凭借一己之力在大BOSS面前出尽风头，不仅自己从无名小卒变成大红人，还懂得把自己的部门从颓势拉上来，给自己打造真正的实力背景。槿汐姑姑升职加薪、响应国家二胎政策，楚王再次喜当爹，有了他看起来部门今后就能吃上铁饭碗了，只要企业不倒，至少分得一个子公司啊！芈月还和楚王有了大老虎小老虎这样羡煞旁人的昵称呢，两个人有了可以互摸屁股的交情，前程一片大好啊！BUT又一次然并卵，董事长出门搞兼并去了，芈月部门的大领导楚后，早看芈月部门不顺眼，立马就把芈月的领导槿汐姑姑整下马了，还找个很吓人的男的把她嘿嘿嘿了。好狠毒的董事长夫人兼人事总监啊，居然把人家赖以生存的职业技能给直接收缴了，这相当于我干保洁的没有了拖把，太可怕了，以后还怎么在公司混啊！就酱，在芈月日日盼着靠山大BOSS归来的时候，芈月学会了一身上树下河的本事。还叫嚣着："公主为什么就不能上树"，斯还以为是在看《还珠格格》呢(配以还珠格格的画面和音乐)。所以说，看你嘚瑟吧，条件不成熟怎么能随意出风头呢，以为有了大BOSS当靠山就高枕无忧啊，真是初入职场不知江湖险恶啊！好险啊，幸亏上次我们董事长对我笑被我瞪回去了(东北方言)。想看芈月她妈槿汐失去了业务能力后，还能不能重回岗位，请看下集。最后让我们在国民著名民歌女高音歌唱家陈思思老湿的带领下，共同唱响《芈月传》主题曲《满月》(配以霍尊演唱的片尾曲《伊人如梦》）。

第一期节目是对《芈月传》1—2 集的剧情解读，节目总时长 3 分 25 秒，从职场角度解读剧情，视角独具个性：节目展示了一个把《甄嬛传》当作职场教科书从而升职为公司保洁部小组长，从而盼望着《芈月传》能给自己带来更多职业指导的企业员工，在观看了《芈月传》1—2 集之后的内心活动。节目中，把芈月看成了一个公司员工，楚王、楚后、莒姬、芈月母亲分别成为公司的董事长、董事长夫人、部门经理和芈月的直属上司，这种另类解读充满了喜感，符合年轻网友的口味。节目文案中包含"老娘、无耻的富二代、纯洁的打工妹、毛线、女主光环、互摸屁股、然并卵、就酱、老湿、嘚瑟、大 BOSS"等词汇，网语、英语、东北方言等掺杂使用，犀利直白，调侃戏谑，极尽诙谐幽默、插科打诨之能事，充满了求新求异、活泼率性的网络特征。

本书认为对节目风格和表现手法的选择与电视和网站的"功能生态位"互为依托："功能生态位"是指物种在群落和生态系统中的地位和角色，物种所起的机能作用。"一个物种的生态位不仅决定它生活在什么地方，而且决定于它干些什么"（Odum，1959；转引自尚玉昌，2010：327）。"功能生态位"决定节目的风格和表现手法，反之，节目风格和表现手法又影响"功能生态位"的界定。很明显电视媒体和视频网站在视听行业以及整个媒介生态系统中所具有的功能和所起的作用是有所不同的，即二者的"功能生态位"是不同的。当然，二者都是为受众提供视听信息服务的视听媒体，但是视频网站更多地起到休闲娱乐的功能，某视频网站销售部管理人员 G 先生在接受笔者访谈时表示："领先的几个视频网站，从它的流量结构上来讲，毫无疑问电影、电视剧、综艺和动漫这四个频道都是排到前面的。"可见视频网站的角色更多的是提供娱乐信息。而电视除了发挥娱乐功能之外，更多地承载了新闻宣传以及财经信息的功能，即宣传国家主流意识形态和传播国家经济文化建设信息,"功能生态位"的不同决定了二者在节目风格以及表现手法方面的不同。同时,节目风格和表现手法又影响"功能生态位",当商业视频网站上出现越来越多的风格和表现手法与电视内容不分伯仲的类传统电视节目时,二者的"功能生态位"将会逐渐趋于一致,不断重叠的生态位必然带来更加激烈的竞争,对抗性竞争行为随之出现。

三、在内容生产方式方面的区别

电视媒体和视频网站不仅在内容传播能力、节目风格和表现手法等方面存在不同,在内容的生产方式方面也存在差异,这表现在生产主体和生产的市场化程度等各个方面。

首先,在内容生产主体方面。

经过多年的"制播分离"探讨,目前电视媒体的内容生产方式已经形成了以节目自制和版权购买为主的模式。在电视台较常播出的几类节目中,新闻节目多是电视台自制内容,综艺类节目为自制、合作生产、购买版权相结合,影视剧则多是购买版权,也就是说电视媒体的生产主体包括电视台、节目制作公司和专业节目制作团队。随着网台合作的加强,商业视频网站的内容反向输出给电视台,因此视频网站也成为电视内容的生产主体。商业视频网站的内容来源可以分为四类:第一类是版权采购,第二类是网站自制,第三类是专业团队制作,第四类是网民制作上传(UGC模式),即其内容生产的主体包括电视台、节目制作公司、视频网站自身、专业制作团队、众多网友等。对比二者的内容生产主体,其中网友作为生产者的存在是最大的区别:视频网站的海量内存保证了UGC内容的生存空间,而网友作为一个生产主体,源源不断地上传各种内容到视频网站上,则丰富了网站的内容构成,也显示了网站生产主体更加多元的一面,从而保持其与电视的生态位差异。

作为视频内容受众的网友同时又是视频内容的生产者,这是新媒体时代受众主动性特征在视频行业的显著表现,新媒体和新技术的发展是这一现象的推动者，消费者卷入生产过程，消费行为和生产行为越来越多地融为一体，"边拍边播，传受互动"的内容生产方式越来越常见，作为新媒体平台的视频网站，是促进新的视频生产主体生成的极大推动者。

其次，在内容生产的市场化程度方面。

电视的"事业单位、企业化管理"的媒介体制、肩负更多国家宣传任务的国家媒体角色决定了其老少皆宜、雅俗共赏的内容制作思路，这样的内容生产的市场化程度不会太高。而反观商业视频网站，其商业媒体特性决定了网站就是一个企业，企业的第一任务是获取利润，当然还有作为一个企业以及一个媒体所应该承担的社会责任，但是网站的运作完全是按照企业的管理机制进行的，网站充分进入市场，内容生产的市场化程度远高于电视。

互联网时代，考量内容生产市场化程度的一个重要标准，就是电视或者视频网站在多大程度上围绕用户需求进行生产。越是从用户角度出发，充分考虑到用户需求，越能代表较高的市场化程度。事实上，电视要表达的是媒体的思路，以媒体为中心，互联网要表达的是用户的思路，以用户为中心。以爱奇艺为例，该视频网站就定位自己为一家具有媒体基因的技术性公司，"不仅仅是一个网站，还是连接人与服务的门户"（高瑾：2015）。

在本书所做的访谈中，持这一观点的视频网站并不少见。某视频网站内容管理人员 G 女士在接受笔者访谈时表示："在网络上，因为主动权是在网友本身，所以网友的自主选择很重要，就是说，他打开电脑，他看什么，或者说同样的内容各家网站都有，为什么在你家看而不在别家看，选择性都在他这里，怎么样让他停留在自己的页面里面，就需要网站提供更好的服务。"在内容生产方面，该网站充分利用大数据技术，围绕用户需求进行生产：

深度访谈 3（G 女士，某视频网站内容管理人员）

2011 年，我们开始制作自制内容。当时首先做的一档情感类的节目和一档健康类的综艺节目，为什么呢？因为从 2010 年到 2011 年，通过整个数据分析，中国网友最关心的是情感与健康，这个是跟当时的社会背景和整个媒体的导向有关系的，网民在搜索的时候关于情感的困惑，关于不同疾病不同医院的询问非常多，所以我们就发现当时中国人最关心的是情感和健康类的内容，我们的自制节目也就从这两个方面做起。

可见，商业视频网站在做节目的时候，首要思路就是从用户角度出发，围绕用户需求提供服务，只有这样在充满竞争主体的大视频行业中，在与其他视频网站以及传统电视台展开竞争与合作的时候，才能在市场上获得生存空间。而电视媒体则由于体制、技术、播放方式等的不同，很难做到这一点。关于目前受众表现出来新的、具体的需求趋势，以及电视和视频网站在满足这些需求方面的特点，将在后面章节详细分析。

本章小结

本章内容利用文献分析法、二手数据分析、深度访谈法、个案分析等方法，分析了电视和视频网站在内容资源维度的生态位情况，从纵向——历史发展和横向——生态位两个角度，分析电视和视频网站在内容方面的竞争态势，并进一步总结二者在内容资源方面的特征。总结本章研究发现如下：

纵向考察发现，电视和视频网站的内容竞争可以表现为三个阶段：从电视台的内容输出到网台联动的初级阶段，以内容合作、反向输出与多屏互动为特点的网台联动的第二阶段；出现了对抗性竞争行为的网台联动的第三阶段。在第一阶段电视和视频网站从最初的寄生关系走向了较为温和的合作竞争。第二阶段二者的竞争仍然是竞合，合作多于竞争，竞争的态势比较温和，但是开始出现了生态位重叠的现象，存在了竞争激化的可能性。在第三阶段这种可能性直接转化为对抗性竞争，出现了有实力的电视台——湖南卫视的独播现象。虽然湖南卫视的独播策略开启了电视和商业视频网站竞争的新阶段，使二者的竞争关系表现出了新的特征，但是仍未突破网台联动的模式，此时二者的竞争关系是复杂的，是一个竞争与合作交叉存在的复杂网络结构，其中合作仍然大于竞争。

在横向分析的部分，研究发现：首先，视频网站平台播放的内容资源体量明显大于电视。接着，在电视剧领域，二者内容生态位表现出如下态势：2014年电视和视频网站的生态位宽度都表现一般，其中电视比视频网站稍大（电视：6.0827，视频网站：5.0800，B值取值范围：[1, 10]），生态位重叠度0.1173，竞争激烈程度一般。在2015年情况发生改变：电视和视频网站的生态位宽度表现一般，其中视频网站稍大（电视：4.6729，视频网站：5.5556，B值取值范围：[1, 9]），生态位重叠度0.0484，竞争很激烈。最后，对热播电视连续剧《芈月传》的生态位个案分析显示，电视的生态位宽度小于视频网站（电视：2.90，视频网站：3.41，B值取值范围：[1, 7]），生态位重叠度为0.52，竞争相当温和。竞争优势显示，视频网站比电视更具有优势（电视：0.025，视频网站：0.60）。如下表：

表 5-1-9　电视和视频网站的内容资源生态位（以电视剧为例）

资源维度	生态位指标				
	生态位宽度		生态位重叠度	竞争优势	
	电视	商业视频网站		电视	商业视频网站
2014年电视剧题材，B值[1, 10]	6.0827	5.0800	0.1173		
2015年上半年电视剧题材，B值[1, 9]	4.6729	5.5556	0.0484		
《芈月传》节目类型，B值[1, 7]	2.90	3.41	0.52	0.025	0.60

通过以上对电视媒体和商业视频网站内容竞争关系的纵向和横向分析，得出如下结论：商业视频网站对内容资源的利用更加多样，并比电视更具内

容竞争优势，二者在内容资源方面的竞争总体较为温和，但后来在某些竞争主体之间也开始出现竞争加剧的现象。

最后，本章通过对二者在内容播放能力、节目风格和表现手法、内容生产方式等方面的不同特征的分析，解释了二者在内容资源利用方面的差异：

第一，在内容数量方面，视频网站的内容承载量要远远高于电视媒体。而造成以上区别的主要原因是由于二者信息传播模式的不同：电视媒体的信息传播是以电视机为中介的大众传播，节目播放方式是线性播出的，视频网站的信息传播是以计算机为中介的CMC(Computer-Mediated Communication)传播模式，视频节目的播放方式是点播形式的。电视占据了时间中的频道空间生态位，视频网站占据了空间中的网页时间生态位，电视活在时间中，视频网站活在空间里。

第二，在节目风格方面，电视的内容更加符合主流意识形态，更加严肃正统权威，视频网站的节目内容则更加偏重娱乐化。在节目的表现手法上，视频网站的内容表达更加个性化、叙事语言也更加网络化。电视的功能生态位除了娱乐，主要在新闻，宣传国家主流意识形态和传播国家经济文化建设信息，视频网站的功能生态位则在于提供休闲娱乐信息。

第三，视频网站生产主体更加多元，视频网站充分进入市场，内容生产的市场化程度远高于电视，内容生产充分围绕用户需求开展。电视媒体则由于体制、技术、播放方式等的限制，内容生产的市场化程度不高。

第六章　受众竞争：电视和商业视频网站受众资源分析

传媒经济学的二次售卖理论说明，媒体生产出来可供受众消费的内容，吸引受众注意力，然后受众注意力再作为一种产品被售卖给广告商，因此受众资源是媒体最直接使用的一种资源，是媒体实现市场价值的基础。随着新媒体的快速发展，网民规模的逐渐增大，受众注意力资源被重新分配，在视听行业的表现，就是短视频平台和视频网站对电视观众注意力的争夺。本章就来讨论电视和视频网站之间，在受众资源上的竞争态势，并分析造成这一态势的原因。

第一节　受众的规模与结构分析

根据《中国电视收视年鉴》数据显示，电视受众规模如下：

在国家"十一五"农村无线覆盖、"家电下乡、以旧换新"和数字电视转换等多项政策的共同推动下，全国电视观众规模连续多年呈现增长态势，但由于受到新媒体的冲击及其他因素的影响，电视观众规模在 2013 年首次出现了下滑。2014 年，全国电视观众规模较 2013 年略有增加。如图：

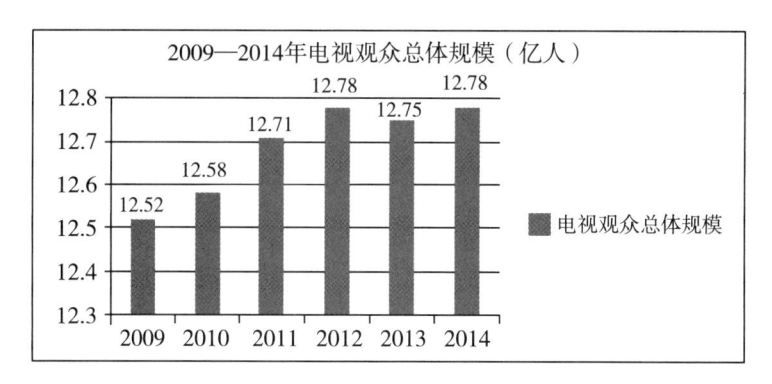

图 6-6-1　2009—2014 年电视观众总体规模

根据 CNNIC 的调查数据显示，网络视频的用户规模如下：

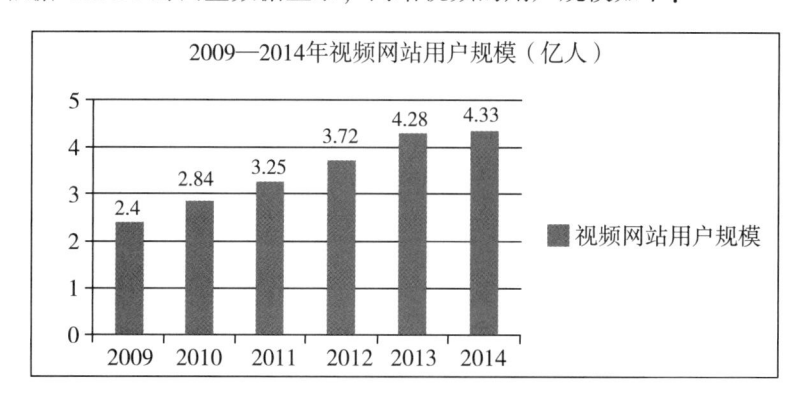

图 6-1-2　2009—2014 年视频网站用户总体规模

由图可见，随着网络建设和各种视频终端的发展，以及视频网站的逐渐成熟，自 2009 年以来，视频网站的用户规模一直呈稳步增长趋势，从 2009 年的 2.4 亿人增加到了 2014 年的 4.33 亿人。

以上是从整体总量上对电视媒体和视频网站的受众资源进行分析，但是这样的分析仅仅是对二者的受众情况有一个宏观上的把握，接下来，还要在具体的微观维度展开研究，才能对二者在受众资源上的具体竞争态势有一个精确的把握。

那么，在哪些具体的微观维度上对受众资源进行生态位的实证分析？

Dimmick 等人在以往的研究中，对受众维度的分析，主要集中在受众在媒介产品的金钱和时间花费，而忽略了受众的规模结构等信息。中国学者张明新（2011：61）认为：

> 尽管受众在媒体产品上的金钱和时间花费有可能间接表达着受众的结构和规模，但就根本而言，在这两者间做出明确的区分仍然是极有价值的。受众作为媒体的关键资源本身具有多面向的特征，时间和金钱花费——尽管极为重要，但只是这些特征中的两种。了解其他面向的特征，比如受众的规模、年龄结构、生活方式，一方面体现了多面向的受众特征。另一方面，也揭示出了比时间和金钱花费更为深刻的信息。

王春枝（2009：77-83）则基于 2008 年 CTR 的受众调查数据，对报纸和网络的受众结构和受众消费行为进行分析，她分别计算了受众年龄、文化层次、收入三个维度间的生态位宽度、生态位重叠度和竞争优势。本书吸取了以上学者的研究经验，接下来对电视和视频网站的受众资源进行生态位分析，分析的维度主要集中在受众结构和受众时间消费方面，具体的微观维度包括：受众的年龄、受教育程度、收入、时间消费。

本章试图从静态角度出发和动态角度出发，回答如下具体问题：1. 电视媒体和视频网站的受众资源生态位宽度分别是多少？二者的受众生态位宽度的历时变化如何？表现出了什么样的变化趋势？2. 电视媒体和视频网站对受众资源的竞争程度具体如何？随着时间推移，此种竞争程度发生了什么样的变化？3. 电视媒体和视频网站谁在受众资源维度更具生态位竞争优势？随着时间推移，上述竞争优势表现出了何种变化趋势？

本章中的数据来源主要是 2010—2015 年的《中国电视收视年鉴》，该年鉴中公布了 2009—2014 年电视受众的相关数据，以及 CNNIC 发布的 2009—2013 年《中国网民网络视频应用研究报告》，由于该机构 2014 年网络视频受众的具体数据不可得，本书在数据处理中，使用了2013年的数据作为补充。由于两个机构在数据统计中所使用的分类标准不尽相同，如对受众年龄的分类、收入的分类等，本书对两类数据进行了调整，因此调整以后的数据与原始数据会有一些出入，在此特作说明。

一、受众年龄生态位分析

由于已有数据中对年龄段的分类标准不一致，本书综合两套数据，对年龄的具体阶段进行模糊化处理，按照儿童、少年、青年、青壮年、中年、中老年以及老年的标准划分。2009—2014年电视和视频网站的用户规模和占比如下：

表6-1-1 2009—2014年电视观众的年龄构成及占比情况（用户规模：亿人）

年份 年龄	2009 用户规模	百分比（%）	2010 用户规模	百分比（%）	2011 用户规模	百分比（%）	2012 用户规模	百分比（%）	2013 用户规模	百分比（%）	2014 用户规模	百分比（%）
儿童	1.3647	10.9	1.1447	9.1	1.2075	9.5	1.9553	15.3	1.6193	12.7	1.6231	12.7
少年	2.1284	17	1.2454	9.9	1.1693	9.2	1.9681	15.4	2.2568	17.7	2.2621	17.7
青年	2.3162	18.5	1.9751	15.7	1.9319	15.2	2.0576	16.1	1.9763	15.5	1.9809	15.5
青壮年	2.4915	19.9	2.1260	16.9	2.1353	16.8	2.4793	19.4	2.4353	19.1	2.4282	19
中年	1.8905	15.1	2.6544	21.1	2.6945	21.2	1.8914	14.8	1.8615	14.6	1.8659	14.6
中老年	1.1644	9.3	1.9247	15.3	1.9701	15.5	1.2397	9.7	1.4025	11	1.4186	11.1
老年	1.1644	9.3	1.5348	12.2	1.6142	12.7	1.1885	9.3	1.1985	9.4	1.2013	9.4
总计	12.52	100	12.58	100	12.71	100	12.78	100	12.75	100	12.78	100
B值[1, 7]	6.463873		6.48904		6.497093		6.638167		6.65708		6.664179	

表 6-1-2　2009—2014 年视频网站用户的年龄构成及占比情况（用户规模：亿人）

年份 年龄	2009 用户规模	2009 百分比（%）	2010 用户规模	2010 百分比（%）	2011 用户规模	2011 百分比（%）	2012 用户规模	2012 百分比（%）	2013 用户规模	2013 百分比（%）	2014 用户规模	2014 百分比（%）
儿童	0.024	1	0.0369	1.3	0.052	1.6	0.0781	2.1	0.1113	2.6	0.1126	2.6
少年	0.7896	32.9	0.8179	28.8	0.9003	27.7	0.8742	23.5	1.3953	32.6	1.4116	32.6
青年	0.6864	28.6	0.9173	32.3	1.0303	31.7	1.2016	32.3	0.9544	22.3	0.9656	22.3
青壮年	0.5256	21.9	0.639	22.5	0.8255	25.4	0.9226	24.8	1.0786	25.2	1.0912	25.2
中年	0.2496	10.4	0.2641	9.3	0.3218	9.9	0.4278	11.5	0.4922	11.5	0.4980	11.5
中老年	0.0888	3.7	0.1250	4.4	0.0683	2.1	0.1488	4	0.1712	4	0.1732	4
老年	0.036	1.5	0.0398	1.4	0.0488	1.5	0.0632	1.7	0.0770	1.8	0.0779	1.8
总计	2.4	100	2.84	100	3.25	100	3.72	100	4.28	100	4.33	100
B 值 [1, 7]	3.991888		4.018517		3.961071		4.22631		4.24928		4.24928	

表格中生态位宽度的值显示，2009—2014 年以来，电视的受众年龄生态位宽度分别为 6.463873、6.48904、6.497093、6.638167、6.65708、6.664179，基本保持稳中有升的态势，且逼近生态位最大值 7，这说明电视对各个年龄段的受众开发比较均衡，没有过度依赖某一个年龄层的情况发生。尤其需要指出的是，对于业内流行的电视观众老龄化现象，在数据中并没有得到体现，以 2014 年的受众数据为例，35—44 岁和 15—24 岁这两个群体（也即笔者标注的青壮年和少年）在所有电视观众中的比例分居前两位，分别为 19% 和 17.7%，青年和中年的比例位列第三和第四，分别为 15.5% 和 14.6，四者之和为 66.8%，而中老年人的比例则为 20.5%。很明显，电视观众主力为中青年群体，显现出年轻化的特征，电视在受众年龄维度属于资源宽用型媒体。

而视频网站对各个年龄段受众资源的利用则不如电视。数据显示，视频网站的受众年龄生态宽度分别为 3.991888、4.018517、3.961071、4.22631、4.24928、4.24928，除了 2011 年外，基本保持小幅度上升趋势。以上生态位宽度的值在[1，7]这一取值区间内基本居中，说明视频网站并不如电视一样充分开发了各个年龄层的受众。也以 2014 年的数据为例，发现少年、青壮年、青年的比例居前三位，分别为 32.6%、25.2%、22.3%，三者之和为 80.1%，这说明视频网站的受众多为青少年，中老年和儿童用户较电视偏少，视频网站在受众年龄维度属于资源窄用型媒体。

对二者在受众年龄维度的生态位重叠度进行测算，得出结果如下：

表 6-1-3　2009—2014 年电视和视频网站受众年龄生态位重叠度

年份	2009	2010	2011	2012	2013	2014
生态位重叠度	0.0571	0.11	0.1184	0.0633	0.0524	0.0527

数据显示，除了 2010 年、2011 年电视和视频网站的生态位重叠度有所提升以外，其他年份均保持取值在 0.05 左右，6 年来发展态势表现为先升后降。由于生态位重叠度的取值越小，生态位重叠的就越大，因此可以判断，电视和视频网站的生态位重叠近三年越来越大，二者对不同年龄层面的受众竞争越来越激烈。

表 6-1-4　2009—2014 年电视和视频网站生态位竞争优势

年份	2009	2010	2011	2012	2013	2014
电视对网站	21.7551	11.2969	8.4369	9.4670	7.6198	7.4762
网站对电视	0.0262	0.0372	0.0458	0.0604	0.0782	0.0795

数据显示，除了 2012 年有小幅提升外，从 2009 年以来电视对视频网站的竞争优势一直处于下降趋势，而视频网站的竞争优势则一路攀升，到 2014 年已经由 0.0262 达到 0.0795，可见电视在各年龄段受众维度的竞争优势依然

存在，但是正在被视频网站逐渐追赶，至于视频网站是否能够逼近和超过电视媒体，还需今后的时间来验证。

二、受众教育程度生态位分析

受众的教育程度可以分为小学及以下、初中、高中、大学及以上四个层面，2009—2014年电视和视频网站的用户受教育情况规模和占比如下：

表 6-1-5　2009—2014 年电视观众的教育程度及占比情况（用户规模：亿人）

年份 学历	2009 用户规模	2009 百分比(%)	2010 用户规模	2010 百分比(%)	2011 用户规模	2011 百分比(%)	2012 用户规模	2012 百分比(%)	2013 用户规模	2013 百分比(%)	2014 用户规模	2014 百分比(%)
小学及以下	3.1050	24.8	2.7928	22.2	2.8852	22.7	4.9842	39	4.7685	37.4	4.5880	35.9
初中	3.9188	31.3	4.4156	35.1	4.3977	34.6	4.6008	36	4.6028	36.1	4.6519	36.4
高中	3.2802	26.2	3.5727	28.4	3.5588	28	2.0959	16.4	2.2058	17.3	2.2748	17.8
大学及以上	2.2286	17.8	1.7989	14.3	1.8811	14.8	1.0991	8.6	1.173	9.2	1.2652	9.9
总计	12.52	100	12.58	100	12.71	100	12.78	100	12.75	100	12.78	100
B值[1,4]	3.8491		3.655104		3.682577		3.164637		3.240546		3.301834	

表 6-1-6　2009—2014 年视频网站用户的教育程度及占比情况（用户规模：亿人）

年份 学历	2009 用户规模	2009 百分比(%)	2010 用户规模	2010 百分比(%)	2011 用户规模	2011 百分比(%)	2012 用户规模	2012 百分比(%)	2013 用户规模	2013 百分比(%)	2014 用户规模	2014 百分比(%)
小学及以下	0.1512	6.3	0.1619	5.7	0.2373	7.3	0.3497	9.4	0.5564	13	0.5629	13
初中	0.5544	23.1	0.6191	21.8	1.0953	33.7	1.1830	31.8	1.0358	24.2	1.0479	24.2
高中	0.9696	40.4	1.1786	41.5	1.0855	33.4	1.2388	33.3	1.6521	38.6	1.6714	38.6

续表

年份 学历	2009 用户规模	2009 百分比(%)	2010 用户规模	2010 百分比(%)	2011 用户规模	2011 百分比(%)	2012 用户规模	2012 百分比(%)	2013 用户规模	2013 百分比(%)	2014 用户规模	2014 百分比(%)
大学及以上	0.7248	30.2	0.8804	31	0.8288	25.5	0.9486	25.5	1.0358	24.2	1.0479	24.2
总计	2.4	100	2.84	100	3.25	100	3.72	100	4.28	100	4.33	100
B值[1,4]	3.207698		3.133833		3.384335		3.498045		3.533269		3.533269	

由以上数据发现,2009—2014年以来,电视受众教育程度生态位宽度分别为3.8491、3.655104、3.682577、3.164637、3.240546、3.301834,呈现浮动中略有下降的趋势。且逼近生态位最大值4,这说明电视对各个教育程度的受众开发比较均衡,没有过度依赖某一类人群。但有一个现象不得不注意,虽然电视对各个教育程度的受众资源都有利用,但是6年以来,高中及以上的观众数量在逐年降低,初中及以下的观众数量在逐年上升,这说明电视观众的整体学历偏低。

视频网站对各教育层面受众资源的利用类似于电视,其生态宽度分别为3.207698、3.133833、3.384335、3.498045、3.533269、3.533269,除了2010年外,基本保持小幅度上升趋势,取值接近4,这说明视频网站对各个教育程度的受众开发比较均衡,并且数据显示,高中和大学及以上两类人群历年的占比都是前两位,这说明视频网站的受众多为学历较高的人群。

对二者在受众教育程度维度的生态位重叠度进行测算,得出结果如下:

表6-1-7 2009—2014年电视和视频网站受众教育程度生态位重叠度

年份	2009	2010	2011	2012	2013	2014
生态位重叠度	0.0765	0.09	0.0382	0.1465	0.1416	0.1310

数据显示，除了2011年电视和视频网站的生态位重叠度波动较大，6年来发展态势表现为先升后降再升再降的趋势，可以判断，电视和视频网站的生态位重叠不是特别大，二者对不同教育程度的受众的利用有所区别，这也进一步印证了对二者生态位宽度的分析。

表6-1-8　2009—2014年电视和视频网站生态位竞争优势

年份	2009	2010	2011	2012	2013	2014
电视对网站	20.6637	13.3808	12.5433	6.0837	4.9039	5.0706
网站对电视	0.0347	0.0478	0.0620	0.0939	0.1192	0.1198

数据显示，除了2014年有小幅提升外，从2009年以来电视对视频网站的竞争优势一直处于下降趋势，而视频网站的竞争优势则一路攀升，到2014年已经由0.0347达到了0.1198，可见电视在各教育程度受众资源维度的竞争优势依然存在，但是正在被视频网站逐渐追赶，是否视频网站能够逼近和超过电视媒体，今后还需时间来验证。

三、受众收入层次生态位分析

对受众的收入情况进行生态位分析，得到结论如下：

表6-1-9　2009—2014年电视观众的收入及占比情况（用户规模：亿人）

年份 收入结构	2009 用户规模	2009 百分比（%）	2010 用户规模	2010 百分比（%）	2011 用户规模	2011 百分比（%）	2012 用户规模	2012 百分比（%）	2013 用户规模	2013 百分比（%）	2014 用户规模	2014 百分比（%）
0—1000	1.3396	10.7	0.5409	4.3	0.4449	3.5	1.3419	10.5	6.324	49.6	6.0449	47.3
1001—2000	2.5290	20.2	2.3273	18.5	1.7667	13.9	2.3643	18.5	2.2185	17.4	1.9809	15.5
2001—3000	2.4414	19.5	2.4154	19.2	2.0336	16	2.0831	16.3	2.0145	15.8	2.0959	16.4

续表

年份 收入结构	2009 用户规模	2009 百分比(%)	2010 用户规模	2010 百分比(%)	2011 用户规模	2011 百分比(%)	2012 用户规模	2012 百分比(%)	2013 用户规模	2013 百分比(%)	2014 用户规模	2014 百分比(%)
3001—6000	4.5698	36.5	5.3088	42.2	5.7449	45.2	4.6775	36.6	1.1093	8.7	1.2652	9.9
6001元及以上	1.6401	13.1	1.9876	15.8	2.7199	21.4	2.3132	18.1	1.0838	8.5	1.3930	10.9
总计	12.52	100	12.58	100	12.71	100	12.78	100	12.75	100	12.78	100
B值[1,5]	4.155171		3.623372		3.375573		4.192239		3.164056		3.374593	

表6-1-10 2009—2014年视频网站用户的收入及占比情况(用户规模:亿人)

年份 收入结构	2009 用户规模	2009 百分比(%)	2010 用户规模	2010 百分比(%)	2011 用户规模	2011 百分比(%)	2012 用户规模	2012 百分比(%)	2013 用户规模	2013 百分比(%)	2014 用户规模	2014 百分比(%)
0—1000	0.9816	40.9	0.9372	33	1.0628	32.7	1.2053	32.4	1.3653	31.9	1.3813	31.9
1001—2000	0.636	26.5	0.7668	27	0.7183	22.1	0.6398	17.2	0.5735	13.4	0.5802	13.4
2001—3000	0.384	16	0.5197	18.3	0.6094	18.75	0.7142	19.2	0.6548	15.3	0.6625	15.3
3001—6000	0.252	10.5	0.3692	13	0.5298	16.3	0.7291	19.6	0.8346	19.5	0.8444	19.5
6001元及以上	0.144	6	0.2471	8.7	0.3299	10.15	0.4315	11.6	0.8474	19.8	0.8573	19.8
总计	2.4	100	2.84	100	3.25	100	3.72	100	4.28	100	4.33	100
B值[1,5]	3.600606		4.170872		4.389864		4.478361		4.538132		4.538132	

由以上数据发现,2009—2014年以来,不同收入的电视受众资源生态位宽度波动较大,并且生态位宽度的值偏小,这说明电视对各个收入层面的受

众开发不均衡。整体来看，2012年之前，电视的高收入观众较多，但是之后两年，低收入人群的比重急剧攀升，显示出电视过于依赖低收入人群现象，电视的高收入消费者正大量流失。

视频网站对各收入层面受众资源的利用则优于电视，其生态宽度一路攀升，截至2014年，达到了4.5的好成绩，接近最高值5，这说明视频网站对各个收入层面的受众开发比较均衡，以2014年数据为例，收入3000元以上的用户比例为39.3%，高于电视的20.8%。

对二者的生态位重叠度进行测算，得出结果如下：

表6-1-11　2009—2014年电视和视频网站受众收入生态位重叠度

年份	2009	2010	2011	2012	2013	2014
生态位重叠度	0.1690	0.1800	0.1889	0.0821	0.0574	0.0414

电视和视频网站在受众收入维度的生态位重叠度以2012年为界限，呈现出两种截然不同的发展态势，2009—2011年，重叠度的值一路上升，2012—2014年，则一路下降，并且两个阶段的值也有较大差别，2012年之前，重叠度并不算大，说明二者对不同收入受众的竞争程度比较温和，2012年以后，重叠度的值变小，竞争的激烈程度有所增加。

表6-1-12　2009—2014年电视和视频网站受众收入竞争优势

年份	2009	2010	2011	2012	2013	2014
电视对网站	13.6434	6.2670	4.5834	7.7949	7.5007	6.4757
网站对电视	0.0358	0.0537	0.0694	0.0856	0.5023	0.1293

数据显示，仍旧以2012年为界限，之前电视对视频网站的竞争优势不断下降，2012年则出现上升，不过之后又开始下降，相较于2009年的值，整体上电视的竞争优势降低了。而视频网站的竞争优势则一路攀升，到2014年已经由0.0358达到了0.1293，可见电视在不同收入程度受众资源维度的竞争

优势依然存在，但是正在被视频网站逐渐追赶。

第二节 受众的时间花费

对媒体行业而言，消费者的时间是非常重要的资源，因为时间是人类的一种稀有资源，所有的活动都需要花费时间，许多活动不能够在同一时间内进行。喻国明（2000）认为："人们与媒体实际接触时间的长短，是建立在人们媒体价值判断基础上对自己的可支配时间的分配。"在 Dimmick 构建的分析媒体竞争和共存的生态位资源维度空间中，消费者的时间花费是对媒体异常关键的六种环境资源中的一类，他（Dimmick，2003：32）认为："虽然消费者的媒体使用时间支出还不是媒体经济学研究的中心议题，但它被认作一种关键资源却由来已久。时间是伴随着传媒产品使用而必须消耗的资源。"那么，在这一资源维度，电视和视频网站的竞争现状如何呢？

由于缺失视频网站的受众消费时间的具体数据，因此此处不能进行生态位的测算，接下来本书对电视和视频网站的受众时间消费情况分开讨论。

据《中国电视收视年鉴》数据显示，2009—2014 年全国电视观众平均每日收视时间如下图：

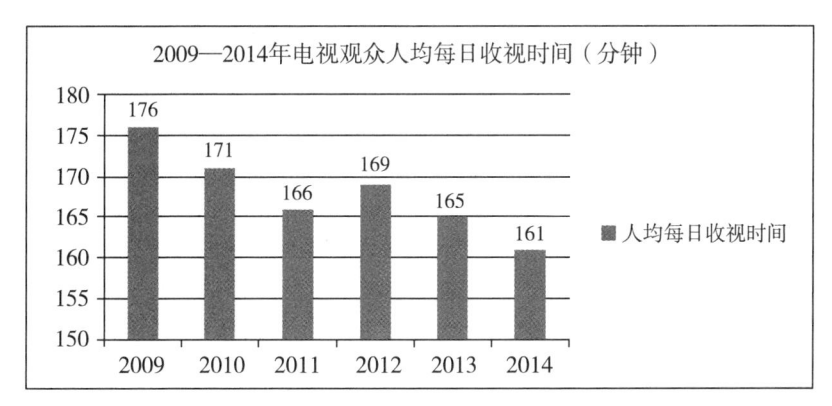

图 6-2-1 2009—2014 年电视观众人均每日收视时间

可以看出，自 2009 年以来，电视观众人均收视时间呈现波动下降的发展态势,除了 2012 年由于伦敦奥运会的举办,收视时长有所回升,但是之后一路走低,经历了 2013 年的收视低点后,2014 年再创新低,人均每日收视时长为 161 分钟,为历年来最低值。

视频网站的情况则与电视媒体不同,本书收集了 2011—2013 年网络视频用户使用频率的数据,如下:

表 6-2-1 2011—2013 年网络视频用户使用频率(%)

年份 用户比例 使用频率	2011	2012	2013
每天都看	28.5	30.8	29.4
每周 3—6 天	23.1	20.4	21.9
每周 1—2 天	35.3	27.5	27.3
每周不足一天	13.2	21.3	21.4

可以看出,用户对网络视频的观看频率保持了较高水平,2011—2013 年每天都看网络视频的用户规模占总用户规模的比例分别为 28.5%、30.8%、29.4%,每周观看在 3 天以上的用户高达 51.6%、51.2%、51.3%,3 年来保持基本平衡,但是数据也表明有近一半的用户对网络视频的接触并不频繁,在用户时间花费上视频网站未来还有较大的挖掘空间。

学界普遍的观点认为,受众在媒体上的时间支出存在"零和效应",即人们可供支配的时间是有限度的,花在一种媒介上的时间增多就意味着在另一种媒介上的时间减少。由于数据缺失,本书不能对电视和视频网站用户时间花费的竞争情况进行更进一步的测量,但是从已有的研究中,我们可以推断二者在受众时间竞争方面的大致情形。

John p·Robinson 等人(Robinson, Barth, Kohut, 1997)指出,在媒介发展史上,电视、有线电视和 VCR 等新媒体的出现,都曾经对原有媒体的消费时间产生过"侵蚀",比如许多研究证实,电视的出现,使人们收听广播、阅读图书和看电影的时间急剧下降。Louisa 等人(Louisa,Ling,2012)关于互联网使用经验对传统媒介消费时间的影响研究显示,互联网使用经验越多,对传统媒体的使用时间越少。王春枝(2009:90)考察了网络媒体对报纸受众消费时间的影响,发现网络和报纸受众的日接触时间之间存在高度负相关关系。她认为,当一种新媒体出现后,会对原有的媒体消费产生时间替代效应。卢文浩(2009:125)对报纸、广播、电视、网络的受众时间消费进行生态位测算,发现电视在时间资源维度仍占据主导优势,但从趋势上来看,互联网有着最强的竞争力,并开始掠夺包括电视在内的所有传统媒体的使用时间。

通过以上研究结论,我们可以推断出,新媒体往往会挤占传统媒体的受众消费时间,就像电视的出现"侵蚀"了报纸、广播的消费时间一样,视频网站的出现也会"侵蚀"电视的时间,二者之间在受众时间消费方面存在竞争,并且这种竞争的态势并不温和。早在2009年,CNNIC的调查报告就显示,表示使用电视时间明显减少的网络视频用户,占到66.8%的比例。而2012年的报告中每周收看不到一天的网络视频用户高达61.6%。2015年《中国电视收视年鉴》报告指出,近几年,受新媒体进一步发展的影响,受众对媒体的接收方式发生了很大的变化,在这个"无处不视频"的时代,电视这块"大屏"受到了前所未有的冲击,最直接的表现为人均每日时长进一步下滑(陈若愚,2015:19-20)。

以上讨论了电视和视频网站之间,在受众资源上的竞争态势,通过分析,我们得出了如下研究结论:

首先,2009年至2014年,无论是电视还是视频网站,其受众的规模都表现出持续走高的态势。受众消费时间则显示,受众对电视的时间消费正越来越少,对网络视频的消费时间越来越多。

其次,从生态位宽度看,电视在受众年龄、受教育程度微观维度的生态位宽度较大,这说明电视对各个年龄段、各个教育层面的受众开发比较均衡,但是在受众收入维度，电视生态位宽度偏小，这说明电视对各个收入层面的受众开发不均衡，主要是因为电视低收入人群的比重急剧攀升，显示出电视过于依赖低收入人群现象，电视的高收入消费者正大量流失。同时还有一个趋势需要注意，电视受众中受教育程度高中及以上的观众数量在逐年降低，初中及以下的观众数量在逐年上升，这说明电视观众的整体学历偏低。视频网站的情况为：在受众收入、受教育程度微观维度的生态位宽度较宽，这说明视频网站对各种收入层次、各个教育层面的受众开发比较均衡，但是比较电视而言，视频网站的用户学历偏高，收入偏高。同时，在受众年龄维度的生态位宽度不大，说明视频网站没有充分开发各个年龄层的受众，其受众以青少年居多。以下表格能更清晰地展示二者的不同：

表6-2-2　电视和视频网站的受众资源生态位宽度对比

微观资源维度	电视媒体	视频网站
年龄	生态位宽度较大，各个年龄段分布相对均衡	生态位宽度较小，偏向于青少年人群
教育程度	生态位宽度较大，各个教育程度的分布相对均衡，但有整体受众学历偏低的趋势	生态位宽度较大，各个教育程度的分布相对均衡，较电视而言整体受众学历偏高
收入层次	生态位宽度较小，对各个收入层面的受众开发不均衡，高收入受众大量流失	生态位宽度较大，对各个收入层面的受众开发较电视均衡

接着，从生态位重叠度看，除了在受众受教育程度维度竞争较为温和，近几年二者在受众年龄、受众收入方面的生态位重叠度的数值都很小，这说明二者在这两个维度上的重叠度很高，竞争激烈。

最后，从竞争优势方面，无论从受众资源的哪个微观维度，电视都保持对视频网站的竞争优势，但是这种竞争优势正逐渐降低，相反，视频网站对电视的竞争优势在逐年提升。

第三节 受众满足获得和满足机会

本章前两节对电视和视频网站在受众资源维度的竞争现状进行了分析，那么，是什么原因导致了二者这一竞争现状呢？接下来笔者将从受众满足获得与满足机会的角度加以分析。

一、概念解释

受众满足获得与满足机会是与"使用与满足"理论紧密相连的两个概念。该理论起源于20世纪40年代，郭庆光(1999：180)认为其核心思想是"把受众看作是有着特定需求的个人，把他们的媒介接触活动看作是基于特定的需求动机来使用媒介，从而使这些需求得到满足的过程"。1974年，传播学家卡茨等(Katz, Blumler, Gurevitch, 1974)提出了受众媒介"使用与满足"过程的基本模式：社会因素和心理因素使人们产生了需求，需求导致了对媒介的期待，从而引起了人们对不同媒介的接触，最终导致需求的满足或其他后果，该理论从传播心理学的角度，强调了受众的使用和选择行为。该理论暗示了受众对媒体的需求是媒体赖以生存的基础，因而，媒体可以满足受众的何种需求，以及在多大程度上可以满足这种需求，是媒体竞争的关键因素，也是解释受众对特定媒体或媒介产品的选择机制，因为"适者生存的媒介就是适合人类需要的媒介"(莱文森，2004/2004：12)。

Dimmick认为，受众的满足获得和满足机会是考察媒体竞争的两个非常重要的维度。他借鉴使用与满足理论的相关研究，把受众的满足区分为"寻求的满足"和"获得的满足"两个层面，前者指的是受众的需求，后者指受众需求得到满足的程度，即满意度。他指出，满足在"用域"中产生，"域"涵盖了传媒业的各个部门，主要指各种不同类型的媒体内容或者媒介使用方式，"用域"规定了满足一系列相关需求所需要具备的属性，如新闻、影音娱乐、商务和经济信息、交互式媒体等，就是典型的"域"，它们满足受众不同的需求(Dimmick，2003/2013：51)。

同时，从"寻求的满足"到"获得的满足"，是一个动态过程，二者之间存在"满足机会"的作用，因为"满足机会"的存在，二者并不能完全画等号，满足机会越大，二者就越接近，而受众的满足并不总是能够从特定的媒体上获得。"满足机会"的概念源自时间地理学，迪米克认为人们所处的地点随着时间而变化，其信息需求获得满足的机会如何，在很大程度上取决于人们的时空定位。如，电视通常在家收看，收音机和录音机更加便携，手机增加了在不同时空交流的机会。一个人一整天的时间表或时空定位强烈地影响可使用媒体的数量和时间，即"满足机会"。时间是一种资源，时间是有限的，因此需要人类的时间预算，而媒介提供给使用者的满足机会取决于个人和家庭的时间预算，以及媒介自身的特征。在时间预算相对稳定的情况下，对于处在特定时空定位中的受众来说，能传播更多特定类型的内容，或能进行更多互动的媒介，就具有更多满足受众需求的机会(Dimmick，2003/2013：53-54)。

可见，"满足机会"是指受众的满足机会，指的是受众需求得到满足的方便程度，或者是媒体提供给受众的满足其需求的便利性。迪米克理论中的两个维度，受众的"满足获得"指的是受众需求(寻求的满足)和需求被满足的程度(获得的满足)，"满足机会"指的是受众需求以何种方式被媒体满足，方式越便捷，满足机会就越大。

在迪米克的理论模型中，把受众的满足获得和满足机会作为与受众时间和金钱支出平行的维度，展开对媒体竞争和共存的分析，在本书看来，受众的时间和金钱支出，是媒体竞争的外在结果，与广告投放一起，属于媒体的市场表现。而受众的满足获得和满足机会，则是媒体竞争外在结果的内在原因，这类似于施拉姆的媒体选择的或然率公式，即选择的或然率＝报偿程度/费力程度。受众选择媒体，在媒体上花费时间和金钱，主要是因为媒体能够为其提供价值，并且受众获得这种价值不太困难。在这里，满足获得就是报偿程度，满足机会的大小就是费力程度的大小，因此，本书在这里把它们作为电视和视频网站在受众资源维度的竞争关系的深层原因加以分析，本书想说明的观点是，只有在受众的满足获得和满足机会上占据优势的媒体，或者说只有能够最大限度地、最高效便捷地满足受众需求的媒体，才能在对受众的竞争中取得优势。而从这一角度讨论电视和视频网站在受众资源维度竞争现状的原因，就必须明晰两个问题：首先是电视和视频网站可以满足受众的哪些需求？其次是电视和视频网站在满足这些需求时提供了什么样的满足机会？

二、新媒体环境下的受众需求特征

在分析上面这两个问题之前，也许我们需要明白新媒体环境下受众的需求是什么？或者说受众需求表现出什么样的特征？随着多元社会的到来，社会分层日趋明显，新的社会阶层以及新的信息需求不断产生，同时，技术的进步带来新媒体的发展，不断更新人们的信息消费观念，社会和技术两种因素推动着媒介受众需求的变化，对这些变化我们可以从消费信息的形式和内容两个角度来分析。即形式上，受众消费信息的方式表现为三个特征：互动（表达与分享）、移动、即时；内容上，受众需要的信息内容表现为多样、个性的特征。

首先，受众具有互动、移动、即时的信息需求。

第一，对信息的互动需求。

传统媒体的传播是一种线性传播，传播者和受众是隔绝开来的，受众处于被动状态，基本上报纸印什么、电视播什么，受众就只能读什么、看什么。在新媒体这里，传播渠道却是多样化的，从网络媒体发展的 web1.0 时代到 web3.0 时代，从门户网站、搜索引擎、电子邮件、BBS、QQ 到博客、播客、微博、微信，各种新媒体产品层出不穷，这些都成为网络媒体与受众沟通的传播渠道。这些传播渠道是双向的、互通的，传播方发出的信息，可以瞬时到达受众；接收方也可以对接收信息即刻评价，媒体与受众即时互动，中间的时间差几乎没有。

因此，新媒体培养了受众信息消费的新需求——互动需求，受众习惯了能主动地选择信息、对媒体的信息及时反馈、提出自己的要求并发表评论。同时，这种互动需求还表现为受众的表达需求与分享需求。因为受众不但和媒体的沟通变得顺畅，受众之间的沟通也增加了。在新媒体上，受众不但能即时发表评论，还可以同时看到其他受众的评价。尤其是新媒体平台上的各种传播渠道，很多都具有社交媒体的特征，社交媒体是用户社会交往和信息分享的平台，借助这个平台，表达和分享成了受众信息消费的常态，受众间的交流更加频繁。更为重要的是，表达和分享不但是信息消费的过程，也是一种新的信息生产过程。传播者与受传者的界限开始模糊，二者的身份可以随时互换。传统的单向线性传播变成了双向网式互动，信息不是线性传播而是网状扩散。

第二，对信息的移动需求。

"手机开启了移动数字传播的温饱时代，平板电脑等将移动传播升级到小康时代，但这些都只是移动传播时代的开始"（彭兰，2012a）。移动终端和移动需求相互促进，共同成长。据 Mary Meeker 发布的《2013 年互联网趋势报告》数据显示，移动流量在全球网络流量中的比例一直呈上升趋势，从 2008 年的不足 1% 到 2013 年的 15%，预计未来还会有更大的增长。优土集团董事长古永锵声称，2014 年优酷在移动端的流量已经超过了 PC 端流量。种种迹象表明，受众对信息的移动需求，已经伴随着移动终端的发展茁壮成长起来了。

第三，对信息的即时需求。

移动终端的增加还养成了人们随时在网、即时消费的习惯。麦克卢汉（1964/2000：1-5）曾经认为媒介是人体的延伸。事实上，手机、IPAD 等移动媒体正在成为人的眼睛、耳朵、嘴巴，成为人的器官的一部分，变成了人的外化；无线网络 Wi-Fi 等技术的发展，让人们通过移动终端的互联互通更加流畅。利用微博、微信等工具，人人都成为一个自媒体，在互联网上传播并接收信息，各种 App 服务在 24 小时不间断地提供着各种服务，新闻、资讯、美食、天气，只要你想，随时都可以从网络上享受服务，人们的即时需求大大地增加了。

其次，用户具有多样、个性的信息需求。

第一，对信息内容的多样化需求。

在多元化的社会，社会分层显著，人们很难再有共同的爱好和认同，像以往那样亿万人民同看一张报纸的时代早已一去不复返，媒体受众实现了从大众向分众的转移。年龄代沟、性别区分、区域差异、行业壁垒日趋显著，不同人群都有自己特殊的信息需求，除了与自己利益切身相关的经济、政治上的需求之外，还有个人兴趣、性格和情感喜爱等多方面的需要。这决定了他们会根据个人及所属群体的喜好来加以选择信息和媒体，受众对信息内容的需求空前地多样起来。

同时，新技术释放了受众的信息需求，使得其对信息内容的要求越来越多样，如中国网民的网络应用就涉及信息获取、商务交易、交流沟通、网络娱乐等各个方面，网络新闻、即时通信、网络购物等已成为生活的常态。

更加重要的是，受众对能够深入满足生活需求的信息和媒介应用更加青睐。以网络购物为例，由于电商满足了用户足不出户就能购物的需求，因此被许多人使用。还有很多被用户装在电脑和手机中的应用软件，如提供天气信息的墨迹天气、提供导航搜索的百度地图、提供交通出行信息的滴滴打车等，这些软件正是因为满足了用户的某一个需求而存在。可以说，因为丰富、便捷和高效，受众已经习惯了凡事都通过网络和手机安排自己的生活，或者说，受众的各种信息需求被搬上了新媒体，得到了最大的释放。

第二，对信息内容的个性消费需求。

从大众化到小众化，从产品到服务，从一般消费到个性消费，中国用户的消费需求经历了几多变迁。个性消费，就是消费的产品具有个人特征，能够彰显消费者的个性。

社会、经济和技术的发展是个性消费出现的外在原因。社会进步彰显了人的主体性，这种主体性得到了市场的逐步重视；经济高速发展，生产模式更加精细，市场更加细分，消费者逐渐占据主导地位，产品的异质性和多样化得到了充分的体现；数字技术的发展，为个性消费提供了技术支持，这些共同促进了个性消费的发展。受众自身的消费心理是个性消费的内在原因，尤其作为市场消费主体的80后、90后、00后，从小生活在彰显个性的年代，这种渴望与众不同的消费倾向越加明显。

事实上，在媒介市场领域，个性化的消费需求作为一种趋势，已成为信息内容消费的常态。Mary Meeker2014年互联网研究报告就显示了消费者的个性消费趋势，并指出为了满足这种需求，为用户设立个人档案的做法在不少公司内出现。在中国，许多网友通过社交媒体参与网络剧的剧情讨论和设计，影响剧情的发展。尼葛洛庞帝于20世纪末就宣布了后信息化时代的根本特征是"真正的个人化""大众传播的受众往往只是单独一人"（尼葛洛庞帝，1997：191）。

三、电视和视频网站提供的满足获得和满足机会

前面的研究从形式和内容两个方面分析了受众需求，其实，形式对应着满足机会，内容对应着满足获得，明晰了电视和视频网站在需求的形式和内容上各自的特点，也就明晰了二者目前的竞争现状。那么电视和视频网站在提供受众的满足获得和满足机会方面各自表现如何？

首先，受众的需求趋向互动性、即时和移动化，事实上是突破了时空的限制，实现随心所欲的信息消费。受众的满足机会很大程度上取决于受众所处的时空维度，那么，媒介所能够提供的满足机会的大小就在于多大程度上打破时空的限制，从而提供受众在不同时空中的信息消费需求的机会，即媒

介在满足受众需求方面的便捷性。满足机会"代表着媒体的一种能力,满足机会越大,表明媒体越能在更多时空环境中满足受众的更多需求"(王春枝,2009:125)。在打破这种时空限制方面,新媒体具有优势。Dimmick 的研究表明,在新旧媒体的对比中,可以清晰地看到满足机会与时间使用之间的联系。电视作为传统媒体,具有固定的时间表,人们只能按照其提供的时间表,固定地收看节目,从而限制了人们分配休闲时间的自由,相比而言,新媒介或提供了更多的选择,简而言之,新媒介可以提供更多满足机会。而视频网站依托互联网,作为新媒体,在打破这种时空限制方面优于电视媒体。它把海量的内容集成在了网络上,只要硬件设备达到了,受众可以随时、随地、随心地观看,尤其是手机等移动终端的发展,使得这种时空便捷性更加明显。

在本书对受众的访谈中,发现受众对视频网站的一个高度一致的评价就是:"方便",即在视频网站上可以很方便地找到自己想看的节目,可以很方便地观看这些内容,不用受时间空间的限制。如 Y 先生告诉笔者:"有些视频,别人看了之后给我推荐,我就会去寻找。一般都是在视频网站上寻找,比如说中央电视台有什么节目,我错过了没有看到,然后我就会去网上搜,如果不错,也会推荐出去分享。"H 女士则告诉笔者:"我比较喜欢看访谈类的节目,如《鲁豫有约》,我经常会主动在视频网站上寻找这些节目来看,既能避开电视上观看过程中插播的广告,还可以不用守着固定的时间看。"

同时,通过视频网站还可以实现互动交流,以视频网站推出的弹幕功能为例,它满足了年轻一代受众在观看视频时"不只看,还想说"的欲望,即交流互动的需求。受众 Y 女士告诉笔者她首次使用弹幕的经历:

深度访谈 4(Y 女士,某高校研究生,网龄 11 年)
  我特别喜欢看《格雷医生》,以前看的人特别多,大家可以在线下交流。但是后来许多视频网站上都没有这个剧了,我就到 A 站(AcFun 弹幕视频网)①上看，因为(线下)看的人太少了，没有办法和大家交流，我就打开弹幕看别人的评论，当碰上特别熟悉这个剧的人发表评论，他们会从一个剧情联系到之前的剧情，我看剧时的情绪就会和他们发生共鸣，我自己也发过弹幕，挺好玩的。

在乐视网《极速看懂芈月传》的节目中，笔者也发现了这一现象：播放节目时，打开弹幕，一句话飘出："有人吗?"结果后面一批评论跟进："有""HELLO""哈哈哈"等，然后提问的网友很欣喜："居然不是我一个人在看。"于是，在看节目的同时，互动和沟通也在同步进行。某视频网站销售管理人员G先生认为："用户对互联网视频内容和传统电视最大的区别就是，我不光看，还要说。说的时候还不能耽误看，这是一种很奇特的交互方式，虽然这种交互方式对许多网友来说有点不太适应。"

确实，在笔者受众访谈的时候，发现并不是所有的受众都习惯这一功能，很多人没有使用过甚至有人并不知道有弹幕功能。但是，这确实代表了未来的一种社交方式，属于更年轻受众的社交，即在线社交、虚拟社交。

"网络技术和网络传播对时间和空间边界的侵入和突破，颠覆和重塑了传统媒介的阅读空间和视听时间，打破和淡化了信息传播和信息接受的原先界限，使得传统上以时间和空间为主要参数的传播体系转变为以消费偏好为主要参数的互动体系"(邵培仁，杨丽萍，2010：289)。依托新技术的视频网站，在满足受众互动、即时、移动的信息消费需求方面，视频网站确实具备更多的竞争优势。

其次，受众还具有多样化与个性化的信息需求，在这方面视频网站也具

---

① AcFun 是中国大陆的一家主要关于游戏、动画的弹幕式视频分享网站。AcFun，即 Anime Comic Fun。该网站开设于 2007 年 6 月，最初为动画连载的网站，2008 年 3 月做出了弹幕式播放器。目前 AcFun 在 Alexa 的统计中世界排名为 736，中国排名为 105。百度百科：http://baike.baidu.com.

有优势，视频网站提供给了受众更多的选择机会，在某种程度上实现了从传统电视的"有什么就看什么"到如今的"想看什么有什么"。Y女士告诉笔者，自己特别喜欢看美剧，但是电视上播出的美剧太少，所以她只能在视频网站上观看。X女士则告诉笔者："我学绘画专业，主要是陶艺方向，很多时候我想看一些美术教程，在电视上是不会有的，但是在优酷上，我一般都能找到这些资料，许多专业类的视频可能都是作者自己录的放在网上的。"可见，视频网站比电视提供了更多个性化、专业化的小众内容，某视频网站销售管理人员G先生认为："视频网站吸引受众的核心价值不仅在于内容比电视更丰富，更在于视频网站的内容提供给用户更多的选择。"

同时，技术手段可以帮助视频网站实现个性化服务：

深度访谈1(G先生，某视频网站营销管理人员，从事互联网销售工作7年)

个性化优势是在于一方面你给他一两百、两三百个内容让他选。另外一个是通过技术手段，了解这些用户的收看习惯，如具体推送的内容就不一样，换句话说我们网站主页的部分内容每个人看到的是不一样的。我们PC端的视频软件，打开软件看到的内容每个人的都是不一样的，这就是基于大数据的推送技术，它会有选择性，把个性化形成正向循环。首先，用户喜欢选择，其次，通过他的选择我知道他喜欢什么，我给他更多的更适合他的选择，他就会更喜欢选择。他就会利用更少的选择时间，把观看时间留在视频收看上，如此不断地滚动，形成了正向循环。

另外，商业视频网站的内容生产方式也为满足用户多样、个性的需求创造了条件。目前许多商业视频网站在网络自制剧和网络综艺节目的内容生产方面较多地使用了"边拍边播、传受互动"的生产模式，即用户参与、网站制作，这是UGC和PGC两种生产模式的结合，一方面，UGC提供话题和丰富的内容源，PGC对其进行优化与包装；另一方面，PGC诸多的生产环节均有

UGC 参与和传播（常江，何天平，2015）。以乐视网的《十周嫁出去》为例，该网站内容原创事业部管理人员 G 女士对笔者介绍了该节目的制作情况：

深度访谈 2（G 女士，乐视网原创事业部管理人员，从事媒体工作 7 年，从事互联网工作 2 年）

我们的节目是现在有一个女明星安又琪站出来说：我要花十周的时间嫁出去，谁愿意跟我来相亲，大家可以在网站上报名，结果报了几千个适龄的单身男青年，然后网友票选这几千个人，谁每周排到了前十名，安又琪就在这前十名里面选三个去约会，其中排名第一的不用安又琪选，直接跟她去约会，所以约会的人是由互联网产生的，到底安又琪跟谁去约会是由网友主导的，然后网友还会在网站上给出建议，希望安又琪怎么样约会。这个节目虽说是一个周播 60 分钟的节目，但它每周还有一到两次直播，直播内容要么是安又琪、要么是男嘉宾、要么是跟安又琪一道参加节目的闺蜜，然后和婚恋专家一起分享安又琪上一周的约会，哪些地方好，哪些地方出现了什么问题，今后怎么注意。因此节目整个过程跟网友是完全实时互动的，所以这个节目从头到尾，第一是观众可以在各个层面高度参与，第二是它可以对节目的走向有自己的话语权，可以以各种各样的形式参与到节目的录制过程中去。

通过对《十周嫁出去》的制作过程的了解，我们不难发现，视频网站这种"边拍边播、传受互动"的生产模式，是不断地在节目内容产品中打上用户的烙印，令用户参与对内容产品的设计和制作，用户参与 UGC 的过程，就是表达用户需求的过程，也是用户需求得以满足的过程。

总之，在多样和个性的用户需求越来越受到重视的今天，受众已经成如托马斯·弗里德曼口中的"自助型消费者"，在以自己的喜好"量身定做产品"（托马斯·弗里德曼，2009：367），老少皆宜的内容满足用户需求的程度已经大大降低了，但是电视媒体不论是体制上还是媒介特性上对这一变化的反应是迟缓的甚至是无能为力的,相反商业视频网站的嗅觉和速度则灵敏得多,某视频网站销售管理人员 G 先生认为:"网络视频是点播的,点播就意味着用户可以有非常大的选择,视频网站没必要在一个节目里面兼顾老少皆宜和雅俗共赏,这个节目可以做得很雅,那个节目就可以做得很俗。一个节目可以专门给小孩子看,另外一个节目就可以专门给中年人看,让用户在无限的平台上各取所需就可以了。"商业视频网站内容运作的市场化机制和新媒体的传播特性决定了用户可以在媒体平台上"各取所需",充分满足了受众多样、个性的消费需求。

  以上的分析,从生态位的角度来理解,在满足受众需求这一功能上,视频网站比电视具有更大的功能生态位宽度。事实上,CNNIC 早期的调查数据也充分支持了以上结论:2008 年,视频网站由快速发展期进入了网站整合期,市场格局逐渐稳定,有了一定的市场空间和稳定的用户,CNNIC 于第二年进行了一次网络视频用户的调研,如下图,研究报告显示,68.2%的用户认为网络视频自主性更强,同时节目内容多样、观看更加方便等也是受众观看网络视频的原因。由此可以看出,无论是在满足需求的内容还是在满足需求的便捷性方面,视频网站都比电视略高一筹。

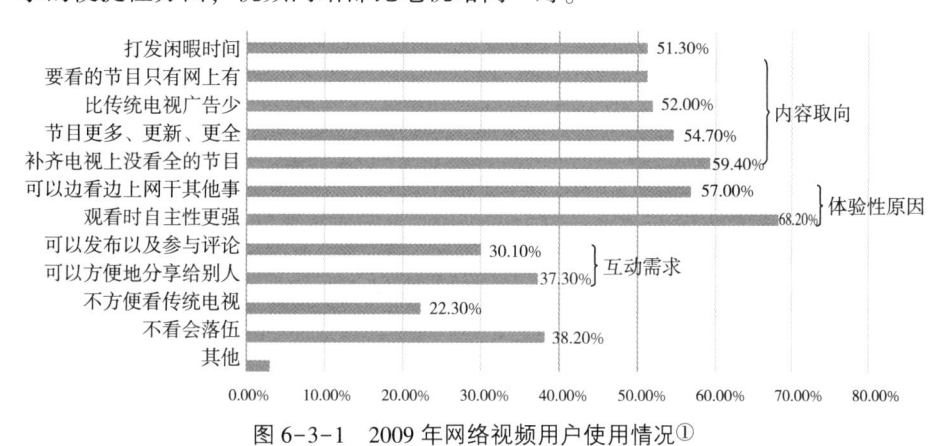

选项	比例	分类
打发闲暇时间	51.30%	内容取向
要看的节目只有网上有		内容取向
比传统电视广告少	52.00%	内容取向
节目更多、更新、更全	54.70%	内容取向
补齐电视上没看全的节目	59.40%	内容取向
可以边看边上网干其他事	57.00%	体验性原因
观看时自主性更强	68.20%	体验性原因
可以发布以及参与评论	30.10%	互动需求
可以方便地分享给别人	37.30%	互动需求
不方便看传统电视	22.30%	
不看会落伍	38.20%	
其他		

图 6-3-1 2009 年网络视频用户使用情况①

---

 ① 图表来源:中国互联网络信息中心.2009 年中国网民网络视频应用研究报告[R/OL].[2010-04-08].https://www.cnnic.cn/n4/2022/0401/c124-894.html.

最后，必须要指出的是，虽然商业视频网站在受众所表现出的新的需求（无论是形式上还是内容上）趋势方面更具有优势，但是我们也不能不看到，本书研究开展阶段电视媒体在受众资源方面仍然占有相当的优势，这说明电视在受众资源维度仍然占据了独特的生态位，具有商业视频网站不可替代的功能。在本书的受众访谈过程中，随处可见支撑这一观点的论据。如面对"电视和视频网站比较起来，您觉得哪一个使用起来更方便、更舒适？"这一问题时，受众的回答惊人的一致：

深度访谈 4、5、6、7、8、9

H先生：电视网站屏幕更大更舒适，清晰度更好且无卡顿，视频网站可以回看比赛、电影等，使用起来更方便。

L先生：视频网站更方便一点，毕竟视频网站能够及时地更新内容，可以选择的余地更大一些，比如我可以选取播放自己想看的电视剧的任意一集，而看电视只能被动的，即播放什么只能看什么，最多只能选频道而已。但看电视可以坐在沙发上，边喝茶边聊天，舒适度就更强一些。

X女士：说方便性的话，肯定是视频网站更方便，舒适度则肯定是电视最舒适。

H女士：看电视时是家里人在一起，会有一些讨论，心理上感觉很舒服。从观感的角度看，电视会比较好一些。虽然视频是高清的，但是毕竟电视和电脑屏幕的大小和比例是不一样的。视频网站第一是方便，第二是可以随意搜索的。虽然说现在也有网络电视可以搜索，但是很麻烦，用遥控器去播像手机那样的按键，速度很慢，而且内容也会受到一些限制，比如只有买了爱奇艺的会员才能看爱奇艺的节目。

Y女士：电视屏幕很大，可以和家人一起看，视频网站的内容很多，搜索起来很方便，还可以拖着看。

W女士：我平时用视频网站更多一些，因为能更方便地搜索自己喜欢的节目。但是吃饭的时候，在客厅聊天的时候，还是看电视更舒适些。

Y先生：网络视频可以随时随地看，更方便。电视我们一般都是固定的在家，电视上看的话，有这么一种状态：坐在沙发上很轻松，面对电脑去看视频会有一些疲劳，正如在电视上看电影，不如到电影院观看电影一样。

同样，在谈论到对具体的节目类型的需求时，虽然不同的人喜欢的节目类型有所区别，但是通过电视和视频网站观看的内容类型基本是一致的，一般都是通过电视观看新闻，通过视频网站观看影视剧：

深度访谈5、6、7、9

X女士：我一般通过电视看新闻和综艺节目，影视剧大部分的时间是网上看。因为影视剧一看就要连着看，娱乐节目就是偶尔看一下，碰上就看一下，碰不上就不看了，新闻时每天吃饭的时候电视就开在那里，你看与不看都得看。

L先生：我比较关心国内外的形势，所以看电视观看新闻类的多一些，电视播新闻基本上能保持最新，而视频网站内容更加丰富。

W女士：我爱看影视剧，自己一个人的时候，喜欢在视频网站上看，因为用平板或笔记本更方便；要是人多的话，通常就是电视上看，屏幕大，在客厅看更有气氛。我觉得视频网站的节目更多、更全一些，更能满足我的需要，但是电视在生活中也是必要的，平时吃饭时看看新闻也很好。

H女士：对我来说，新闻类的在电视上看得比较多，在网上看得比较少的原因是费流量，因为看了文字新闻后，就没必要去看视频新闻了。除非是特别重大的事件，比如国庆节阅兵直播，还有一些突发事件，你肯定会特别关注去看一下视频。在网站上看电视剧的话，为了节省流量，我一般会下载观看。我在视频网站上看得最多的还是综艺类节目。

　　Y先生：我觉得视频网站和电视的分工比较明确。我看电视主要是看娱乐和新闻，如果接触不到电视的话，需要看新闻就通过手机，看文字和图片新闻，一般不会在视频网站上看视频新闻。我很少看影视剧，但有时候会在电脑上看，因为电视上的节奏比较慢，而电脑上可以跳着看，甚至可以直接跳到结尾。视频网站内容更丰富，但是电视的节目质量和权威性更高，所以，看高端精良的节目，我会选择电视。一般的内容就选视频网站，因为它很方便。

　　可见，受众普遍认为电视的屏幕更大，内容更清晰，观看起来更舒适，更适合与家人一起观看，这些都是电视吸引受众的独特之处。大部分受众仍然会在电视上观看新闻节目，而且认为电视上的内容更加权威和制作精良，而影视剧节目则较多通过视频网站观看。也就是说，电视在满足受众的新闻需求和制作精良的节目内容需求方面，比视频网站具有更加大的竞争优势。

本章小结

　　本章主要在受众的规模和结构、受众的时间花费维度对电视和视频网站的受众资源生态位进行实证量化分析，以此来洞悉二者在受众资源维度的竞争现状，同时利用深度访谈等方法从受众满足获得和满足机会角度对以上竞争现状进行解释。

　　研究发现，二者受众生态位的情况如下：首先，2009年至2014年，无论是电视还是视频网站，其受众的规模都表现出持续走高的态势。受众消费时间则显示，受众对电视的时间消费正越来越少，对网络视频的消费越来越多。其次，从生态位宽度看，电视在受众年龄、受教育程度微观维度的生态位宽度较大，在受众收入维度，电视生态位宽度偏小。视频网站的情况为：

在受众收入、受教育程度微观维度的生态位宽度较宽,在受众年龄维度的生态位宽度不大。再次,从生态位重叠度看,除了在受众受教育程度维度竞争较为温和,二者在受众年龄、受众收入方面的竞争都很激烈。最后,从竞争优势方面,无论从受众资源的哪个微观维度,电视目前都保持对视频网站的竞争优势,但是这种竞争优势正逐渐降低,相反,视频网站对电视的竞争优势在逐年提升。

同时,研究还发现,从消费信息的形式和内容两个角度来看,受众的需求表现出如下新的趋势:形式上,受众消费信息的方式表现为互动(表达与分享)、移动、即时三个特征;内容上,受众需要的信息内容表现为多样、个性的特征。在满足如上受众需求这一功能上,视频网站由于突破了时空限制、具有强互动性、内容海量、"边拍边播、传受互动"的内容生产方式等特点,因此比电视具有更大的功能生态位宽度。但是,本书也发现,电视在受众资源维度仍然占据了独特的生态位,具有商业视频网站不可替代的功能。事实上,通过访谈发现,受众普遍认为电视的屏幕更大,内容更清晰,观看起来更舒适,更适合与家人一起观看,并且认为电视上的内容更加权威和制作精良,即电视在满足受众的新闻需求和制作精良的节目内容需求方面,比视频网站具有更加大的竞争优势。

第七章　广告竞争：电视和商业视频网站广告资源分析

无论是电视媒体还是视频网站，盈利模式仍以广告收入为主，广告在媒体的总收入规模中占据绝对比重，因此广告是二者生存发展的重要资源，也是二者竞争的重要资源之一。那么电视和视频网站在广告资源方面的竞争关系如何？随着时间推移，二者的广告竞争表现出何种发展趋势？接下来本书将进行广告资源生态位的分析。

第一节　整体总量分析

首先，来看广告收入的总体情况。

下图显示的是电视从2009—2014年的广告总额变化情况，由此可知，电视的广告总额自2009年以来一直呈稳步增长趋势，截至2014年达到了27236562万元。

图7-1-1　2009—2014年电视广告总收入

其次，视频网站的广告收入情况如下图，数据显示，网站的广告收入自 2009 年以来一直在快速增长，自 2011 年以来，视频网站的广告收入实现了总额的爆发式增加，2015 年较 2011 年广告收入增长近 5 倍。

2009—2015年视频网站广告总额

年份	广告总额（万元）
2009	58614
2010	95920
2011	181617
2012	303537
2013	428436
2014	649913
2015	976839

图 7-1-2　2009—2015 年视频网站广告总收入

从电视和视频网站的广告总量发展上来看，电视的广告体量远远大于视频网站，就 2013 年数据而言，电视的广告总额是视频网站的近 55 倍。2009 年以来，二者的广告收入都实现了增长，不同的是二者的增长率，视频网站的增长速度明显大于电视，整体上来看，并不能清晰地判断二者在广告资源维度上的竞争现状，还需要接下来更加细致的分析。

第二节　广告生态位分析

广告资源是电视和视频网站市场竞争的主要资源，通过总量分析，我们从宏观上不难看出电视的广告体量仍然远远大于视频网站，那么二者在这一资源维度的具体竞争状况如何呢？本书通过对二者在这一维度的生态位宽度、生态位重叠度和竞争优势的测量，说明二者的广告竞争现状。在这一章中，本书试图从静态角度出发和动态角度出发，回答如下问题：1. 电视媒体和视频网站的广告资源生态位宽度是多少？二者广告资源生态位宽度的历时变迁表现出何种趋势？2. 电视媒体和视频网站对广告资源竞争的程度是激烈还是温和？随着时间推移，二者竞争程度表现出了怎样的变化趋势？3. 电视媒体和视频网站在广告资源维度哪一个更具生态位竞争优势？随着时间推移，上述竞争优势会不会发生改变？会发生何种改变？

本书的分析维度：Dimmick 把广告资源这一宏观维度进行了进一步的细分，他将电视广告分为全国性广告、地方性广告和定点式广告三种，将报纸广告划分为全国性广告、地方性广告和分类广告三种。对此，强月新、张明新（2009）认为，Dimmick 对传媒广告资源微观维度的分类过于简略，并提出了按照广告行业来源定义广告资源微观维度的方法："我们认为此种划分（迪米克的划分方式）相对粗略，不利于深入考察。"探索传媒广告资源生态位，可以从广告收入的行业来源展开。"广告是附属性行业，高度依赖其他行业的发展，各行业的广告投放构成了广告业存在的基础。因而广告的行业结构是衡量媒介广告利基的重要维度"（王春枝，2009：54）。因此，通过分析前人研究成果，本书沿用中国学者强月新、张明新和王春枝的广告资源维度细分方法，按照行业来源进行分类和考察。

本书的数据来源：笔者收集了 2009—2015 年各行业对视频网站的广告投放数据，数据来源为艾瑞市场咨询公司。同时通过《中国广告年鉴》，收集了 2009—2014 年间全国主要行业对电视媒体的广告投放数据。需要指出的是，艾瑞咨询和广告年鉴对广告行业的划分标准并不一致，为此本书进行了调整，重新制定了行业分类标准；同时，不管是艾瑞咨询还是广告年鉴，2010 年以来的分类标准也发生了变化，如 2010 年以后，广告年鉴公布的行业从 11 类增加到了 19 类，增设了农资、烟草、美容业、招生招聘、医疗器械、金融保险、酒类、服装服饰 8 大行业，而艾瑞咨询在 2010 年增设了办公用品类，并且 2010、2011 两年还增加了烟草类。为了保持数据的统一性、可比性和提高测算结果的准确率，本书放弃了 2009 年和 2015 年的数据，并对原始数据进行了技术处理，主要为：1. 主要考察 2010—2014 年间电视和视频网站的广告生态位。2. 对电视广告，2013 年新增的旅游、教育、出入境中介、批发和零售服务、收藏品、设计、制作、代理、发布 9 大行业，分别归入教育及招生招聘、服务业和其他类。把 2013 年的化妆品行业和化妆品及卫生用品行业合并，2013 年的信息传播、软件及信息技术服务视为信息产业。3. 对视频网站广告，烟草、办公用品、家居装饰归为其他类。网络服务类、通信服务类、IT 产品类合并为信息产业类。本书调整后新的行业分类标准以及与电视和视频网站广告行业分类标准的关系如下①：

表 7-2-1　广告投放的行业分类标准

新的分类标准	电视媒体广告投放行业分类	网络视频广告投放行业分类
药品及医疗服务	药品、医疗器械、医疗服务、保健食品	医疗服务
化妆品及卫浴用品	化妆品	化妆浴室用品
教育及招生招聘	招生招聘、教育	教育出国
酒类及食品饮料	酒类、食品	食品饮料
服装服饰	服装服饰	服饰、个人用品
家用电器	家用电器	消费类电子类
汽车交通	汽车	交通
金融服务	金融保险	金融服务
信息产业	信息产业	IT 产品、通信服务、网络服务
服务业	服务业、美容业、旅游、批发和零售、出入境中介、设计、制作、代理、发布	零售及服务、娱乐及消闲
房地产	房地产	房地产
农资	农资	工农业
其他	其他、收藏品、烟草	其他、家居装饰类、办公用品类、烟草

---

① 其中教育(2013)、旅游(2013)、批发和零售(2013)、出入境中介(2013)、设计、制作、代理、发布(2013)、收藏品(2013)是指 2013 年新增加的几类行业。

一、生态位宽度

生态位宽度是用来测量媒介所利用资源的种数和集中程度的指标，如果生态位宽度较大，则媒介在同样的环境下可以利用的资源比较充分，并且对各种资源的利用也比较均衡，属于"资源宽用型媒体"(generalist media)，因此适应环境的能力就比较强，更可能在群落中取得优势地位。相反，如果生态位宽度过小，就属于"资源窄用型媒体"(specialist media)。生态位宽度反映的是媒体资源利用的多样化水平。生态位宽度的计算公式为：$B = \dfrac{1}{\sum_{j=1}^{n} p_j^2}$

其中，B 表示生态位宽度，在对广告资源的测算中，p_j 表示来自行业 j 的广告收入在总广告收入中所占的比重。$1 \leqslant B \leqslant n$，$n$ 表示媒体广告收入的行业来源总数。下表是电视媒体和视频网站的广告收入行业来源数据。

表 7-2-2 2010—2014 年电视媒体广告收入的行业来源数据（单位：万元）

年份 分类标准	2010	2011	2012	2013	2014
药品及医疗服务	1400585	2028282	1925718	1373685	1849666
化妆品及卫浴用品	983402	929108	1575956	2900883	2900427
教育及招工招聘	44059	69204	67886	159373	194190
酒类及食品饮料	1289543	1536996	2084888	2302446	3167710
服装服饰	220263	272977	357334	303904	309508
家用电器	290368	371072	709444	649805	626786
汽车交通	360725	503239	717430	724539	839702
金融服务	68083	146279	410868	371389	307899
信息产业	200377	252919	242094	265985	300293
服务业	264487	565409	952003	11602022	13432118
房地产	348477	692011	621202	693510	1081672

续表

分类标准\年份	2010	2011	2012	2013	2014
农资	36242	49021	60819	48341	68438
其他	1291654	1562716	1597085	2128532	2158153
总计	6798265	8979233	11322727	23524414	27236562

表 7-2-3　2010—2014 年电视媒体广告收入的行业来源分布比例(单位:%)

百分比\年份	2010	2011	2012	2013	2014
药品及医疗服务	20.60	22.59	17.01	5.84	6.79
化妆品及卫浴用品	14.47	10.35	13.92	12.33	10.65
教育及招生招聘	0.65	0.77	0.60	0.68	0.71
酒类及食品饮料	18.97	17.12	18.41	9.79	11.63
服装服饰	3.24	3.04	3.16	1.29	1.14
家用电器	4.27	4.13	6.27	2.76	2.30
汽车交通	5.31	5.60	6.34	3.08	3.08
金融服务	1.00	1.63	3.63	1.58	1.13
信息产业	2.95	2.82	2.14	1.13	1.10
服务业	3.89	6.30	8.41	49.32	49.32
房地产	5.13	7.71	5.49	2.95	3.97
农资	0.53	0.55	0.54	0.21	0.25
其他	19.00	17.40	14.11	9.05	7.92
总计	100	100	100	100	100

表 7-2-4　2010—2014 年视频网站广告收入的行业来源数据(单位：万元)

分类标准\年份	2010	2011	2012	2013	2014
药品及医疗服务	6871	12838	15787	24019	37947
化妆品及卫浴用品	10324	25373	46945	66013	123517

续表

年份 分类标准	2010	2011	2012	2013	2014
教育及招生招聘	924	1827	4218	5787	4935
酒类及食品饮料	12400	21929	57566	96561	133117
服装服饰	13536	21667	25237	32770	56459
家用电器	2149	5655	8373	11695	27630
汽车交通	6047	15326	28352	41088	67331
金融服务	1060	2147	4874	6182	9800
信息产业	31975	51414	63671	85401	107234
服务业	9582	21701	44450	52914	67272
房地产	172	538	1828	2915	3826
农资	44	170	547	561	2859
其他	836	1032	1689	2530	7986
总计	95920	181617	303537	428436	649913

表 7-2-5 2010—2014 年网站广告收入的行业来源分布比例(单位:%)

年份 分类标准	2010	2011	2012	2013	2014
药品及医疗服务	7.16	7.07	5.20	5.61	5.84
化妆品及卫浴用品	10.76	13.97	15.47	15.41	19.01
教育及招生招聘	0.96	1.01	1.39	1.35	0.76
酒类及食品饮料	12.93	12.07	18.97	22.54	20.48
服装服饰	14.11	11.93	8.31	7.65	8.69
家用电器	2.24	3.11	2.76	2.73	4.25
汽车交通	6.30	8.44	9.34	9.59	10.36
金融服务	1.11	1.18	1.61	1.44	1.51
信息产业	33.33	28.31	20.98	19.93	16.50
服务业	9.99	11.95	14.64	12.35	10.35
房地产	0.18	0.30	0.60	0.68	0.59

续表

分类标准\年份	2010	2011	2012	2013	2014
农资	0.05	0.09	0.18	0.13	0.44
其他	0.87	0.57	0.56	0.59	1.23
总计	100	100	100	100	100

表 7-2-6　2010—2014 年电视和视频网站广告生态位宽度

生态位宽度\年份	2010	2011	2012	2013	2014
电视 B 值[1, 13]	6.8343	7.2388	8.1332	3.5361	3.5403
网站 B 值[1, 13]	5.5801	6.4055	6.8986	6.7144	7.1430

分析 2012 年的数据，电视和视频网站的总广告收入分别为 11322727 万元和 303537 万元，电视和视频网站的生态位宽度分别为 8.1332 和 6.8986，由于生态位宽度的取值为[1, 13]，因此，电视媒体和视频网站的生态位宽度都不大，这说明电视和视频网站当年对资源的利用相当窄化，而电视对各行业的广告资源利用稍好于视频网站。对行业进行分析发现，其中电视广告收入中酒类及食品饮料、药品及医疗服务、其他、化妆品及卫浴用品、服务业，位列 2012 年广告投放行业的前 5 名，占比分别为 18%、17%、14%、13.9%、8.4%，占据了广告电视投放总量的近 72%，可见在 13 个投放广告的行业中，电视过于倚重以上 5 类行业。

而视频网站的情况更加严重，2012 年信息产业、酒类及食品饮料、化妆品及卫浴用品、服务业、汽车交通行业分居广告投放的前 5 名，占比分别为 21%、19%、15%、14.6%、9.3%，总比重高达 79%，可见视频网站对以上 5 类产业的广告投入依赖过重。

在 2013 年情况出现了较大的改变：电视的生态位宽度突然大幅度下降，直接从 8.1332 降到了 3.5361，这主要是由于 2013 年电视广告增加了许多服务类的行业，服务业的比重过大，从而引起的广告资源利用不均衡（过于依赖服务业）造成的，数据显示2013—2014年服务业在电视广告收入中的比例均将近50%。而视频网站2013—2014年则没有出现较大的广告生态位宽度改变，2014年视频网站的生态位宽度有所增加，但是7.14的数值表明网站对广告各行业资源的利用仍不够多样化。

对2010—2014年电视和网站历年间的生态位宽度进行考察，则发现电视的生态位宽度分别为6.83、7.24、8.13、3.54、3.54，从2010年到2012年一直是在缓慢增加，而2013年出现下降，但整体的B值仍旧偏小。张明新（2011：167）曾经对1999—2008年中国媒体广告资源维度的生态位宽度进行测算，得出的结论为：整体上，电视的生态位宽度较为稳定，取值较高，属于广告资源利用的泛化媒体。当年的主要投放广告的行业为10类，即B值最大取值为10，而10年间电视的平均广告生态位宽度的值为7.88。可见2008年以前的电视对各行业的广告资源利用较充分。而2009年以来，广告投放的行业来源虽然有所增加，但是数据表明，电视的广告生态位宽度却没有相应地提高，因此电视有从资源宽用型媒体转变为资源窄用型媒体的趋势。而视频网站5年间的生态位宽度分别为5.58、6.40、6.90、6.71、7.14，发展处于缓慢上升趋势，从2013年开始，其生态位宽度超过电视。电视和视频网站的广告生态位宽度历年变化如下图：

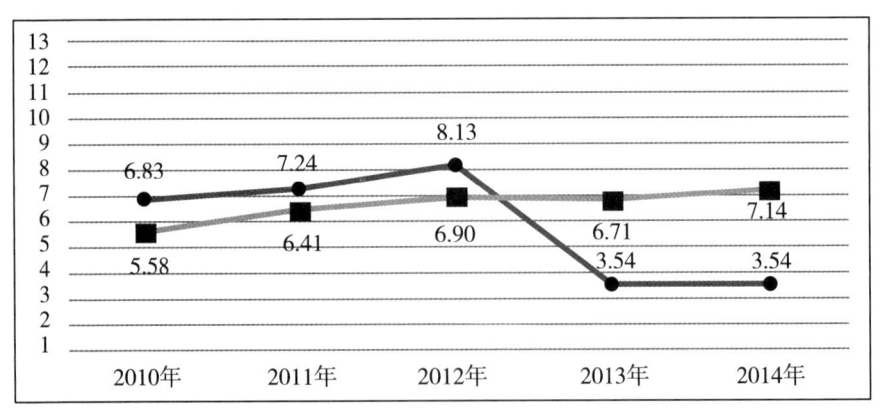

图7-2-1 2010—2014年电视和视频网站广告生态位宽度

二、生态位重叠度

生态位重叠度测量的是两个或两个以上物种在生态位上的相似性，表征的是物种对同种资源的共同利用程度。资源有限的情况下，生态位重叠度越高（注意此时重叠度的值越小），种群间的竞争程度越激烈。生态位重叠度的计算公式：

$$O_{i,j} = \sum_{h=1}^{n}(p_{i,h} - p_{j,h})^2$$

在广告资源维度的测算中，i、j分别代表电视和视频网站，h代表投放广告的行业，$p_{i,h}$或$p_{j,h}$代表电视或视频网站来自行业h的广告收入在广告总收入中的比例，$0 \ll O_{i,j} \ll 1$，$O_{i,j}$越小，表明电视和视频网站在广告资源方面的竞争越激烈，当$O_{i,j}=0$的时候，竞争达到最激烈的状态。当$O_{i,j}=1$时，则完全不存在竞争。因此，生态位重叠度的数值和竞争的激烈程度是成反比的，即生态位重叠度的值越小，生态位的重叠度越大，二者的竞争越激烈。

下图显示电视和视频网站5年来的生态位重叠度的数值变化：

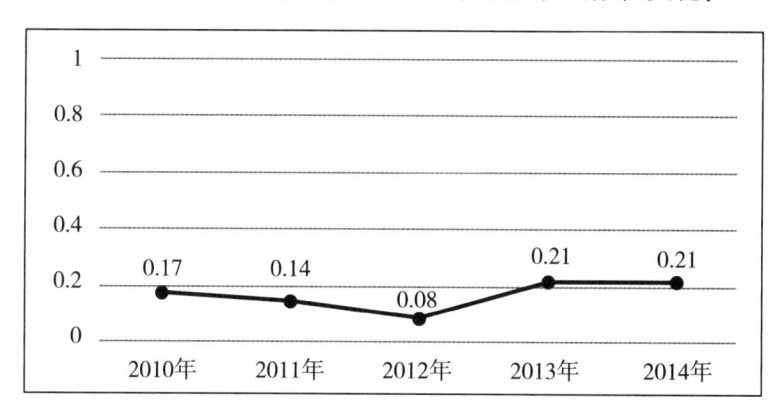

图7-2-2 2010—2014年电视和视频网站的广告生态位重叠度

由以上数值发现，电视和视频网站2010—2012年间广告生态位重叠度的数值一直处于下降趋势，2012年以后数值有所增加，但总体上5年间的生态位重叠度的数值一直偏小。由于生态位重叠度的数值和竞争的激励程度成反比,这说明 5 年来电视和视频网站对广告资源的竞争现状十分激烈。

通过对 2013—2014 年的行业数据进行分析,发现两年间电视和视频网站的广告收入排名前 5 的行业中,有 3 个是重合的,如下表,分别为服务业、化妆品及卫浴用品、酒类及食品饮料,可见二者广告资源竞争的激烈程度。

表 7-2-7   2013—2014 年电视和视频网站广告收入排名前 5 的行业

行业排名	2013 年		2014 年	
	电视媒体	视频网站	电视媒体	视频网站
1	服务业	酒类及食品饮料	服务业	酒类及食品饮料
2	化妆品及卫浴用品	信息产业	酒类及食品饮料	化妆品及卫浴用品
3	酒类及食品饮料	化妆品及卫浴用品	化妆品及卫浴用品	信息产业
4	其他	服务业	其他	汽车交通
5	药品及医疗服务	汽车交通	药品及医疗服务	服务业

三、竞争优势

生态位的竞争优势对于解释竞争现象有重要意义,因为"从区位宽度与区位重叠度的公式、面向,只能看出族群的竞争情形,但是却不能从中比较出两个族群孰优孰劣的问题,而区位优势可以弥补这个缺点,其可用来判断两个族群之间,何者较具优势,何者处于劣势"(张意曼,陈柏宏,2003)。竞争优势的计算公式为:

$$\alpha_{AB} = \frac{T_B}{T_A} \left[\frac{\sum_{K=1}^{n} \left(\frac{f_{AK}}{f_K}\right)\left(\frac{f_{BK}}{f_K}\right)}{\sum_{k=1}^{n} \left(\frac{f_{AK}}{f_K}\right)^2} \right]$$

在对广告资源的竞争优势比较中,α_{AB} 代表以媒体 A(文中指电视)的广告资源使用为基准,种群 B(文中指视频网站)对 A 在某广告资源的生态位竞争优势,T_A 代表种群 A 的广告总收入,T_B 代表种群 B 的广告总收入,f_K 代表两个媒体在行业 K 上的总收入,f_{AK} 或者 f_{BK} 代表 A 或者 B 在行业 K 上的广告收入,$f_K = f_{AK} + f_{BK}$。

表 7-2-8　2010—2014 年电视和视频网站生态位竞争优势

年份	2010	2011	2012	2013	2014
电视对网站(α_{AB})	839	488	303	354	248
网站对电视(α_{BA})	0.0003	0.0006	0.0010	0.0007	0.0013

数据显示,电视 5 年来在广告资源生态位方面一直占据绝对的竞争优势,而视频网站则式微。但是 2010 年以来,电视的竞争优势整体上逐年大幅度下降,到 2014 年已经由竞争优势 839 的高峰值下降到了 248,相反,网站的竞争优势则呈现整体逐年上升的趋势。虽然电视仍具有竞争优势,但如何进行新媒体转型是其亟须考虑的问题,而随着在行业中的地位和话语权逐年提升,作为视听新媒体,视频网站则需要考虑如何在行业规范下更加健康有序地发展。

通过对以上数据的分析,本书考察了 2010—2014 年间中国电视和视频网站的广告资源维度的生态位变迁趋势,从而对开头提出的三个问题进行了回答。让我们重新回顾这三个问题,并总结一下答案:

我们的问题是:1. 电视媒体和视频网站的广告资源生态位宽度是多少?二者广告资源生态位宽度的历时变迁表现出何种趋势?2. 电视媒体和视频网站对广告资源竞争的程度是激烈还是温和?随着时间推移,二者竞争程度表现出了怎样的变化趋势?3. 电视媒体和视频网站在广告资源维度哪一个更具生态位竞争优势?随着时间推移,上述竞争优势会不会发生改变?会发生何种改变?

我们的答案是:第一,5 年间,电视媒体和视频网站的生态位宽度都不大，二者都过于依赖 13 类行业中的某几类特定行业，如电视过于依赖服务业、化妆品及卫浴用品、酒类及食品饮料、药品及医疗服务行业；视频网站过于依赖信息产业、酒类及食品饮料、化妆品及卫浴用品、服务业，整体上视频网站的生态位宽度较为稳定，基本保持上升的趋势，而电视在 2012 年以前也保持平稳上升趋势，但 2013 年以后发生了不小的变化。

第二，5 年间，电视媒体和视频网站的生态位重叠度的数值一直不大，2010—2012 年间呈现数值不断下降趋势，2013—2014 年间数值有所回升，5 年间均值为 0.16，这说明电视和视频网站对广告资源的竞争十分激烈，并且二者在服务业、化妆品及卫浴用品、酒类及食品饮料行业的广告竞争最激烈。

第三，5 年间，电视媒体对比视频网站具有绝对的竞争优势，但是随着时间的推移和视频网站的逐步成熟，这种优势正在急剧下降，而视频网站的竞争优势则不断地增强。

第三节 广告传播特征分析

前面的内容，本书使用量化研究方法，分析了电视和视频网站在广告资源维度的竞争现状。研究发现，截至 2014 年，电视媒体仍然保持其广告竞争优势，但是这样的优势正逐步降低，而视频网站的优势则逐年增加。接下来本书将采用质化分析研究方法，通过文献整理和深度访谈，进一步分析存在以上现象的深层次的原因。我们将从媒介广告传播特性的角度分析具体原因。

一、电视的广告传播特征

广告主在广告决策时，一个重要环节就是进行媒体选择，即广告主根据本行业的特性和自身的广告目标，选择"最接近受众、有效受众数量最多、对受众影响力最大的媒体"（陈卫星，1999）。那么广告主是怎么样做媒体选择的呢？一般而言，要在群落（地理市场）、种群（产业）、个体（企业或组织）、个体的位置等几个方面做考虑：第一，群落，即地理市场，广告想要开拓哪里的市场？想要吸引哪个区域的受众？如果是中国市场，就要寻找中国媒体，如果是北京市场，就要重点关注北京的媒体。第二，种群，即不同的媒介产业。报纸、广播、电视、杂志、网络等可以细分为不同的媒介产业，广告主要根据自身的广告目标，选择不同类别的媒介。第三，个体，即作为企业或组织的不同媒体，如电视媒体行业中，分为很多个电视台，广告主需要具体选择一家。第四，位置，媒体会提供不同的版面和时段，供广告主播放广告，如在已经选中的电视台上，广告主需要选择在哪个时段做广告。如上几个选择的层次，都是十分必要和重要的步骤。

那么广告主在广告媒介选择中最看重的是什么呢？是广告与媒体的契合程度，即要寻找在受众定位、产品品牌、广告特性、广告目标市场等方面最能符合广告主要求的媒体。"契合"主要体现在四个方面：第一是与受众的契合，即广告主会选择那些受众与自己产品消费者一致的媒介；第二是与媒介品牌方面的契合，指广告主的产品品牌形象与媒介品牌形象对位；第三是与媒介传播特征的契合，即媒体的传播特征要符合广告创意和广告目标的需要；第四是投放广告的产品目标市场与媒介覆盖地区的契合（王春枝，2009：59-60）。

可见广告主面对电视和视频网站两种类型的媒体，在选择的时候会考虑受众、品牌、媒介特征、覆盖范围等多种因素。通过前面的数据分析，虽然视频网站近年来得到了快速发展，并且在广告资源上不断地挤压电视媒体的空间，但是，目前来看电视媒体仍然保持一定的竞争优势，而电视吸引广告主的特征主要体现在电视的权威性和高覆盖率。

首先，电视的高覆盖率。电视媒体历经多年的发展，已经形成了一个十分完善的信息传输网络，形成了中央、省级、城市、县级的四级传播体系，具有很高的全国综合人口覆盖率。虽然视频网站也可以通过判断用户的 IP 地址等判断用户地域，针对一些具有很强地域性的本地广告主提供服务，但是视频网站的用户主要集中在大城市，受众多为年轻人，职业以学生为主，无疑其人口的覆盖率远远不如电视媒体。也就是说，针对地方市场的广告投放，视频网站的受众规模不足，而针对全国性广告，视频网站的覆盖地域面积不足，就如"巧妇难为无米之炊"一样，虽然技术可以帮助准确定位广告用户，但前提是广告需要锁定的用户必须存在。某视频网站销售管理人员 G 先生2016 年 1 月接受本书访谈时，提到广告业务的核心是覆盖度和准确度，他认为："电视媒体的竞争优势之一是覆盖度，电视的覆盖范围广泛，刚出来的互联网人口统计报告，整个互联网用户才不过 6.68 亿，即视频网站的受众满打满算总共才近 7 个亿，而电视媒体受众有十几个亿，虽然在北京这样的一线城市二者受众规模之间基本上持平，但从全国的情况看，电视媒体在受众覆盖方面还是有明显的竞争优势。"

其次，电视媒体的权威性。相较于作为新媒体的视频网站，电视属于传统媒体，而传统媒体所共有的一个明显特征就是权威性，这种权威性是由两个方面决定的（王春枝，2009：68）：第一，传统媒体有着规范的价值标准和操作体系，奉真实性为第一生命，拥有专业的采编队伍，他们具有掌握和分析处理信息的专业能力，赢得了受众的尊重和信赖，是公众获取资讯的重要渠道。第二，在中国，传统媒体属于国家管理，担负着对国家形象、国家政策的宣传任务，是党和人民的"耳目喉舌"，具有独特的政治属性。以上两点使得电视比视频网站具有更强的权威性和严肃性，从而达到"社会地位赋予的功能"（郭庆光，1999：115），对产品的品牌形象的建设具有更大的帮助。

消费者特征会对媒介的营销传播效力产生影响，戴维·W. 斯图尔特、保罗斯·帕夫洛和斯科特·沃德（2002/2009：263）认为，受众对媒介的态度、受众使用媒介时的参与度等受众特征是影响营销传播效果的重要因素。有研究证实，个体对媒介中的营销传播的反应取决于他们对该媒介工具的态度。个人对媒介的态度与他对媒介的信任度尤为相关。当个人充分信任某个媒介时，那么他对该媒介的态度就是积极的，由此他对媒介的营销传播的反应也是积极的。而电视媒体的专业性、权威性以及公信力正可以增加受众这样的信任度。

因此，广告主选择自己发布产品信息的平台时，更愿意选择权威性高的媒体，尤其是以品牌建设为诉求的广告产品，即媒介的品牌形象要和广告主的品牌形象对位。对媒介权威性要求的程度根据广告主的行业特点有所不同：酒类、药品类广告客户更注重媒介权威性，如酒类广告客户，他们更愿意去捕捉政商人群，而政商人群在电视上的密集度比在网络电视上的密集度要高一些。相反，食品、化妆品这些领域对权威性的要求低一些，特别是知名的化妆品和食品，当然保健食品除外。

二、视频网站的广告传播特征

自 2006 年以来，随着视频网站的用户逐步增加，视频网站的广告投放在互联网广告中的比重也越来越大，并且随着视频网站的发展越来越成熟，其在锁定广告目标、广告与营销方式、广告传播效果方面有了不同于传统媒体的全新表现。

首先，受众定位精准。网络是一种直销媒体，"可以有效地、有针对性地量化地直达经过细分的目标客户群体"（布莱恩·卡欣，哈尔·瓦里安，2000/2003：65）。那么视频网站的直销性表现在哪里呢？无疑是受众定位的精准，即视频网站的广告传播比电视媒体更加精确。

视频网站可以利用大数据等新兴技术，对受众精准区分，面向目标消费群体直接传播。某视频网站销售管理人员 G 先生认为电视的广告传播优势在于覆盖度，而视频网站的广告传播优势则在于准确度："一般而言，18—35 岁的受众人群是 80%~90% 的商业广告所面向的人群，在互联网视频中这部分人群的比例要远远高于电视。更进一步，利用大数据等技术，互联网广告还可以做得更精准。比如，可以专门针对 20—30 岁的女性人群进行广告投放,也可以找到专门买汽车的人群投放广告。"

那么如何精准定位广告受众?答案无疑是技术。科技的发展,织就了一张大网,把所有的用户网罗其中,在规则允许的情况下,洞悉用户的一举一动成为可能。而电视媒体和视频网站哪一个会成为优秀的织网人呢?目前来看,很明显视频网站比电视媒体更善于利用技术的优势,实现对用户数据的分析。以某视频网站为例,该网站内容管理人员 G 女士表示:

深度访谈 3(G 女士,某视频网站内容管理人员)

作为一家具有媒体基因的技术型公司,我们认为研发最好的技术,提供给网友最好的服务是第一位的。我们可以通过技术,根据受众的职业、年龄、背景等特征投放广告。比如,西安的一个男性一周之前曾经搜索过 SUV 的汽车,那么可能在他看《花千骨》的时候,在他打开的页面中我们向他推送的都是最新款的 SUV。然后,一个女孩可能在深圳搜索过香奈儿最新款的香水,那么在她看《花千骨》的时候,我们推送给她的都是香奈儿最近的新品,依赖技术的进步,我们可以做到定点、定区域、定人群、定频次,进行不同的广告的推送。

其次,广告与营销形式多样。在视频网站平台上发布的广告,主要有传统互联网广告和视频类型的广告。前者如文字链、通栏、弹出窗口等,属于占位式的广告;后者如贴片广告、内容植入等,属于多媒体广告。这说明视频网站既可以像门户网站一样经营网页形式的广告,又可以像电视一样经营视频形式广告(谷干,2012),也因此在广告形式上更加多样化。

同时,除了硬广告之外,网络视频的营销方式也在不断变化,如植入类和活动类营销的增多。以植入式广告为例,"植入式广告,是指在电影、电视、歌曲、MV、网络游戏、网站等媒介上将广告内容与媒介内容有机融合的一种广告形式,具有目的性、有偿性、隐匿性等特征"(喻国明,丁汉青,李彪等，2012：3）。目前，网络自制剧和微电影成为广告植入的常见载体，从而丰富了视频网站的广告形式。

2014年被称为网络自制剧元年，从2014年开始，包括优酷土豆、爱奇艺、腾讯视频、乐视、搜狐视频等在内的主流在线视频企业均加大了对自制剧的重视与投入力度。据骨朵传媒数据统计，2014年全年达到了374部、5263集的总生产规模，更是有《万万没想到》《灵魂摆渡》《暗黑者》等现象级作品频现。

网络自制剧具有高回报、高互动、易于内容营销等优点，有利于塑造企业品牌形象，并且可以强化用户忠诚度。据艾瑞咨询分析指出：大部分网络剧存在制播合一的现象，故在线视频媒体能为广告主提供包括常规广告、植入广告、冠名赞助甚至定制剧等更为多元及一站式的营销服务。并且网络剧的制作和播出具有较大的灵活性，能够很好地配合广告主其他的营销计划，使广告主实现更好的营销效果。某视频网站原创事业部某管理人员G女士表示："互联网的容量是无限的，这为植入式广告和定制剧提供了发展空间，目前视频网站有很多植入式广告和定制剧的案例，都取得了不错的效果。"

最后，广告传播互动性更强。"新媒介使消费者和营销者之间以及消费者之间能够进行更加广泛的互动"（斯图尔特，帕夫洛，沃德，2002/2009：270）。传统电视广告的传播是线性的，广告主购买电视广告时段，电视台播放广告，广告被观众观看，整个传播过程很少有反馈和互动，电视台、广告主和观众之间基本隔离。而网络视频广告不同，在视频网站上的广告传播行为，可以实现广告主和受众的及时互动，这主要表现在广告主和受众信息的双向沟通、受众与受众消费信息沟通：即一方面受众可以充分了解广告主发出的产品信息，另一方面广告主可以及时掌握受众的接收信息，同时受众和受众之间的也可以进行消费体验的互动。而传统的电视广告，往往完成的只是第一个方面。

第一，受众充分了解广告信息。与网络视频节目内容一样，视频网站的广告信息不受时空和容量的限制。"传统的电视广告,往往局限于某一特定区域内的传播,而且受广告排期限制,与受众的接触存在一定的偶然性,很容易错过目标群体,使广告主不得不频繁地刊播以增强信息覆盖范围和广告接触率"(王春枝,2009:64)。而网络视频的广告存在于互联网上,时间非常灵活,只要点开节目,广告信息就可以到达,可以实现24小时不间断地传播,并且在网页上可以充分展示产品性能,为需要广告信息的受众提供服务。

第二,在互联网上,各个视频网站的广告投放数据都是可以在后台跟踪测量的,广告主可以随时监控交易的结果、分析消费者的偏好、调整信息和促销策略,并能够根据目标消费者以往的在线行为、地理位置及人口统计信息向他们传送不同内容的广告。

第三,受众在浏览广告以及产品体验之后,可以通过各种社交媒体把产品信息传播给更多人,通过"口口相传"的口碑传播,提高营销传播效果。

广告传播的互动性能够提高受众在传播过程中的参与度。参与度一般是指的消费者与特定媒介或信息互动的程度。有研究表明:参与度越高的媒介在传递产品信息方面越有效。在高参与度的情况下,受众在处理和记忆广告信息的过程中,会展开更多的思考,尤其是对自身相关的商业信息的思考(斯图尔特,帕夫洛,沃德,2002/2009:268)。很明显,电视是一种"低参与度"的媒介,而视频网站的参与度相对较高,因此,在一般情况下,视频网站在传递产品信息方面更加有效。

这种有效性可以通过视频网站广告能够激发直接消费行为得到证明。视频网站能够提供给消费者"瞬间完成交易的沟通渠道"(斯图尔特,帕夫洛,沃德,2002/2009:272),实现广告信息到消费行为的直接转化。视频网站与电子商务网站联姻是实现广告到消费的基础,常用的做法是在网络广告中提供直接进入产品销售页面的链接,受众点击后进入电子商务网站,从而实现节目和电子商务的结合。还有一种更加有效的做法是在节目内容中出现的产品与销售结合起来。如2010年爱奇艺推出的"视链"技术就具有这种功能,

2015年2月该技术推出升级版"Video out",数据显示,使用该技术的商品广告点击率提升了十余倍(爱奇艺:2015)。总之,视频网站利用各种数字技术,实现了对受众的精准定位和促发了消费行为,从而提高了自身的竞争优势。

通过以上的分析,发现电视和视频网站在广告资源方面存在着激烈的竞争,这种竞争是由于二者在广告资源上的生态位过于接近造成的。在广告传播特性方面,二者各有优缺点:电视的优势在于高覆盖率和权威性,视频网站的优势在于精准性和互动性等,以上二者的广告传播特性是造成二者目前广告竞争现状的主要原因,即电视的广告传播特征使得电视在广告竞争中处于竞争优势,但是很明显在广告传播特性上视频网站具有更大的发展潜力,因此虽然电视一直保持着竞争优势,但是随着时间的推移,这种竞争优势在逐渐减弱。

本章小结

本章利用实证量化方法从电视和视频网站的广告总规模,以及广告行业收入来源的微观维度对二者的广告生态位进行分析,从而洞察2010—2014年二者在广告资源维度的竞争现状,同时利用深度访谈法等,从广告传播特征方面分析,对竞争现状进行原因解读。研究发现:

首先,从电视和视频网站的广告总量发展上来看,电视的广告体量远远大于视频网站。2009年以来,二者的广告收入都实现了快速增长。

其次,对2010—2014年中国电视和视频网站的广告资源维度的生态位分析发现:第一,5年间,电视媒体和视频网站的生态位宽度都不大,二者都过于依赖13类行业中的某几类特定行业,如电视过于依赖服务业、化妆品及卫浴用品、酒类及食品饮料、药品及医疗服务行业;视频网站过于依赖信息产业、酒类及食品饮料、化妆品及卫浴用品、服务业,整体上视频网站的生态位宽度较为稳定，基本保持上升的趋势，而电视在 2012 年以前也保持平稳上升趋势，但 2013 年发生了不小的变化。第二，5 年间，电视媒体和视频网站的生态位重叠度的数值一直不大，均值为 0.16，2010—2012 年间呈现数值不断下降趋势，2013—2014 年间数值有所回升。这说明电视和视频网站对广告资源的竞争十分激烈，并且二者在服务业、化妆品及卫浴用品、酒类及食品饮料行业的广告竞争最激烈。第三，5 年间，电视媒体对比视频网站具有绝对的竞争优势，但是随着时间的推移和视频网站的逐步成熟，这种优势正在急剧下降，而视频网站的竞争优势则不断地增强。

最后，分析电视和视频网站的广告传播特性：第一，电视具有高覆盖率和信息权威性的广告传播特征。第二，视频网站的受众定位更精准、广告与营销形式多样、广告传播互动性更强，可以帮助广告主跟踪测量广告投放数据、使受众更充分了解广告信息、激发受众直接消费行为。

第八章　短视频平台：种群媒体生态位分析

本章将利用生态位理论，分析短视频平台的资源利用情况。由于短视频广告资源微观维度的数据收集比较困难，因此对短视频资源生态位的分析主要在内容资源和受众资源两个维度开展。通过以上的实证分析，综合考察短视频平台的媒体生态位，从而掌握短视频平台在电视生态系统中的情况。

第一节　短视频平台的内容资源生态位

这一节主要考察短视频平台的内容生态位，基本思路如下：首先从历史的角度出发，分析短视频平台内容建设的基本情况，考察短视频平台从泛娱乐、搞笑类视频到教育类、资讯类、美妆类、旅游类、扶贫类等各类短视频内容领域的发展过程；接着对当前短视频内容生态位的横向分析，包括目前短视频平台传播内容的生态位宽度的测算，然后具体到某一种短视频类型的媒体生态位分析。

一、短视频平台内容建设历程

分析短视频平台内容建设的基本情况，考察短视频内容生产从依赖 UGC 到孵化出 MCN 机构，以及内容类型从泛娱乐、搞笑类视频到教育类、资讯类、美妆类、旅游类、扶贫类等各类领域的细分过程。

(一) 短视频平台初期的内容情况

从 2011 年 GIF 快手的诞生、2013 年腾讯微视的推出、2013 年"秒拍"上线、2014 年美拍的出现以及 2015 年"小咖秀"的盛行,短视频平台正式开启了应用开发的早期阶段,"以推广制作工具为主要营销核心,间接诱导用户入驻社区分享内容"(艾瑞咨询,2019:5),社交分享的媒体定位,使得该阶段短视频平台主要的内容生产主体为短视频平台的用户,内容生产模式以 UGC 为主。"冰桶挑战""春节拜年""全民社会摇"等著名营销活动,将短视频市场推到了一个新的高度,短视频用户数和视频内容点击量不断提升。

在短视频内容发展的初期阶段,各大短视频平台的主要内容集中在搞笑、模仿、小片段、明星网红等,视频内容包含的信息量较少。同时,热门内容的产生主要集中在大 V、明星、网红。普通网民由于拍摄技术、分发渠道等的限制,短视频影响力较低,短视频 UGC 的内容质量有待提高(艾瑞咨询,2016)。

(二) 短视频内容建设的 MCN 阶段

2016 年短视频平台进入快速生长期。不断有竞争者加入短视频领域,对优质内容生产者的争夺成为竞争焦点:2016 年,同属于头条系的火山小视频①、西瓜视频正式上线②。同年 9 月"抖音"上线。2016 年传统专业媒体进入短视频领域:新京报的"我们视频"、南方周末的"南瓜视业"、上海报业界面新闻的"箭厂"、浙报集团的"浙视频"、楚天都市报的"楚天视频"等。

2017 年 BAT 先后入局短视频领域:腾讯投资快手;阿里文娱推出 20 亿大鱼计划,宣布土豆视频进军短视频市场;百度投资人人视频、上线好看视频。互联网巨头纷纷入局短视频市场,采用巨额补贴促进内容生产,使得创作者参与热情剧增。

---

① 2020 年,火山小视频和抖音进行整合升级,更名为抖音火山版,并启用全新图标。
② 西瓜视频的前身为"头条视频",于 2016 年 5 月正式上线,次年 6 月,头条视频正式升级为"西瓜视频"。

诸多传统媒体人涉足短视频内容生产，短视频内容的头部创作团队获得资本青睐。Papi酱成为短视频创业代表人物，于2016年3月获得1200万元融资。2016年7月，短视频生产团队"一条"宣布完成1亿元人民币B+轮融资。同年12月，"二更"视频宣布全网播放量达到10亿次（艾媒咨询，2017）。

内容生产端逐渐向短视频MCN机构[①]转型，2016年4月，Papi酱推出短视频MCN机构papitube，何仙姑夫发布贝壳视频等。各大平台也推出相应的支持短视频MCN发展计划：2017年5月，微博正式发布垂直MCN合作计划；2017年9月，美拍开展MCN战略合作计划；2017年11月，今日头条推出MCN扶持计划。2018年中国短视频MCN机构数量超过3000家，作为行业内容生产整合者发挥了更加重要的作用。

（三）短视频平台内容细分化时期

2018年以来，短视频平台的发展进入成熟稳定阶段。行业相关主体进一步细化和完善，产业链发展基本成熟，从内容生产端、短视频平台到短视频用户的生产、传播和消费流程更加流畅。"野蛮生长""抢夺初期平台红利"的现象逐步消失，内容领域的作者逐渐细化、明晰自身定位，向某一专业垂直领域过渡，短视频领域内容愈发垂直细分化（黄楚新，2017）。此时的视频内容涉及美妆、美食、生活方式、资讯、教育等多个领域，一改短视频初期主要是泛娱乐和搞笑内容的情形。

以资讯类短视频为例。随着主流媒体发力布局短视频业务以及用户短视频文化消费习惯的成熟，更加注重内容质量和社会价值的资讯类短视频开始占据愈来愈重要的地位。资讯，即有意义或价值的信息，包括新闻、技术、政策、科学、知识、学术研究、评论、观点和社会动态等方面；资讯类短视

[①] MCN是英文"Multi—Channel Network"的缩写，意即为多频道网络。MCN事实上是一种来源于国外的网红经济运作模式，指的是在资本的推动下，将PGC内容资源整合，以此实现优质内容的持续输出。打造广电MCN已经成为媒体融合转型的重要方向。

频的概念则更加复杂：有研究认为，资讯类短视频是指时长控制在5分钟之内，以传递有效信息为特征的短片视频。其特点可概括为：以互联网为载体；由UGC、PGC或OGC多种主体生产；所传递的信息能为用户带来价值；时长较短，适宜用户在碎片化时间中完成浏览；兼具有社交属性和信息传播属性的叙事工具。具体可以分为新闻报道型、类广告型、素材衍生型、生活记录型、知识分享型等（王一鸣，2018）。类似的界定有"以移动互联网终端为载体，时长在5分钟之内，能够传递有价值的信息且同时具备社交属性的短视频内容称为资讯类短视频"（罗凯佳，2022）。也有研究将资讯类短视频定义为时长在几十秒到三分钟左右，最长不超过10分钟，具有时效性、注重内容真实性，对用户而言有料、有趣、有意义的资讯内容的短视频类型，涵盖传统意义上的新闻短视频（龚婷婷，2023）。

厘清资讯类短视频的概念，需要区分新闻和资讯的关系。虽然有研究对新闻和资讯进行区分，如"新闻相对资讯更强调时效性，而资讯相对新闻更强调目标受众"（吴雨航，2018），但更多的研究认为资讯短视频作为短视频众多垂直领域中的一个类型，其内容范围要广于一般的新闻资讯类短视频（王向军、李晨曦，2019），并开展了针对新闻资讯类短视频的一系列研究，如宋雨琦（2018）指出新闻资讯类短视频是嫁接在短视频这项新技术载体之上催生出的全新的新闻呈现形式，采用UGC、PGC、UGC+PGC等多种内容生产模式，以各类新闻资讯事件为内容，在形态上往往融合语音、视频、文字、音乐等元素，通过社交平台或移动应用终端为渠道分发的一种时长短小的新型视频新闻资讯产品。值得指出的是，针对数字时代新闻行业的职业边界不断消解与溢出的现象，立足于新闻"液化"的背景，有研究认为，资讯短视频是当下"液态的新闻"的一种样态，从而扩大了新闻的边界，将新闻等同于资讯。正因如此，在有些场景下，资讯类短视频与短视频新闻可以互相替换。

2016年11月，资讯类短视频平台梨视频上线。梨视频重视独家原创报道，注重内容的可读性与社会价值。开设了"时差视频""老板联播""微辣

Video"等资讯短视频子栏目，并与多个平台合作，搭建全球拍客网络。2017年，梨视频整改转型，内容上聚焦社会生活、知识、财富、科技、美食、旅行等内容，更关注年轻人的生活、思想和情感，内容呈现多元化和年轻化特征。

同年，梨视频荣获"2017 中国应用新闻传播十大创新案例"。2018 年 4 月，梨视频完成腾讯领投、百度等跟投的 6.17 亿元人民币 A 轮融资。2019 年 8 月底，梨视频与"学习强国"学习平台签署正能量内容传播战略合作协议。

与此同时，传统媒体对短视频内容形式展开探索。《人民日报》、新华社等主流媒体相继开通抖音账号。中央电视台在 2016 年推出《厉害了，我们的 2016 年》《V 观》等系列时政短视频。2019 年以来，全国广电媒体进一步积极实践"移动优先"策略，或者专注内容，或者打造优质短视频的聚合平台，全面布局"直播+短视频"领域。据统计，至 2019 年底，中央、省级和地市级广播电视机构在抖音开设账号 1114 个，西瓜视频开设账号 1082 个，快手账号 241 个。中央广播电视总台的新媒体平台"央视频"、山东广播电视台的"闪电新闻"、浙江广电集团的"蓝媒视频"等，作为传统广电主打短视频的客户端平台，均有优异表现。截至 2020 年，中央、省级广电媒体在短视频领域的初步布局基本完成。

目前，短视频新闻与大众生活的联系仍然在不断加强。在 2021 年 12 月新华智云媒体大脑、新华网客户端和新华网大数据中心首次联合发布的全国县级融媒体中心短视频传播力榜单中，点赞量最高的一条短视频新闻是由甘肃庆城的融媒体账号"爱庆城"发布的，在发布当天便获得了 142.1 万点赞（新华网，2021）。不少短视频新闻的发布能够在短时间内引发受众的高度讨论，并形成新的社会热点，成为互联网世界里不可缺少的一部分。

二、内容生态位解读

(一) 短视频平台内容资源的整体情况

根据《中国微电影短视频发展报告(2018)》的数据，2017—2018年，短视频平台的头部内容主要是新闻、娱乐和生活。在2018年上半年Top100的短视频中，短视频内容的具体节目类型、时长的情况如下：

表 8-1-1　2018 年上半年热播 Top100 短视频类型和时长情况

节目类型	占比(%)	节目时长(分钟)	占比(%)
新闻类	37.2	0—1	11
娱乐类	27.7	1—3	23
生活类	18.6	3—5	33
情景短剧类	5.8	5—8	29
其他	10.7	8—10	4
B 值[1, 5]	3.78	B 值[1, 5]	3.85

2017—2018年，正是短视频平台由快速增长阶段向成熟稳定阶段过渡的时期。此时短视频的内容已经逐步开始细分，视频内容涉及美妆、美食、生活方式、资讯、教育等多个领域，一改短视频初期主要是泛娱乐和搞笑内容的情形。由上表也可以看出，2017—2018年短视频的内容资源种类已经突破泛娱乐等内容，新闻类、生活类等内容开始占据重要位置。从生态位宽度测算的结果来看，B 值为3.78，其中 B 值的取值范围[1, 5]，说明在已有的内容类型中，短视频平台的生态位宽度居中，对内容资源的利用程度还有很大的发展空间。

2019 年以后，短视频平台已经进入内容细分阶段，内容资源多样。据2021年国家广电总局监管中心持续跟踪监测的1543个粉丝量超过100万的短视频头部账号数据，短视频内容涉及众多领域，包括财经、动漫、短剧、风景、搞笑、教育、军事、美食、萌宠、三农、体育等类型。据《中国短视频发展报告(2021)》数据显示，在对13697个综合热度超过100万的短视频进行分析后，发现短视频内容的类型分布情况如下：

表8-1-2　2021年综合热度100万+热播短视频内容类型分布情况

序号	节目类型	占比(%)
1	社会	35
2	时政	12
3	游戏	9
4	随拍	8
5	美食	5
6	影视	4
7	军事	4
8	动画	3
9	搞笑	2
10	历史	2
11	动漫	2
12	音乐	2
13	其他	12
总计		100
B值[1，13]		5.75

通过上表数据可以看出，相较于2017—2018年，2021年的短视频内容类型有了很大的变化：内容领域的垂直细分更加明显，社会、时政等资讯内容仍然占据很大比例，娱乐类的内容更加多样，军事、历史等知识类的内容也不断凸显。通过对短视频内容生态位宽度的测算，B值为5.75(B值的取值范围[1，13])，由于此次测算生态位的数据使用的是综合热度100万+的热播短视频内容数据，因此可以看出，虽然短视频的内容类型越来越多样，但是各个类型短视频内容的影响程度差别很大，从而进一步说明，在对内容资源的利用程度方面，短视频平台还需要继续努力，最理想的状态是在多个领

域，都能够有现象级的内容出现，从而通过不同种类的短视频内容的出圈，吸引更多的受众，提升短视频平台的影响力。

以上通过测算短视频内容的生态位宽度情况，考察短视频平台对内容资源的利用效率。由于内容资源的数据收集存在一定困难，本书无法对 2016 年以来历年的短视频内容资源进行媒体生态位的连续分析。

(二)特殊种类短视频的媒体生态位分析

该部分选取特定类型的短视频内容，分析其内容生态位的情况，从而由面到点，通过特殊类型的短视频内容资源利用情况，从一个侧面反映短视频平台的整体内容资源情况。2019 年以来，网络微短剧发展迅猛，颇受观众喜爱。视听平台、IP 内容版权商、影视制作商、MCN 机构、广告商、衍生产品开发商等纷纷入局微短剧，作为一种新的网络视听文艺形态，其体量轻、节奏快、时长短，业已成为短视频内容领域的又一个新赛道(王禹，2023)，本部分选取微短剧作为研究对象，分析其生态位的具体情况。

微短剧是机构或个人制作、基于 PC 端和移动端传播的，符合一般影视剧拍摄制作逻辑、有明确的主题和主线、故事情节完整的一种新兴网络文艺样态，分横屏和竖屏、有单元剧和连续剧两种形式。关于微短剧的时长并不统一，2022 年国家广电总局界定其单集时长一般在几十秒到 15 分钟左右。

本部分研究的焦点集中在微短剧的题材类型这一微观维度，本书试图通过对微短剧题材这一微观维度的生态位测算，衡量短视频平台对微短剧这一内容资源的利用情况。研究的数据来源是《融合媒体时代短视频内容产业报告》、艺恩视频智库及德塔文《2023 年上半年微短剧市场报告》[①]。

根据上述报告提供的数据，2018—2021 年微短剧的题材类型情况如下：

---

① 数据来源：赵晖. 融合媒体时代短视频内容产业报告[J]. 影视制作，2022, 28(7)：13-42. 赵晖. 融合媒体时代短视频内容产业报告(2022)[J]. 影视制作，2023, 29(5)：13-34. 德塔文影视观察：德塔文 2023 年上半年微短剧市场报告(附二季度报告). https://c.m.163.com/news/a/I90I6LRC0517D4E0.html. 艺恩视频智库：2021 视频内容趋势洞察－微短剧篇. https://www.endata.com.cn/.

2018—2021年微短剧题材类型分布

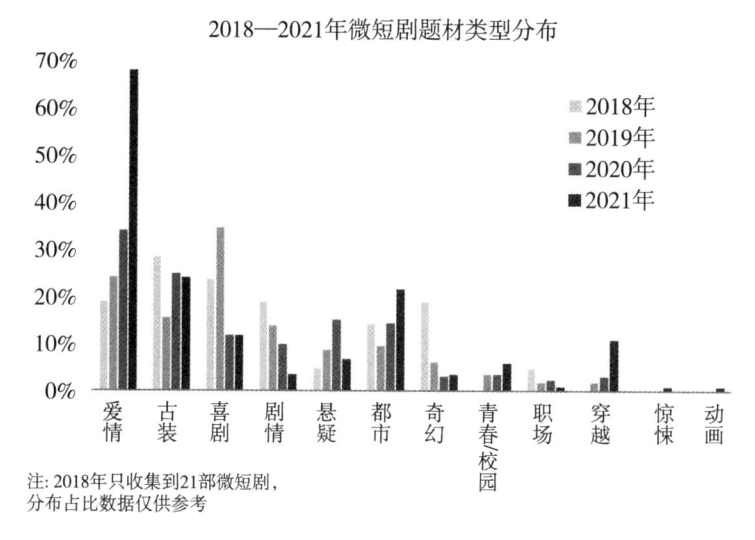

注：2018年只收集到21部微短剧，分布占比数据仅供参考

图 8-1-1　2018—2021 年微短剧题材类型比例分布图

2022 年微短剧的题材类型情况如下：

表 8-1-3　2022 年微短剧题材类型分布表

序号	题材	部数	占比(%)
1	都市爱情	105	38.04
2	古代爱情	61	22.10
3	都市悬疑	17	6.16
4	都市喜剧	16	5.80
5	都市奇幻	13	4.71
6	古代喜剧	12	4.35
7	都市生活	9	3.26
8	古代悬疑	8	2.90
9	古代奇幻	7	2.54
10	民国爱情	6	2.17
11	都市励志	5	1.81
12	古代武侠	4	1.45

续表

序号	题材	部数	占比(%)
13	青春校园	4	1.45
14	都市职场	3	1.09
15	都市动作	2	0.72
16	革命战争	1	0.36
17	民国悬疑	1	0.36
18	体育竞技	1	0.36
19	乡村生活	1	0.36
总计		276	100
B值[1, 19]			4.79

2023年上半年微短剧的题材类型情况如下：

表8-1-4　2023年上半年微短剧题材类型分布表

序号	题材	部数	占比(%)
1	都市	319	66.32
2	古装	70	14.55
3	奇幻	28	5.82
4	青春	18	3.74
5	悬疑	16	3.33
6	喜剧	13	2.70
7	年代	11	2.29
8	科幻	4	0.83
9	农村	2	0.42
B值[1, 9]			2.14

由以上数据可见，2018—2021年间，都市、古装、爱情一直是微短剧的热门题材，尤其是爱情题材，在2021年微短剧数量比例上更是遥遥领先。

2022年，虽然微短剧的题材类型更加多样，但是都市、爱情等题材仍然占有很大的比例，通过对内容生态位的测算，发现B值为4.79，面对1—19的取值范围，B值偏小。2023年上半年的情况并没有好转，都市、古装题材的微短剧分别占比66.32%和14.55%，B值为2.14(取值范围[1,9])。可见，微短剧过于依赖都市、古装、爱情等类型的题材，对内容资源的利用并不充分。

事实上，网络视频领域试水微短剧，可以追溯到2012年搜狐制作的《屌丝男士》和2013年优酷首播的《万万没想到》等内容，随着短视频平台的快速发展，微短剧开始获得广泛关注，2019年以来，国内的微短剧市场发展迅猛。除了抖音、快手等短视频平台，爱优腾芒网络视频平台也纷纷开始着手布局微短剧市场。2021年腾讯视频发布微短剧品牌"十分剧场"，芒果TV在2022年推出了"大芒App"，前后推出了十余部作品。同时抖音、快手也纷纷推出"短剧新番计划""星芒计划"，向微短剧方向发展。《中国网络视听发展研究报告(2023)》显示，微短剧成为视听新"势"力，2021—2022年微短剧上线数量显著提升，在抖音、快手、芒果TV、腾讯视频、B站等平台的助力下，微短剧在2022年迎来了空前的繁荣发展。

根据国家广电总局公开数据，以及国家广电总局重点网络影视剧信息备案系统显示，2022年微短剧备案数量显著提升，全年备案数量从2021年的398部上升至2775部；2022年上线的重点网络微短剧从2021年的58部上升到172部。其中，芒果TV推出的微短剧《念念无明》，共18集，总计时长200多分钟，该剧首播当日便收视破亿，豆瓣评分达8.0，成为口碑收视双向爆款。

在内容方面，微短剧一直以爱情、古装、都市题材为主，同时悬疑、民国、惊悚、乡村等新题材不断涌现。根据美兰德数据统计，2022年都市题材以105部占据首位，古装题材以92部占据第二位，其中优酷、腾讯视频、芒果TV长视频平台的古装类型微短剧分别占比35.1%、30.4%、41.5%。2023年上半年都市题材以319部遥遥领先，占据第一。古装以70部占据第二位。

2022年悬疑猎奇类微短剧不断增多,在B站、芒果TV、腾讯、优酷分别占比50%、12.20%、26.10%、22.80%。

由于爱情、甜宠、古风、都市等题材多为女性受众喜爱,因此女性向作品一度占据微短剧市场主流。微短剧内容对题材的选择过于集中,充分说明了该领域对女性用户的重视。但是,这也凸显出微短剧过于迎合女性视角、忽略男性对于微短剧需求的问题,以及对内容资源利用不足的缺点。根据CSM2022年的《短视频用户价值研究报告》,看过微短剧的短视频用户占比高达78.6%,超过八成短视频用户表示未来会观看或有可能观看微短剧。可见男性用户也是微短剧的巨大受众群体,随着微短剧市场竞争逐渐激烈以及男性对微短剧消费需求的增加,微短剧对男性向的内容开发也应更加重视。如明星李现主演的悬疑类型剧《剩下的11个》,是国内首档明星个人软科幻悬疑微短剧,也是微短剧市场上难得一见的男性向题材作品(赵晖,2023)。同时,CSM报告还显示,对都市生活、喜剧类内容的用户期待占比居前两位,均超过30%;对探险类、科幻类、历史类、职场类微短剧的期待占比均超过25%,可见在对内容资源的利用方面,保持已有题材类型的用户黏度,同时创新题材类型,寻找内容资源的差异化,对未来的微短剧发展是一个不错的选择。总之,面对日益激烈的竞争,内容资源应该如何布局,已经成为微短剧亟须思考的问题。

第二节 短视频平台的受众资源生态位

这一节主要考察短视频平台的受众生态位,主要对已有报告的数据展开分析,考察受众的规模和结构情况,受众的时间花费和受众满足获得和满足机会的情况,并对短视频用户的使用需求和心理展开研究。

一、受众的规模与结构分析

根据《中国互联网络发展状况统计报告》《中国网络视听发展研究报告》的

数据显示，2018年以来，短视频行业用户规模和使用时长均呈现爆发式增长态势，历年来的用户规模数据如下图：

2018.6—2023.6短视频用户规模

年月	用户规模（亿人）
2018.6	5.94
2018.12	6.476
2019.6	6.476
2020.3	7.73
2020.6	8.18
2020.12	8.73
2021.6	8.88
2021.12	9.34
2022.6	9.62
2022.12	10.12
2023.6	10.26

图 8-2-1 2018-2023 年短视频用户规模

从图 8-2-1 可以看出，除了 2019 年上半年短视频用户的规模略有降低之外，自 2018 年以来，短视频的用户规模基本呈现出快速增长的态势，至 2023 年 6 月，已经达到了 10.26 亿人次。根据第 52 次《中国互联网络发展状况统计报告》显示，网络视频用户总计 10.44 亿人，其中短视频的用户规模已经几乎等同于网络视频用户，占比高达 98%，用户使用率为 95.2%，表明短视频作为重要的网络娱乐类应用，其作用不可或缺。

接下来，本书继续沿用 Dimmick、张明新、王春枝等前人的研究思路，在受众的年龄、性别、受教育程度、收入等微观维度上对受众资源进行生态位的实证分析。本部分中的数据来源主要包括：2019 年的《中国网络视听发展研究报告》，该报告中公布了 2018 年短视频用户的年龄、性别、收入、学历等结构性数据；中国传媒大学赵晖教授发表的《融合媒体时代短视频内容产业报告》，该报告中提供了 2021、2022 年的短视频用户的性别、学历、年龄、收入等相关数据，以及 CSM《短视频用户价值研究报告》中关于年龄结构的相关数据。

（一）受众年龄生态位分析

表 8-2-1　2018—2022 短视频用户的年龄构成及占比情况①

年份 年龄	2018 用户规模（亿人）	2018 百分比（%）	2019 用户规模（亿人）	2019 百分比（%）	2020 用户规模（亿人）	2020 百分比（%）	2021 用户规模（亿人）	2021 百分比（%）	2022 用户规模（亿人）	2022 百分比（%）
10—19	1.10	16.9	1.18	18.2	1.53	17.6	1.23	13.2	1.39	13.7
20—29	1.85	28.5	1.86	28.8	2.17	24.9	1.71	18.3	1.82	18.0
30—39	1.73	26.7	1.61	24.8	2.16	24.7	1.99	21.4	2.14	21.1
40—49	1.12	17.3	1.01	15.6	1.62	18.6	1.84	19.7	1.94	19.2
50 岁及以上	0.69	10.6	0.82	12.7	1.24	14.2	2.56	27.4	2.84	28.1
总计	6.48	100	6.48	100	8.73	100	9.34	100	10.12	100
B 值 [1, 5]	4.50		4.59		4.79		4.72		4.73	

通过表格 8-2-1 可以看出，2018—2022 年间，短视频的受众年龄生态位的情况一直较为稳定，并且 B 值取值较高。这说明短视频各个年龄段的受众开发比较均衡，没有过度依赖某一个年龄层的情况发生。以 2022 年为例，10—19 和 20—29 岁这两个年轻群体在所有短视频中的比例分别是 13.7% 和 18%，两者之和即青年群体占比 31.7%；30—39 和 40—49 分别为 21.1% 和 19.2%，两者之和即中年群体占比 40.3%，50 岁及以上的比例为 28.1%。因此，目前短视频平台在受众年龄维度方面属于资源宽用型媒体。

同时不难看出，短视频用户主力为中青年群体，显示出年轻化的特征，而在最近两年，受众年龄生态位的情况发生如下变化：首先，高龄人群增加，50 岁及以上用户占比从 2018 年的 10.6%，到 2022 年的 28.1%，高龄人群持

---

① 数据来源：中国网络视听节目服务协会．《中国网络视听发展研究报告》[R]．北京：中国网络视听节目服务协会，2019．中国广视索福瑞媒介研究（CSM）．《短视频用户价值研究报告》[R]．北京：中国广视索福瑞媒介研究，2018—2022．

续上升。其次，低龄用户数量规模可观。2018 年以来 10—19 岁用户占比一直与 40—49 岁用户占比不相上下。以上情况也在《融合媒体时代短视频内容产业报告》中得到了印证，如表 8-2-2。该报告对短视频用户年龄的统计标准更加细化，我们可以看出 2021 年 4—19 岁用户占比 7.8%，2022 年快速增长到 16.5%。60—74 岁用户占比分别达到 9.9% 与 11.2%，保持增长趋势。

表 8-2-2　2021—2022 短视频用户的年龄构成及占比情况①

年龄 \ 年份	2021 用户规模（亿人）	2021 百分比（%）	2022 用户规模（亿人）	2022 百分比（%）
4—12	0.12	1.3	0.11	1.1
13—19	0.61	6.5	1.56	15.4
20—34	2.69	28.8	2.84	28.1
35—49	3.33	35.6	2.88	28.5
50—59	1.64	17.6	1.59	15.7
60—74	0.92	9.9	1.13	11.2
75 岁以上	0.04	0.4	0	0
总计	9.34	100	10.12	100

随着网络技术的快速发展以及手机等移动电子设备的普及，为低龄及高龄群体的上网提供了便利。根据《第 51 次中国互联网络发展状况统计报告》显示，2022 年 50 岁及以上网民群体占比由 2021 年 12 月的 26.8% 提升至 30.8%，互联网进一步向中老年群体渗透，短视频用户中银发群体占比逐年递增。其次，短视频能够满足老年群体获取信息、了解社会的需求。因此，老年用户日益增多，他们借助短视频获取新鲜资讯，拥抱快速发展的智媒时代。

短视频的用户人群更加普及，说明短视频在对受众资源的利用方面比较好，但是高龄和低龄人群的加入，也带来了一些问题：青少年、中老年群体

---

① 数据来源：赵晖. 融合媒体时代短视频内容产业报告[J]. 影视制作，2022，28(7)：13-42. 赵晖. 融合媒体时代短视频内容产业报告（2022）[J]. 影视制作，2023，29(5)：13-34.

沉迷短视频；部分老年人容易掉入保健品等诈骗陷阱；老年人对电子设备陌生，难以熟练使用短视频 App；短视频平台内容繁杂，部分内容不适合未成年群体观看，或不符合老年人的需求。

针对上述问题，短视频平台应积极优化：一方面，开展"适老化"改造，开发适合老年人需求的产品和服务，例如抖音的"长辈模式"可以将字体调大，页面更简洁，帮助老年人解决使用难题，符合老年人的浏览习惯。另一方面，面对传播谣言、诱导消费等现象，短视频平台应加强审核机制，推送健康向上的内容，减少负面信息的推送，给青少年及老年群体一个干净健康的网络环境。

此外，提高青少年的媒介素养，防止沉迷手机也是短视频发展路上至关重要的一环。2023 年国家广电总局要求加强短视频管理，防范未成年人沉迷。抖音的"青少年模式"对使用时长、使用时段、使用功能进行了严格限制，过滤了不适合青少年观看的内容，净化了短视频的内容，预防青少年沉迷短视频。

（二）受众性别生态位分析

表 8-2-3　短视频用户的性别构成及占比情况[①]

年份 性别	2018 用户规模（亿人）	2018 百分比（%）	2021 用户规模（亿人）	2021 百分比（%）	2022 用户规模（亿人）	2022 百分比（%）
男	3.43	52.9	4.61	49.4	5.07	50.1
女	3.05	47.1	4.73	50.6	5.05	49.9
总计	6.48	100	9.34	100	10.12	100
B 值[1, 2]	1.99		2		2	

---

① 数据来源：中国网络视听节目服务协会：《中国网络视听发展研究报告》[R]．北京：中国网络视听节目服务协会，2019．赵晖．融合媒体时代短视频内容产业报告[J]．影视制作，2022，28(7)：13-42．赵晖．融合媒体时代短视频内容产业报告（2022）[J]．影视制作，2023，29(5)：13-34．其中 2019、2020 年数据缺失。

通过对比 2018 年和 2021—2022 年的数据可以看出，短视频的用户性别生态位的情况较为稳定，并且 B 的取值达到最大值 2，表明种群的资源利用最泛化。以 2022 年为例，男性用户占比 50.1%，女性用户占比 49.9%，二者差别较小。与 2018 年相比保持稳定，无较大变化，这说明短视频平台受众的性别比列比较均衡，性别维度上对受众资源的利用比较好。同时，根据《第 51 次中国互联网络发展状况统计报告》显示，截至 2022 年 12 月，我国网民男女比例为 51.4∶48.6，与 2022 年短视频用户男女比例基本一致。

短视频平台受众用户性别比例均衡的特点，启发平台应该对男女用户群体同样重视。如对微短剧的开发，目前微短剧市场上女性向作品较多，题材多为女性受众喜爱的言情、古风、都市等题材。女性向作品占据市场主流忽略了男性受众的需求（赵晖，2023）。而根据上述数据可以看出，短视频的用户并不缺乏男性。因此各短视频平台应根据实际情况，契合各类群体的需求，在抓住女性用户的同时，注重男性向作品的开发。如 2021 年快手"星芒计划"全面升级为"星芒短剧"，在持续深耕女性向高甜剧场的同时，大力发展男性向爆燃剧场。

（三）受众教育程度生态位分析

表 8-2-4　短视频用户的教育程度及占比情况①

年份 学历	2018 用户规模（亿人）	2018 百分比（%）	2021 用户规模（亿人）	2021 百分比（%）	2022 用户规模（亿人）	2022 百分比（%）
初等	1.03	15.9	3.24	34.7	0.73	7.2
中等	4.15	64	3.04	32.5	3.93	38.8

① 数据来源：中国网络视听节目服务协会：《中国网络视听发展研究报告》[R]．北京：中国网络视听节目服务协会，2019．赵晖．融合媒体时代短视频内容产业报告[J]．影视制作，2022，28(7)：13-42．赵晖．融合媒体时代短视频内容产业报告（2022）[J]．影视制作，2023，29(5)：13-34．其中 2019、2020 年数据缺失。

续表

年份 学历	2018 用户规模（亿人）	2018 百分比（%）	2021 用户规模（亿人）	2021 百分比（%）	2022 用户规模（亿人）	2022 百分比（%）
高等	1.30	20.1	3.06	32.8	5.46	54
总计	6.48	100	9.34	100	10.12	100
B 值[1, 3]	2.1		3		2.24	

通过表格 8-2-4 可以看出，2018 年短视频受众的教育程度以中低学历为主，主要集中在初中、高中/中专/技校群体。至 2022 年，受众的教育程度已经发生较大变化，初等学历占比 7.2%，中等学历占比 38.8%，高等学历占比 54%，高学历人群成为短视频平台的主要用户群体。生态位宽度的数值变化为，2018 年为 2.1，2021 年达到最高值 3，2022 年则回落至 2.24。2021 年的初等、中等、高等学历的用户分布比较均衡：初等学历占比 34.7%，中等学历占比 32.5%，高等学历占比 32.8%；2022 年短视频用户受教育程度的生态位情况有所变化，原因在于初等学历的用户规模下降，高等教育程度用户规模快速增加且占据较大比例。

出现这种情况，一方面是由于我国教育水平的不断提高，使得网民的综合素质、受教育程度都在不断提升。另一方面，随着短视频平台的发展，越来越多的专家学者等高学历人群入驻短视频平台，短视频正逐渐成为人们获取知识、开拓眼界的一个重要途径，因此，高等学历用户规模快速提升。据此现象来看，以往那些以低俗、媚俗博人眼球的短视频已经无法满足当今用户的需求，短视频平台应推出更多有文化内涵、有深度的优秀作品，邀请更多的知名学者、各领域的专家入驻平台，以提升短视频平台的内容质量，从而增加对用户群体的黏性。

(四)受众收入层次生态位分析

表 8-2-5 短视频用户的收入及占比情况①

年份 收入结构	2018 用户规模（亿人）	2018 百分比(%)	2021 用户规模（亿人）	2021 百分比(%)
无收入	0.43	6.6	1.12	12
2000 元及以下	1.95	30.1	0.93	10
2001—3000	0.95	14.7	1.15	12.3
3001—5000	1.47	22.7	3.42	36.6
5001—8000	0.91	14	1.96	21
8000 元及以上	0.78	12.1	0.76	8.1
总计	6.48	100	9.34	100
B 值[1, 6]	4.94		4.46	

通过表格 8-2-5 可以看出，2018 年与 2021 年相比，短视频的受众收入生态位的情况较为稳定，分别为 4.94 和 4.46，当前的情况与短视频发展早期无较大变化，这说明在收入维度对短视频受众的资源利用情况较为稳定，虽然各种收入群体的人群都有所涉及，但总体上生态位宽度的数值不大，在用户收入维度，短视频平台的受众人群比例不够均衡，未来还需提升对该项资源利用的宽度。

同时还可以看出，中等收入人群是短视频平台的主要用户。2018 年收入在 2000 元以下的用户占比 36.7%，收入在 2000 至 5000 元的用户占比 37.4%，收入在 5000 元以上的用户占比 26.1%。2021 年收入在 2000 元以下的用户有所下降，占比 22%，2000—5000 元的用户占比 48.9%，5000 元以上用户占比 29.1%。对比两年的数据发现，短视频用户中，低收入人群正在减

---

① 数据来源：中国网络视听节目服务协会：《中国网络视听发展研究报告》[R]．北京：中国网络视听节目服务协会，2019．赵晖．融合媒体时代短视频内容产业报告[J]．影视制作，2022，28(7)：13-42．

少，中等收入及较高收入人群正在增加。

中等收入的群体之所以成为观看短视频的主力军，首先是由于他们有足够物质条件，有智能电子设备支撑他们观看短视频。其次，多数中等收入人群都是职场中的"打工人"，短视频的市场更适合他们碎片化的收看习惯。此外，他们可以通过观看或发布短视频寻求共鸣、发泄情绪。因此，短视频平台应充分了解中等收入群体的消费心理和使用动机，把握住观看短视频的主力军。

二、受众满足获得和满足机会

本部分考察短视频受众观看短视频的时间花费、观看短视频的需求和心理，以及受众满足获得的情况和短视频所提供的满足机会。

（一）受众的时间花费

根据2023年《中国网络视听发展研究报告》数据显示，2017—2022年间，我国短视频人均单日使用时长在逐年递增。2022年，我国短视频人均单日使用时长超过2.5个小时[①]，如图所示：

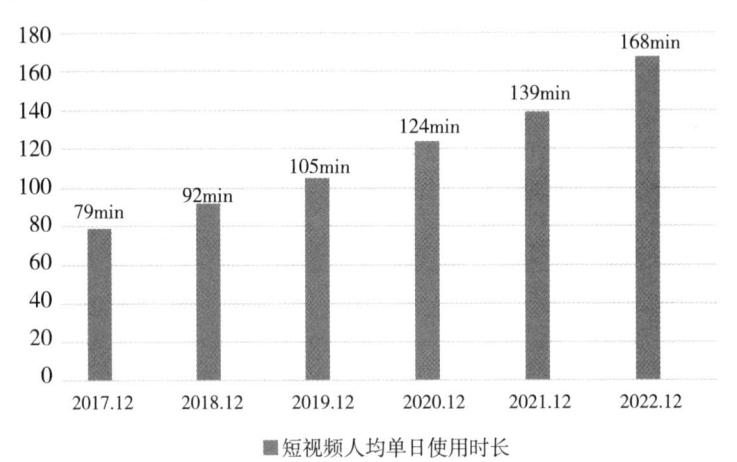

图8-2-2　2017—2022短视频人均单日使用时长

---

① 数据来源：中国网络视听节目服务协会.《中国网络视听发展研究报告（2023）》[R].北京：中国网络视听节目服务协会，2023.

据 CSM 公布的 2022 年《短视频用户价值研究报告》①数据，短视频用户日均使用时长从 2021 年的 87 分钟，增加至 2022 年的 90 分钟，增速明显放缓。对 CSM 公布的《短视频用户价值研究报告》中用户观看短视频使用场景数据进行汇总，发现用户多在平常休闲时观看短视频，而在 2022 年的报告中，CSM 将使用场景更加细分，将"平常休闲时"这一项划为"早起洗漱"（占比：23.9%）"上厕所"（占比：36%）"午休"（占比：44.3%）"吃饭用餐时"（占比：36.6%）四个更为具体的场景，也能更加准确直观地感受到用户使用场景的多元化和时间的碎片化。

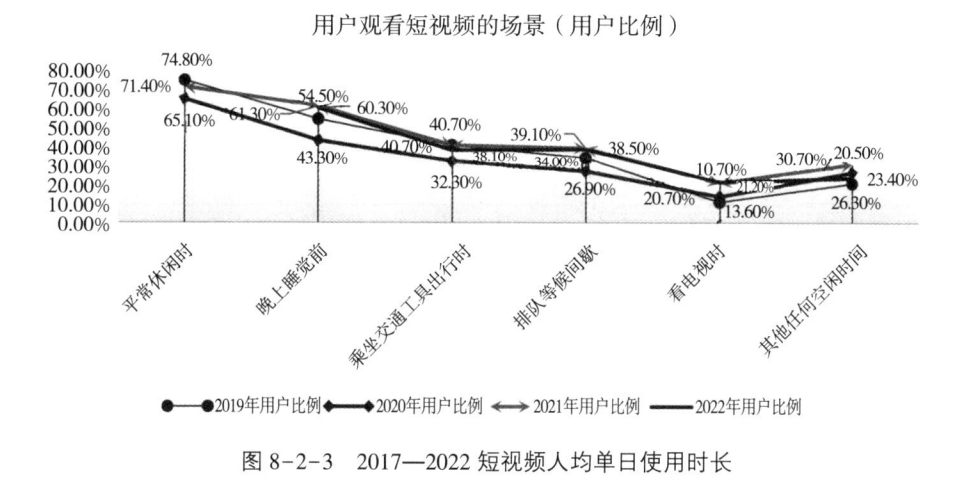

用户观看短视频的场景（用户比例）

场景	2019年用户比例	2020年用户比例	2021年用户比例	2022年用户比例
平常休闲时	71.40%	74.80%	65.10%	—
晚上睡觉前	54.50%	60.30%	61.30%	43.30%
乘坐交通工具出行时	40.70%	40.70%	38.10%	32.30%
排队等候间歇	39.10%	38.50%	34.00%	26.90%
看电视时	20.70%	21.20%	13.60%	10.70%
其他任何空闲时间	30.70%	20.50%	26.30%	23.40%

图 8-2-3　2017—2022 短视频人均单日使用时长

(二)受众的消费需求和使用心理

通过对比历年来 CSM《短视频用户价值研究报告》的调查数据，发现早期用户观看短视频的动机多为放松休闲、填补空余时间，而随着短视频成为信息传播内容的标配之后，人们使用短视频的动机更加多元，从放松休闲、填补空余时间逐渐向获取知识、学习实用技能方向转变，情感和社交需求等也日益突出。

---

① 数据来源：中国广视索福瑞媒介研究(CSM).《短视频用户价值研究报告》[R]. 北京：中国广视索福瑞媒介研究，2020—2022.

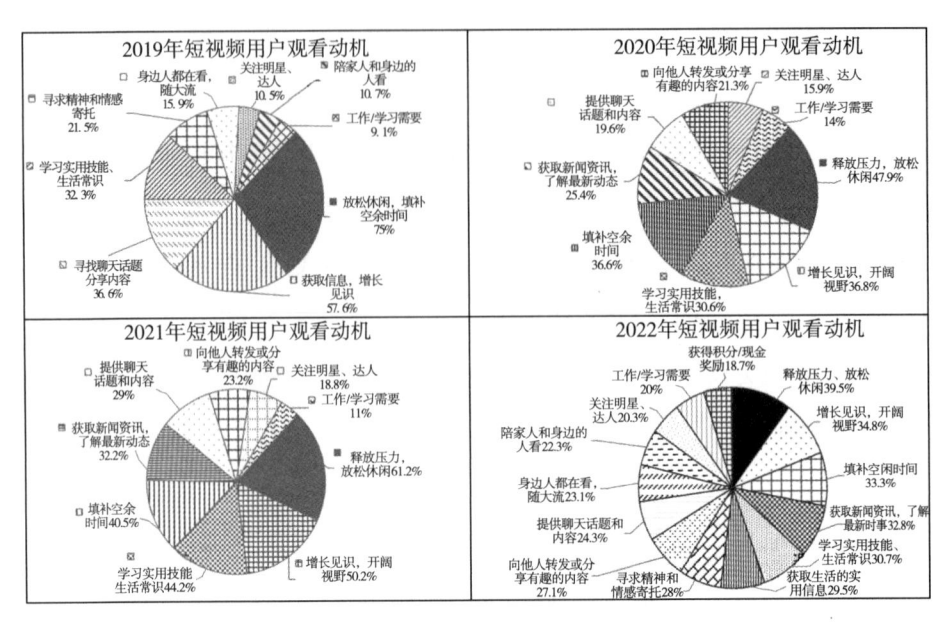

图 8-2-4　2019—2022 年短视频用户观看动机(用户比例)

究其原因，一方面，特定时间的公共卫生事件促进了用户的短视频使用。2020 年新冠疫情的暴发致使第一批用户大量下载各类短视频平台，短视频收获大量关注的同时，也抚慰了处于疫情焦虑下的人们。借此机会，短视频平台与短视频用户的黏性逐渐增强，UGC 内容创作越来越丰富，短视频因自身传播速度快、拍摄难度小、适用范围广的特性逐渐占据互联网流量的高地，成功坐上了流量的第一把交椅。

另一方面，用户类型的增加也导致了观看动机的多元化。年轻人和老年人由于心理特征和生活形态的不同，对短视频的需求是不同的。青年群体处于工作压力和生活压力之中，使用短视频时多缓解个人压力；中年用户对生活品质的要求高，往往对国际时事、国家大事、社会新闻的关注度更高；60 岁及以上的老年群体对短视频的使用更多处于健康养生、生活购物等，而随着老年群体规模的增加，其短视频使用动机与情感需求也是值得社会关注和深思的。

同时，数据显示，短视频用户的内容共创更加活跃，发布过短视频的用户比例从 2018 年的 28.2%增加至 2022 年的 46.9%，短视频已经从潮流产品，转变为普通人日常使用的平台。自我展现与表达、记录生活、填补空闲时间是用户上传短视频的主要原因，享受创作过程、互动交流、获取收益也是用户创作视频的原因。

图 8-2-5 是 CSM2020 年和 2022 年用户自制/上传短视频原因的调查数据，从折线趋势能够直观感受到用户上传短视频的原因大多为自我展现与表达，这一数据从 2020 年的 52.8%上升至 2022 年的 53.6%。而在"享受创作成就感"这一原因上，用户比例也从 2020 年的 20.4%上升至 2022 年的 40.8%。一方面，这体现出我国使用短视频的群体人数不断增加，参与积极性不断攀升；另一方面，也表现出了短视频用户对视频创作的兴趣，除了记录生活外，也能享受创作带来的喜悦感(CSM，2022)。

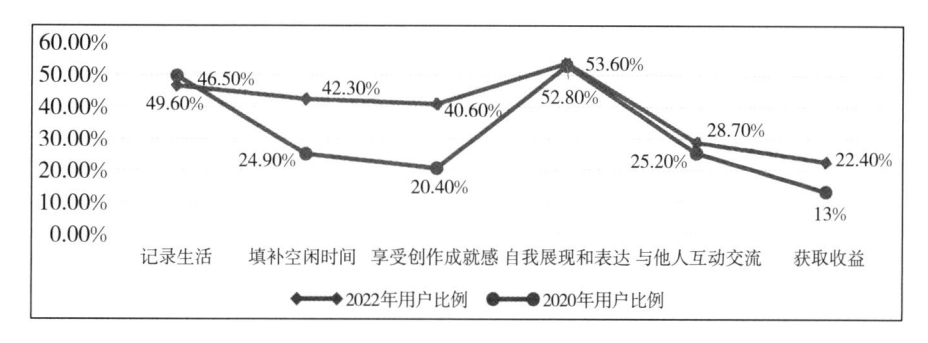

图 8-2-5 短视频用户自制/上传短视频的原因(用户比例)

本书第六章中已经提到，Dimmick 认为，受众的满足获得和满足机会是考察媒体竞争的两个非常重要的维度。受众的满足区分为"寻求的满足"和"获得的满足"两个层面，前者指的是受众的需求，后者指受众需求得到满足的程度。从"寻求的满足"到"获得的满足"，是一个动态过程，二者之间存在"满足机会"的作用。"满足机会"是指受众的满足机会，指的是受众需求得到满足的方便程度，或者是媒体提供给受众的满足其需求的便利性。媒介提供给用户的满足机会决定了媒介满足用户需求的程度，进一步决定了媒介获得受众资源的程度。只有在受众的满足获得和满足机会上占据优势的媒体，或者说只有能够最大限度地、最高效便捷地满足受众需求的媒体，才能在对受众的竞争中取得优势。

同时，新媒体环境下的受众需求也有了不一样的表现：信息消费形式上，受众消费信息的方式表现为三个特征：互动（表达与分享）、移动、即时；受众习惯了随时在网、即时消费，能主动地选择信息，并可以和媒体及时互动。信息消费内容上，受众需要的信息内容表现为多样、个性的特征。受众会根据个人及所属群体的喜好来选择信息和媒体，对信息内容的要求越来越多样化，对能够深入满足生活需求的信息和个性化信息更加青睐。

具体到对短视频的使用需求，根据2022年CSM《短视频用户价值研究报告》，用户消费短视频的需求是非常多样的，如下图显示：

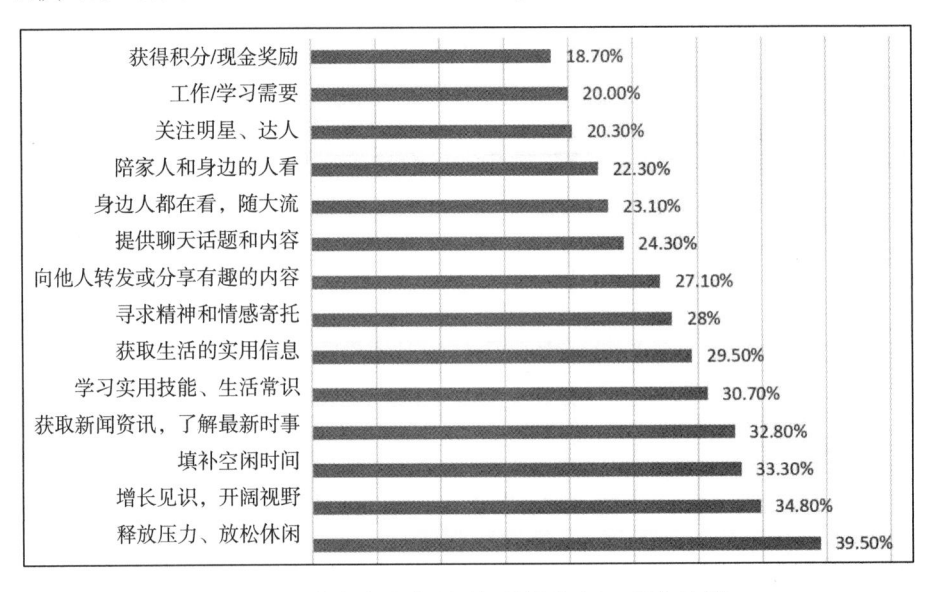

动机	用户比例
获得积分/现金奖励	18.70%
工作/学习需要	20.00%
关注明星、达人	20.30%
陪家人和身边的人看	22.30%
身边人都在看，随大流	23.10%
提供聊天话题和内容	24.30%
向他人转发或分享有趣的内容	27.10%
寻求精神和情感寄托	28%
获取生活的实用信息	29.50%
学习实用技能、生活常识	30.70%
获取新闻资讯，了解最新时事	32.80%
填补空闲时间	33.30%
增长见识，开阔视野	34.80%
释放压力、放松休闲	39.50%

图 8-2-6　短视频用户观看短视频的动机（用户比例）

那么短视频平台对受众提供满足机会方面表现如何呢？我们可以从CSM发布的对几个不同年龄段的受众访谈中得到启发[①]：

---

① 数据来源：中国广视索福瑞媒介研究（CSM）.《短视频用户价值研究报告》[R].北京：中国广视索福瑞媒介研究，2020. 本书中的访谈内容是对CSM访谈部分内容的节选。

受众访谈 1(女,11 岁,学生,常用客户端:抖音)

我平均每天看 30 分钟左右,一般妈妈会帮忙开青少年模式,设定好观看时间,感觉开启之后推送的手工、图书、科学小实验的内容变多了。看短视频对学习没什么影响,也没什么印象深刻的内容,基本都是过一遍脑子,写完作业放松快乐一下。班里大约 3/5 的同学都在看,但不怎么相互讨论。过年时,用特效工具拍过一些有意思的拜年短视频,平时不怎么发其他视频。通常会看做饭、宠物、手账类短视频,都是和自己平时兴趣相关的。最喜欢看的是做饭过程的视频,比如自制冰激凌、榨果汁,会有跟着动手学做的冲动。特别是最近家里新买了一个空气炸锅,自己看完短视频,学做了好多蓝莓派、蛋挞、烤鸡翅,吃的时候很满足。

可以看出,短视频满足了少年群体对泛知识学习的需求:儿童的社会化过程,离不开对各种生活知识的汲取,儿童的心理特点决定了这些知识不需要特别深刻,充满趣味具有实用性就可以;同时,大部分青少年都还是在读学生,学习任务较重,平时没有大量时间观看长视频,而短视频的短平浅等特点正好满足了以上信息需求。对于短视频平台来说,如何进一步细分内容,提升内容质量,打造一批优秀的泛知识类短视频账号是未来需要考虑的重点。

受众访谈 2(女,25 岁,财务,常用客户端:微博、小红书、B 站、抖音)

相比在短视频平台发表评论,我更喜欢看一些有梗、搞笑的评论/弹幕,看到有意思的还会转发给朋友,有时候看评论/弹幕是想了解别人的看法,特别是针对一些社会事件,每个人处于不同的角度,会表达不同的想法。有些评论看到次数多了，和别人交流也会用；有时看评论还能长知识，之前看冬奥会开幕的短视频，就有评论说"俯瞰江山多少代，永迎高客在云峰"，感觉很有意境。对兴趣和喜好相关内容可能会有发评论/弹幕的冲动，就像最近周杰伦发新歌被很多人吐槽，我就发了评论。如果评论内容能被作者回复或有抽奖互动，可能会更愿意参与评论。

作为Z世代中的"95后"群体，有些已初入职场，还有些仍在读书，这类群体在学习、工作与生活平衡上有一定的压力，也是使用网络、接触网络时间较长的一类人群。通过上述访谈，不难发现受访者对短视频的使用需求是多样的，放松娱乐、获取知识、交流互动兼而有之。短视频平台的移动终端载体、算法推荐功能，打破时空限制，在满足受众需求方面更加便捷；而通过UGC和PGC生产出的丰富内容，也满足了受众多样化与个性化的信息需求。

受众访谈3（女，44岁，事业单位中层，常用客户端：微博、微信）

我一般会在微博和微信视频号刷短视频，今年刷到过一些重要的事件或主题内容的短视频，比如神舟十三号、跨越14年的汶川记忆、"七七事变"亲历者讲述等。最近印象比较深的是香港回归的短视频，有香港艺人回顾25年前的今天，谈当时的场景和内心感受；也有普通民众对香港这些年变化的体会，看后挺感动的，能带回到25年前看直播的记忆。

25年前中英防务交接仪式的那条视频，解放军指挥官"你们可以下岗，我们上岗"的那句话，现在听来还是令人心潮澎湃。希望这种重大主题或事件的短视频，既能简单清晰地梳理历史脉络或主题来历，又有人情味，能讲好故事，让人真正产生共鸣。

目前，短视频的中年用户占比40.3%，已经是短视频的重要用户，通过以上访谈可以发现，受访者通过使用短视频，获得了新闻资讯，得到了情感慰藉，还希望能够通过短视频获得知识。这无疑启发了短视频平台与传统电视的进一步合作，督促作为主流媒体的传统电视积极推进媒介融合，打造融媒体矩阵，探索短视频新闻生产，让更多正能量的内容得以在短视频平台传播，从而发挥媒体应该肩负的社会功能。

本章小结

本章利用生态位理论，对短视频平台的内容资源生态位和受众资源生态位展开分析。研究发现：

在内容资源方面，短视频平台的内容生产经历了从依赖UGC到孵化出MCN机构，内容类型从泛娱乐、搞笑类视频到教育类、资讯类等多类型视频的细分过程。虽然短视频内容涉及众多领域，包括财经、动漫、短剧、风景、搞笑、教育、军事、美食、萌宠、三农、体育等多种类型，但是生态位宽度的测算结果并不大，并且各个类型短视频内容的影响程度差别很大，即在对内容资源的利用程度方面，短视频平台还有很大的发展空间。

在受众资源方面，2018年以来，短视频的用户规模基本呈现出快速增长的态势，用户的短视频消费时长逐年增加。短视频平台在受众年龄维度方面属于资源宽用型媒体，其用户主力为中青年群体，同时，近年来逐步向高龄人群和增加低龄用户两端发展。短视频平台受众的性别比列比较均衡，性别维度上对受众资源的利用比较好。短视频发展初期其受众的教育程度以中低学历为主，但是近年来高学历人群成为短视频平台的主要用户群体。在收入维度对短视频受众的资源利用宽度不大：虽然各种收入群体的人群都有所涉及，但是仍然体现出中等收入人群占据主流的特点，并且近年来呈现出低收入人群正在减少，中等收入及较高收入人群正在增加的趋势。

FAZHAN CELÜE PIAN

PINGHENG HEXIE DE
DIANSHI SHENGTAI XITONG GOUJIAN

发展策略篇
——平衡和谐的电视生态系统构建

在历史现状篇和实证研究篇，本书分析了电视种群的变迁历程和目前的基本现状，并且指出电视种群之间的破坏性竞争造成了生态系统出现许多生态失调问题。为了应对这些问题，本书分析了电视生态系统中各个种群开展竞争的基本情况，对种群在各个资源维度的竞争态势和生态位情况进行了深入考察。至此，根据提出问题、分析问题、解决问题的研究思路，本书已经完成了提出问题和分析问题的部分。接下来的研究，要基于以上的研究，提出应对问题的对策和路径，属于解决问题部分。

这部分(第九章)的研究，基本思路是开展健康的竞争和发展、优化种群生存环境，最终多方主体共同构建有利于电视行业发展的生态系统。具体而言，提出了电视生态系统中各个种群之间资源竞争的路径：一是要选择合适的媒体生态位，二是在互惠共生的思路下寻求发展；同时关注电视生态环境建构和优化的问题。电视种群的发展需要良好的环境，对生态环境的建设，主要从行业法律法规建设、行业行政管理方式的角度展开。以上内容最终完成的是对健康的电视生态系统的构建。

某电视台演播大厅外景

第九章 共生与建构：电视种群竞争的路径与环境

第一节 时空与功能：媒体生态位构建策略

无论对种群(产业)还是个体(企业或组织)来说，合适的生态位表明了对资源利用的合理性，也即在资源空间中占据了最适合自己的位置，从而也就具有了对环境最大的适应能力和优于竞争对手的生存能力。物种在可变资源环境中确定自身生态位的行为被称为生态位构建，生态位的选择和构建后被引入企业管理领域，同样，对传统电视媒体、商业视频网站和短视频平台来说，生态位的构建也具有重要意义，那么为了实现三者在大视频时代的良性竞争，应该如何构建适合的媒体生态位呢？生态位泛化策略、生态位特化策略和生态位分离策略，是较常见的三种方式。

一、生态位的三种竞争策略

竞争可能导致生态位的泛化(generalization)，也可能导致生态位的特化(specialization)。在恶劣的环境中，生物多增加生态位宽度，采用生态位的泛化策略，反之则生态位宽度变窄，采取生态位的特化策略。因此，在企业的竞争中，当可利用资源较少时，应增加生态位宽度，促进生态位的泛化，即多样化策略。而在资源丰富的环境里，则采取生态位的特化，即专业化策略。生态位泛化的优点是提高增加可利用资源范围，但易造成生态位重叠，激化竞争；生态位特化的优点是提高资源利用程度，但会造成对环境的过度依赖。

另外，各个生物都寻找适合自己的生态位，以与其他物种的生态位明显分开的现象就是生态位分离。生态位分离的概念被引入企业管理领域，每个企业都具有不同的优劣势，企业应根据自身条件，选择与竞争对手不同的发展重点生产和经营，即差异化竞争。电视行业竞争中的生态位分离策略，就是实现竞争的差异化，彼此之间减小媒体生态位重叠度，避免激烈冲突。

二、各个竞争主体的生态位构建

在电视生态系统中，早期参与行业竞争的是电视和商业视频网站，因此先来讨论二者在竞争中的生态位构建。在对电视和商业视频网站竞争关系的研究中，本书发现二者的内容生态位宽度都很一般，二者都过于偏重某些节目类型，而忽略了对其他节目类型的利用；同时，广告生态位宽度也都很一般，过于依赖某些行业；受众方面的表现比较复杂，电视在受众收入层次维度的生态位宽度较小，对各个收入层面的受众开发不均衡，高收入受众大量流失；视频网站在受众年龄维度生态位宽度较小，偏向于青少年人群。同时，在内容、受众、广告资源方面，二者都具有各自的特点和优劣势。那么，在竞争中，电视和视频网站可以根据自身的不同情况以及竞争环境的变化，决定使用生态位泛化和特化策略中的任何一种。

首先，在内容资源方面，为了获得竞争优势，电视可以继续加强在内容方面的新闻功能，保证信息的权威性；视频网站则可以继续发挥个性化、网络化的特征。再比如，在视频网站的内容建设方面，存在从生态位特化到泛化的移动：视频网站初建时的主流模式UGC，就是主要以用户生产内容为主，使用的是特化策略，随着竞争和环境的变化，目前大多数视频网站采取了泛化策略：版权+自制+UGC的模式。

其次，在受众资源方面，为了保持自身的竞争优势，电视可以在满足受众的新闻需求和制作精良的节目内容需求方面，继续发挥优势。同时，也应该加强媒介融合，赶上技术的快班车；而视频网站则不应该仅仅满足受众互动、个性化等需求，也应该在用户观看体验方面下功夫。

最后，在广告资源方面，目前很多电视台把电视和手机绑定，开发使用手机微信的互动功能，实现电视广告画面到电子商务的转换，就是采用了广告生态位泛化策略。另外，针对电视过于依赖服务业、化妆品及卫浴用品、食品饮料、药品及医疗服务行业；视频网站过于依赖信息产业、食品饮料、化妆品及卫浴用品、服务业的问题，二者在今后的发展中，都应该在广告行业维度拓宽生态位，加强对各个行业广告的吸引力度。

同时，电视媒体和商业视频网站在受众、广告资源维度的生态位重叠度的数值都不大，即二者的生态位重叠度很高，竞争是激烈的。另外，对电视媒体和视频网站内容竞争的历史分析和实证分析发现，电视媒体和视频网站在内容资源方面的竞争总体较为温和，但后期在某些竞争主体之间也开始出现竞争加剧的现象，以上结论综合起来，说明总体上双方的竞争是日益激烈的，那么在竞争的过程中适当采取生态位分离策略，以避开对手的锋芒，寻找自己的发展空间就成为必要。事实上，二者在竞争中早已存在生态位分离现象：

在受众维度，最明显的特征是视频网站相较于电视偏向于青少年群体，某视频网站原创事业部管理人员 G 女士就认为，电视和视频网站在受众方面存在明显差异，从这个角度来说，二者之间的竞争更多地体现在广告资源上，而不是受众资源上，即二者的受众资源生态位存在分离。

在内容上，电视的新闻内容和视频网站的海量电影，是双方相互区别的重要部分，电视保持其在新闻领域的权威制作、视频网站加强自身电影内容库的建设和开发，都是对生态位分离策略的选择。即使在二者都经营的电视剧和综艺内容领域，也是内容生态位重叠与分离共同存在的。视频网站发展之初采取的 UGC 模式，网友制作和上传节目，和电视媒体的正版、高清内容十分不同。后来视频网站在 UGC 的同时购买版权，二者生态位重叠度增加，当视频网站开始自制内容之后，自制综艺和自制剧带有明显的网络特征，与电视的内容生态位分离，但是当这些内容越来越向着类传统电视节目靠拢后，二者的内容生态位又进一步重叠。因此，对视频网站而言，有必要继续坚持自身的网络特征，在自制内容中加入更多网络化元素，在题材选择等方面区别于电视。

以上从资源角度分析了二者的生态位分离现象，其实，从时空和功能角度，也存在二者的生态位分离：电视的时空生态位是时间中的以传播声画为主的频道空间生态位，视频网站的时空生态位是空间中的以传播声音、图像、文字、画面为主的网页时间生态位。电视的重点在于时间维度，视频网站的重点在于空间，二者存在差异。另外，双方都是为受众提供视听信息服务的视听媒体，但是视频网站更多地起到休闲娱乐的功能，而电视除了发挥娱乐功能之外，更多承载的是新闻以及财经信息的功能，即宣传国家主流意识形态和传播国家经济文化建设信息，二者的功能生态位不同。正是这些差异，提供了彼此发展的独立空间。

电视和视频网站的生态位分离现象，为各自创造了发展空间，降低了不必要的竞争，同时也进一步说明，二者之间的竞争不是你死我活的零和游戏，而是能够实现互惠共生、以合作促竞争的。

短视频的出现和逐步壮大，改变了以往的电视生态系统结构，形成了当前电视生态系统中，电视、商业视频网站和短视频平台三足鼎立的画面。接下来，本书继续讨论短视频平台在媒介竞争中的生态位构建，以及对电视和商业视频网站的影响。

根据第八章的内容，我们发现：在内容资源方面，虽然短视频内容涉及众多领域，包括财经、动漫、短剧、风景、搞笑、教育、军事、美食、萌宠、三农、体育等多种类型，但是生态位宽度的测算结果并不大，并且各个类型短视频内容的影响程度差别很大，即在对内容资源的利用程度方面，短视频平台还有很大的发展空间。在受众资源方面，2018年以来，短视频的用户规模基本呈现出快速增长的态势，用户的短视频消费时长逐年增加。短视频平台在受众年龄维度方面属于资源宽用型媒体，其用户主力为中青年群体，同时，近年来逐步向高龄人群和增加低龄用户两端发展。短视频平台受众的性别比例比较均衡，性别维度上对受众资源的利用比较好。短视频发展初期其受众的受教育程度以中低学历为主，但是近年来高学历人群成为短视频平台的主要用户群体。在收入维度对短视频受众的资源利用宽度不大；虽然各种收入群体的人群都有所涉及，但是仍然体现出中等收入人群占据主流的特点，并且近年来呈现出低收入人群正在减少，中等收入及较高收入人群正在增加的趋势。

以上是本书对短视频平台生态位的实证分析结论，那么短视频平台应该使用何种生态位竞争策略，从而进一步完善其媒体生态位，以适应整体电视生态系统的竞争发展呢？

首先，短视频平台的生态位特化策略。在短视频发展初期，内容方面的泛娱乐偏向，受众方面的青年化、中低学历、中等收入等特点，无不是短视频平台生态位特化策略的表现。事实上，短视频平台之所以能够在竞争激烈的电视行业中脱颖而出，正是因为其自身所具有的独特的媒体特征：内容上的短平快，传播上的社交和分享属性，以及用户服务方面所具备的特征，如迎合受众碎片化、场景化的消费习惯等，以上特征决定了短视频平台对内容和受众资源的选择。而短视频从无到有乃至蓬勃发展的路径也说明，在电视生态系统中，若想获得生存发展的空间，保持自身的独特性是媒体生存发展的必经之路。

其次，短视频平台的生态位泛化策略。环境的稳定性影响物种的生存策略，在多变生境中，物种的适应性能使其对资源的选择性减弱，使生态位宽度增加，从而促进生态位的泛化，这是竞争导致的物种生存策略的选择。电视行业是一个瞬息万变的行业，其发展形态不仅受行业内部各个竞争主体行为的作用，还受到行业外部政策、经济、技术等环境的影响。短视频平台作为电视生态系统中的种群之一，必然会根据环境的变化调整竞争发展策略：

如内容资源方面，从泛娱乐类型到多样内容的选择；受众资源方面，近年来向高龄人群和低龄用户两端发展，重视对高学历和较高收入人群的吸引力等，以上表现均是短视频平台的生态位泛化策略。这是短视频平台历经最初发展时期、在电视生态系统中有了一席之地、具有了固定的用户群体之后，所作出的生态位策略的调整，即进一步拓宽内容和受众资源，提高资源利用程度。

最后，短视频平台的生态位分离策略。短视频平台发展到一定阶段，采取了生态位泛化策略，但是，我们也不难看出该策略会对电视生态系统中的传统电视和商业视频网站产生影响：突破娱乐搞笑等短视频内容的窠臼，增加内容多样性、甚至开辟放映厅等长视频专场，这与以长视频为内容主体的传统电视和商业视频网站出现了内容生态位上的重叠；而向高龄人群和低龄用户两端发展的趋势，也会对电视的中老年用户和商业视频网站的年轻用户产生影响，从而出现受众生态位上的重叠。资源有限的情况下，生态位重叠会加剧竞争。在激烈的竞争中，如果一个物种的生态位宽度较大，该物种也许会被迫压缩它们对空间和资源的利用，即生态位压缩。目前，还无法判断短视频的生态位泛化行为，是否会导致其生态位压缩现象出现，但是未来的电视生态系统的竞争，如果在各种资源暂时不能够进一步增加的情况下，较为理想的状态是各个物种之间可以选择适合自己的媒体生态位，即生态位分离，也就是说同一群落中的物种，能够占据最适合自己的生态位空间，从而与其他物种生态位明显分开。生态位分离表征了物种之间的稳定性，这是环境胁迫或竞争的结果。当然，如果电视生态系统中的各种资源增加，系统中的各个种群间的相互关系会有更加多样的表现，如互惠和共生。

第二节 互惠与共生：种群发展的大势所趋

一、互惠与共生的内涵解释

竞争关系通常发生在两个种群共同利用同一短缺资源的情况下，此时两个种群彼此互相抑制；除了竞争关系，种群之间还可能存在互惠与共生的关系。互惠与共生，是对两个种群都有利的相互关系，如果这种关系是专性的（即缺少一方，另一方也不能生存），就叫共生；如果这种关系是兼性的（即解除关系后双方都能生存），就叫互惠或原始合作，共生是互惠的高级阶段。

互惠和共生与经济管理学科的竞合（coopetition）关系密切。竞合是在竞争之后出现的一个新概念，又叫合作竞争，这一概念起源于1996年："当共同创建一个市场时，商业运作的表现是合作，而当进行市场分配的时候，商业运作的表现即为竞争（Brandenburger，Nalebuff，1996：4），企业之间这种既竞争又合作的关系被称为竞合。竞合不等同于单纯的合作，也不是单纯的竞争，合作竞争是竞争的一种形式，其实质仍旧是竞争，但是更加强调以合作求竞争，正因为如此，很多研究中把合作竞争直接称为合作，而今，竞合已成为越来越流行的、更加有效的企业竞争方式。

竞合类似于生物学中的"共生"。杨玲丽（2010）认为："共生是由于生存的需要，两种或多种生物之间必然按照某种模式互相依存和相互作用地生活在一起，形成共同生存、协同进化的共生关系。"20世纪中叶以来，社会科学领域引入共生思想，指两个主体之间相互依存的关系，强调"双赢"和"共存"。"双赢"和"共存"是解决电视生态系统生态失调问题的关键，因为共生可以规避破坏性竞争，促进种群之间的有效竞争，实现各个种群在竞争中寻求合作，在合作中开展竞争的良性循环。

莱文森（2004：10-11）提出了"补偿性媒介"的观点，何道宽（2004：7）翻译其著作时，在译者序中表达了他对这一观点的理解："任何一种后继的媒介，都是一种补救措施，都是对过去的某一种媒介或某一种先天不足的功能的补救和补偿。"我们可以以此理解为商业视频网站是电视媒体的补偿性媒介，而短视频平台填补了传统电视和商业视频网站的功能缺失。总之，除了电影，目前大视听产业中的视听媒体的产生都是进化性的而不是革命性的。"网络和移动视频改变了原有的电视生态，丰富了视频家族，促进了视频市场发展，但电视不可能消亡"（张海潮，郑维东，2014：40）。同样，短视频平台、视频网站作为一种新兴媒体，代表了新的发展方向，比传统电视更具活力。电视、视频网站和短视频平台，未来的竞争关系会十分复杂，但二者之间并不是你死我活的关系，而是以合作促竞争，共同发展，互惠共生，"竞争不是互联网逻辑下发展的关键词，合作共赢才是互联网时代功能创造和价值实现的基本法则"（喻国明，2015：54），因此电视生态系统中各个视听媒体以互惠与共生为代表的共同发展，会成为未来大视频行业相当长一段时间内的主要景观。互惠共生符合媒体进化规律，顺应大视频时代发展潮流，是电视行业未来竞争的最重要的发展战略和策略。

二、在互惠共生中寻找发展路径

本书认为，电视行业的发展一定要顺应媒体融合的大趋势，在竞合与共生中寻找电视行业发展路径。对于传统电视，要积极响应中央号召，进一步拥抱新媒体，将融合发展向纵深推进、积极布局县级融媒体中心，做好平台管理、舆论引导、政务服务、公共服务以及商业发展等各项工作。对于商业视频网站和短视频平台来说，不但要努力探索合适的商业模式，还要在与广电主流媒体的合作中，优势互补、互利共赢，积极满足网民的娱乐、休闲、教育等各项需求，拓展商业模式的同时，处理好长短视频之间的关系，积极传播社会正能量，为社会主流价值观和优秀传统文化的传播赋能。

事实上，通过对三者在媒体时空和功能生态位上的分析，可以看出三者之间的媒体生态位差异，而这正是三者之间竞合共生的良好基础。具体来说，三者可以在内容生产方式、用户市场培育、节目评估体系构建三个方面实现互惠共生。

（一）丰富内容生产方式，加强竞争主体间合作

以电视和视频网站为例。根据前面章节分析，电视和视频网站在内容资源维度的竞争一直是错综复杂的，在不同的阶段有不同的表现，并且随着时

间的推移，其竞争关系也在不断地变化。本书认为，二者对内容的竞争可以在某一阶段表现为对抗性的，但是从长期发展来看，合作竞争仍然是主旋律，未来二者可以在内容生产方式上进一步加强合作。

内容生产要想做得精深，需要有敏锐的用户洞察能力和先进的技术支撑，但是事实上很少有媒体能够在所有方面都做到精深：作为传统媒体的电视台，具有专业人才和丰富的内容制作经验，作为新媒体的视频网站，精于技术和用户把握，于是，各怀长板的电视台和视频网站的合作就水到渠成了，如由河南卫视和爱奇艺共同出品的《汉字英雄》，作为国内首档网台联动大型文化类节目，自2013年7月开播以来，收视一度高升，颇受观众网友好评。还有优酷土豆、万合天宜、湖南卫视三方共同投资制作的《万万没想到之小兵过年》，也取得了很好的传播效果。

电视和视频网站内容生产的合作，需要考虑到电视屏、电脑屏以及手机屏等不同屏幕对内容类型和内容形式的要求是不同的。用户使用电视，更多的是寻求舒适感和全家人在一起的情感共鸣以及电视媒体赋予信息的权威性；使用电脑是为了信息的实用、丰富和便捷；使用手机则是为了实用、填补碎片时间以及私密性。多屏下的内容生产要清楚哪类的内容适合哪个屏幕，比如在电视屏上播放的节目放到电脑屏上不一定会受到同样的欢迎，一位资深电视编辑N先生曾告诉笔者一个例子：报道一篇关于热心市民救助困难群众的电视新闻，关于受助者的信息一般是作为背景资料来处理的，并不是电视新闻报道的重点，但是当把这条新闻放到了该电视台的微信平台上，作为背景资料的信息却得到了比新闻主体内容更加多的点击量。这说明包含了受助者信息的背景资料由于使有帮忙意向的人能很快联系上受助者，从而具有了实用性，人们对这些实用性的信息，总是希望能够突破时空限制、随时获取和使用并便于保存，因此这类信息更适合在电脑屏和手机屏上传播。

可见，不同屏幕对内容的要求有特定的偏好，这不但表现在内容的类型上，也表现在内容的形式上。如手机屏幕的用户，更多是在两个活动场景的间隔时间段上使用手机,如上班途中、课间休息、购物消费等场景下,使用的目的是为了填补碎片时间或寻找有用信息,这种即时、碎片的信息消费特征决定了手机屏上的内容形式具有"短平快"的特点。如在手机屏上播放的自制剧,多具有单集时间短、剧集之间的内容相对独立等特征。另外,一档电视台制作的综艺节目,在电脑屏上被分割成若干段小视频,赋予独立的小标题加以播出,最明显的是《中国好声音》在腾讯视频网站上的播放,每一期的比赛,腾讯视频除了提供完整的节目之外,还按照该期中每名歌手的表演歌曲进行剪切,做成了不同的小视频供网友点播,而在电视屏上,较常见的还是整块的大时间段的播出。

以上以电视和视频网站为例,分析了电视生态系统中的视听媒体种群在内容生产中的合作。事实上,短视频平台的发展,让类似的合作成为常态。综观短视频平台的行业格局,不难发现许多商业视频网站纷纷开设了短视频业务,如爱奇艺于2020年4月正式上线的爱奇艺随刻,同时,对微短剧等内容的探索也不乏商业视频网站的身影。而作为主流媒体代表的传统电视,近些年不断推动媒体融合,"两微一端""两微一抖"等传播渠道的立体布局已经成为常态。

2016年开始,多家传统电视集中转型短视频新闻传播,成立自己的短视频平台:2016年9月,新京报与腾讯视频联手成立短视频新闻项目"我们视频",致力于"做中国最好的短视频新闻生产者"。10月,四川日报报业集团打造与华西都市报融合的新主流媒体,推出核心产品——封面新闻客户端;12月,深圳报业集团推出"读"创计划,力图"用新媒体向世界讲述深圳故事"。此外,同年成立的还有南方周末的"南瓜视业"、浙报集团的"浙视频"、楚天都市报的"楚天视频"等。

2019年以来,全国广电媒体进一步积极实践"移动优先"策略,或者专注内容,或者打造优质短视频的聚合平台,全面布局"直播+短视频"领域。据统计,至2019年底,中央、省级和地市级广播电视机构在抖音开设账号

1114个，西瓜视频开设账号1082个，快手账号241个。中央广播电视总台的新媒体平台"央视频"、山东广播电视台的"闪电新闻"、浙江广电集团的"蓝媒视频"等，作为传统广电主打短视频的客户端平台，均有优异表现。截至2020年，中央、省级广电媒体在短视频领域的初步布局基本完成。2022年12月，主流媒体在抖音、快手平台拥有668个百万级及以上粉丝量的账号，较年初增长6.9%[①]。

传统电视布局短视频平台，促进了资讯类短视频的快速发展，进一步丰富了短视频平台的内容类型，提升了平台的内容质量。

以上分析了电视生态系统中，各个竞争主体在内容上的合作，需要进一步说明的是，不断开发多样的内容生产方式仅仅是内容合作的第一步，对于整个电视生态系统而言，如何加强协作提升内容质量，增加优质精品内容的比例更是关键。在内容生产上，除了注重对用户需求的满足，还需要思考用优质的内容吸引受众、引领受众、感化受众；同时，行业之间要加强协作，规避低俗内容、防范版权纷争等问题，让诸如长短视频之争的现象不再出现，只有这样才有利于电视生态系统中的竞争主体了解新的用户需求、发展新的风格、创造新的内容，解决困扰行业的生态失调问题，从而保证电视行业对受众的长期有效影响。

(二)共同培育用户市场，实现各主体的共生共赢

视听行业的资源是有限的，当市场中进入了更多的竞争者，并且彼此之间生态位高度重叠的时候，资源的增加会为竞争主体的共生提供更多空间。因此，电视、视频网站和短视频平台可以通过对用户市场的共同培育，做大市场蛋糕，增加受众资源，实现三者的竞合共生。受众的多屏消费习惯的形成，既是三者共同培育受众市场的基础，也是受众资源增加的表现。

受众的多屏信息消费习惯是大视频时代的显著特征。现代社会快节奏的

---

① 数据来源：中国网络视听节目服务协会.《中国网络视听发展研究报告(2023)》[R]. 北京：中国网络视听节目服务协会，2023.

城市生活方式，使得现代生活中人们的时间七零八落，大块时间被分割在了办公室、路上和车上，人们很少有完整的时间和专门的环境从事媒介消费活动。而多屏既可以满足人们多样化的信息需求，也可以填补人们碎片化的时间，使得受众可以独立地、不受时空限制地消费信息。

许多调查报告的数据都显示，多屏已经成为受众信息消费的常态，在本书进行受众访谈的过程中，也发现许多受众都或多或少地存在多屏消费的行为，或者是电视+电脑，或者电视+手机，或者手机+电脑，或者电脑+平板，或者所有的屏都有接触。一天中使用的时段也是不同的：在白天用电脑较多、晚上用电视较多，手机则是全天使用。电脑和手机上播放较多的是视频网站和短视频的内容，电视上则是电视媒体的节目。

那么，受众的多屏消费，对电视、视频网站和短视频平台的受众资源的影响是什么呢？本书作者曾经以热播电视剧为例，做过一个关于线下收视率和线上收视度关系的研究，结果发现：线下收视率和线上收视度并不总是呈现正相关关系，也就是说，同样的内容，在电视上的收视率高，在视频网站上播放的不一定好，反之，电视上收视率低的，也许在视频网站上点击量很高。当然也有在电视上和视频网站上播放的都很好的节目(周小普，韩瑞娜，凌姝，2014)。这是受众在多屏消费时表现出的一个很重要的特征，说明多屏消费确实带来了受众的分流[1]，即在个体(企业或组织)层面来说，某个屏幕如电视的受众在一定程度上会被其他屏幕如视频网站分流出去。但是如果在种群(产业)层面来看，又暗含了这样一个逻辑：电视、视频网站和短视频平台共同满足了受众的视频信息的消费需求，满足机会和满足需求的获得决定了受众规模和受众消费时间，越是容易获得满足机会和满足需求，就会有

---

[1] 类似的结论也已经被其他学者证实，如在第5章第2节对受众的时间花费部分，笔者曾经提到：学界普遍的观点认为，受众在媒体上的时间支出存在"零和效应"，即人们可供支配的时间是有限度的，花在一种媒介上的时间增多就意味着在另一种媒介上的时间减少。这一结论得到了John p·Robinson、王春枝等人实证研究的验证。

更多的受众并花费更多的消费时间。可见，短期来看，在组织层面，电视、视频网站和短视频平台争夺受众资源，彼此受众减少，但长期来看，在行业层面，三者又可以创造更多的受众资源。许多接受访谈的用户告诉本书作者，自从有了智能手机、IPAD，感觉自己明显生活在媒体的包围之中，上班的路上需要看看手机，吃饭的间隙要刷刷屏，睡觉前也要玩玩平板，浏览下网页、看看视频，平时的碎片时间几乎都完全用来接触媒体了，受众 Y 女士告诉笔者："一般我在车上或者在吃饭的时候，都会在一个屏幕上放点视频，已经形成习惯了，特别是在手机屏幕上。"

姑且不论这种状态是技术异化了人，还是媒体绑架了受众，从产业发展的角度来说，对于电视行业而言，受众资源增加了，从而奠定了行业主体互惠共生的基础，同时，电视、视频网站和短视频平台的竞合也形成了互补效应，保证了对受众多屏需求的满足，从而增加受众资源。也就是说，受众资源与媒体共存是互相促进的：受众资源越多，越利于二者共存；反过来二者越是合作，受众资源就越多，整个电视行业因此形成了良性循环。

袁纯清(1998)认为，共生的一个重要特征就是可以在共生过程产生新的能量，这种能量可以提高共生个体或共生组织的生存能力。据 2023 年中国网络视听发展研究报告数据，截至 2022 年 12 月，我国网络视听用户规模进一步扩大，网络视听用户规模达 10.40 亿，居民使用率 97.4%，在短视频、直播类应用的带动下，网络视听整体用户规模保持平稳增长态势，网络视听超过即时通信，成为第一大互联网应用。这对整个电视生态系统都是一个利好消息，相信随着电视、视频网站和短视频平台的互惠共生，会继续产生这样的能量，让彼此的生存能力更强，吸引更多的用户资源，从而推动整个大视听行业的发展。

(三) 构建多屏节目评估体系，综合评价节目内容

一个科学全面的评估体系可以促进行业的健康发展，是电视行业开展合作竞争的保障。以往传统电视台节目的评估，多是包含主观评价指标、客观

评价指标和成本指标，缺少对新媒体指标的评估；而视频网站、短视频平台等内容的评估，往往仅考虑点击量等商业因素。大视频时代，需要考虑多个屏幕上受众的收视情况和满意度，要将线下和线上二者综合起来考虑。电视、视频网站和短视频平台的合作竞争，需要一个更加全面的节目评估体系，并且需要有一个专门的第三方评估管理机构，对视频内容进行跟踪评价，只有这样，才能科学全面地评价内容效果，保证电视行业的良好运作。为解决这一问题，本书构建了如下多屏评估体系。

本书所构想的节目评估指标体系是在传统的电视指标体系基础上，增加多屏指标，即多屏节目评估指标体系由主观评价指标、客观评价指标、成本指标和多屏评价指标共同构成，如下图：

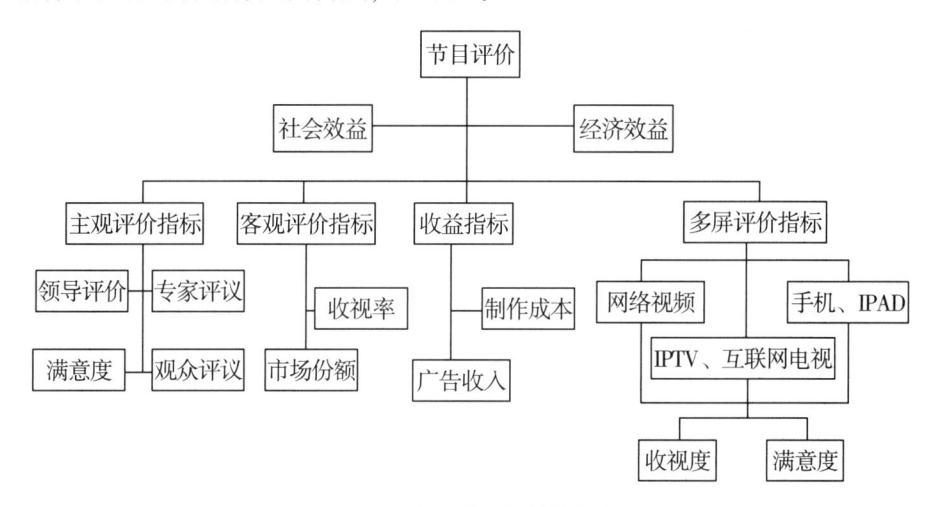

图 9-2-1　多屏节目评估指标体系

其中，多屏评价指标可以细分为电脑、手机和 IPAD、IPTV 和互联网电视三个分指标，每个指标都要考察其收视度和满意度。电脑、手机、IPAD 终端上的收视度主要由视频点击量、下载量、讨论量等计算，IPTV 和互联网电视上的收视度主要由节目的直播量、点击量和回放量等计算；满意度则主要由观众评论中的正负向意见分布来决定。

以电脑端为例，视频节目的评估包括两个方面：收视度和满意度，收视

度考察网民的收视行为,满意度考察网民的意见,一个侧重于经济效益,一个关注社会效益。如下表:

表 7-2-1　电脑端的节目评估指标体系

名称	一级指标	二级指标	数据来源
电脑端的评估指标	收视度	点击量	视频网站
		下载量	视频网站
		讨论量	视频网站、社会化媒体
	满意度	视频网站跟帖意见	视频网站
		社会化媒体讨论意见	社会化媒体

收视度指该视频内容的网上点击量、下载量与讨论量之和与同时期中国网民数量的比率,主要考察视频节目被网民观看的程度。目前,大多数视频网站都会统计网民观看视频的点击量、下载量和跟帖量,微博等社会化媒体也提供有某个话题(包括某个视频)的转发量,讨论量就等于跟帖量和转发量的和,这些指标可以衡量网民观看某视频节目行为的量的大小。同期网民数量则是指同时期的互联网调查报告中公布的中国网民的数量,二者相除得到收视度,具体的计算方法为:

$$收视度 = \frac{点击量+下载量+讨论量}{同期网民数量} \times 100\%$$

满意度则是指网民对视频节目的相关评论,用它可以考察视频节目受网民欢迎的程度,这些评论既包括从视频网站的页面看到的跟帖评价,也包括在微博微信等社会化媒体上的评论。视频节目的满意度可以直接根据网民观点和意见的构成和分布来计算。网民观点和意见的构成和分布一般包括正面、中性、负面评价三种类型,正面评价比例越高,满意度也越高,为了便于理解,使用与传统的满意度一致的形式,即也采用 0—100 分制,具体的计算方法为:

$$满意度 = 100 \times \frac{正面意见的数量}{总意见数量} + 10 \times \frac{中性意见的数量}{总意见数量} + 0 \times \frac{负面意见的数量}{总意见数量}$$

其中，总意见数量＝视频网站跟帖量+社会化媒体的评论量，而正面意见、中性意见和负面意见的数量则根据总意见中每条帖子或评论的态度来决定，可以通过句子、词汇和表情等信息来确定，当总意见数量较多的时候，则需要借助专门的语义分析软件进行统计。

随着以手机为代表的移动终端的使用率不断提升，以及短视频平台等主要以手机端作为传播渠道的视听新媒体应用的出现，对手机端的节目评估研究愈来愈重要。手机端的节目评估，除了需要考虑电脑端节目评估的指标之外，还需要重点关注移动终端的特点所带来的受众节目观看习惯的改变。其中，不断强化的互动性是移动端所带来的突出变化：手机方便快捷，随时随地多场景使用，通过各种社交媒体应用，用户分布在各种各样的圈层之中，信息的分享互动每时每刻都在发生，对信息的评价反馈也日益成为常态，评论、收藏、转发、二创等，都是受众观点态度的表达。如对弹幕的使用，受众从最初的猎奇心理、不太习惯到节目内容和弹幕一起欣赏，甚至有些用户表示没有弹幕很不习惯；还有一些用户利用先进便捷的视频制作技术，对节目内容进行二次创作转发，那么在对视频节目的评估中，除了考虑评论量、弹幕量，还需要考虑收藏量、转发量、二次创作的情况等因素。

本小节讨论了大视频时代的多屏电视节目评估体系。据CSM全媒体视听同源数据显示，电视行业的大小屏视听格局如下：在13亿电视大屏人口的基础上，日活观众规模5.36亿。基于10亿小屏规模的基础上，日活规模达到7.67亿，小屏成为主要的流量渠道。CSM媒介研究大屏与版权事业部副总经理刘晓华(2023)指出："在流媒体的环境下，传播已经从原来单一的电视直播或者是单一渠道传播变成一个多元化融合传播的方式。一个精品的节目内容可以通过大屏的IPTV和OTT等互动平台进行点播和回看，也可以通过小屏、视频App或者是跨短视频、微博、微信、社交媒体等综合传播方式进行传播和了解。"在这种情况下，采用多屏节目评估体系，可以实现对节目内容的全面评价，有利于电视、视频网站和短视频平台合作竞争的顺利展开。

第三节　建构和优化：电视种群的生存环境

一个产业离不开其发展环境，一个种群也离不开其生存环境，电视生态系统的健康发展离不开对生存环境的建设。在第四章中，本书分析了电视生态系统的生态失调问题，而对环境的建构也是解决生态失调问题的关键环节。在对生存环境的建设中，最重要的是对环境中的主导性生态因子进行优化。本章从电视生存环境中的法律建设和行政管理两个主导因子出发，分析电视种群生态环境建构和优化的问题。

一、完善行业法律法规建设

改革开放以来，我国初步形成了以《广播电视管理条例》等国务院批准的行政法规为主，中央办公厅、国务院办公厅发布的行政文件和国家广电管理部门颁布的部门规章为辅的广播电视法律法规体系。据不完全统计，1979年至2010年间，党和国家领导人公开发表的言论与意见、中央宏观管理机构出台的广播电视相关法规政策共有198条（项）（周小普，2023）。

《广播电视管理条例》由中华人民共和国国务院于1997年9月1日施行，其中历经了2013年12月7日、2017年3月1日、2020年11月29日的三次修订，是目前广播电视工作的指导性法规。该法规包含广播电台和电视台的设立、广播电视的传输覆盖、广播电视的节目管理、处罚规则等内容，并对社会上擅自设台、乱播滥放等不良现象做出明确规范，其目的是为了加强广播电视管理，发展广播电视事业，促进社会主义精神文明和物质文明建设。

随着视听新媒体的不断出现，已有的法律法规需要不断完善以满足新的电视行业发展需要，尤其是对网络视听行业的立法工作显得愈加重要。2021年3月16日，在《广播电视管理条例》等现行法规基础上，国家广播电视总局发布了《中华人民共和国广播电视法（征求意见稿）》（以下简称意见稿），向社会公开征求意见。这是广播电视法律法规建设的重要事件，标志着国家对广电领域总纲性法律的制定提上了日程。意见稿明确表示，立法的目的是为了推动实现广播电视领域加强党的领导和全面依法治国融为一体、为广播电视更好地满足人民群众精神文化需求提供制度保障，同时为构建全媒体传播体系提供法治支撑、提升广播电视领域依法行政能力。征求意见稿分为总则、业务准入、制作播放、传输覆盖、公共服务、扶持促进、安全保障、监督管理、法律责任和附则，共 10 章 80 条，为进一步推动社会主义文化强国建设、推动广播电视高质量创新性发展提供了法律保障。

意见稿中所称广播电视活动，是指采取有线、无线等方式，通过固定、移动等终端，以单向、交互等形式向社会公众传播视频、音频等视听节目及其相关活动；广播电视节目，是指采取有线、无线等方式，通过固定、移动等终端，以单向、交互等形式向社会公众传播的视频、音频等视听节目，包括广播节目、电视节目、网络视听节目等。同时，意见稿指出，作为广播电视机构组成部分之一的广播电视节目集成播放机构，是指集成并向公众提供广播电视节目播放服务的机构，包括广播电台、电视台、融媒体中心，网络视听节目、公共视听载体播放机构及集成运营机构，广播电视付费频道运营机构及集成运营机构，广播电视视频点播服务机构，广播电视站及其他从事广播电视节目集成播放活动的机构。这意味着，一旦该法实施，将涵盖目前视听行业的各分支，无论是传统媒体或是新媒体，长视频还是短视频，都将受到法律的保障和约束。

事实上，新时代以来，为了促进电视行业的良性发展，满足视听新媒体的发展需求，规范不断出现的电视行业的生态失调问题，国家已经陆续出台了一系列法律法规，特别是不断完善网络视听法治体系，为视听行业高质量发展提供制度支撑：

2003 年 1 月，国家广电总局制定《互联网等信息网络传播视听节目管理办法》(总局令第 15 号)，以部门规章的形式探索建立了视听节目网络传播业务的许可准入和内容分类管理等制度。2004年7月，国家广电总局发布新的《互联网等信息网络传播视听节目管理办法》(总局令第39号)，同时废止旧的管理办法。2007年12月，总局联合信息产业部制定发布了《互联网视听节目服务管理规定》(总局令第56号)，用于规范视音频网站、音视频客户端软件等通过互联网(含移动互联网)公网向公众提供视听节目服务的业务(贺涛，2023)。2016年11月7日通过的《网络安全法》为网络视听节目服务监管体系确立了"共同治理"原则。2016年《电影产业促进法》实施，明确了微电影的管理制度。

之后的一系列规范文件，如《关于进一步加强网络视听节目创作播出管理的通知》(2017年5月)、《关于进一步加强广播电视和网络视听文艺节目管理的通知》(2018年10月)、《关于印发<网络音视频信息服务管理规定>的通知》(2019年11月)、《网络信息内容生态治理规定》(2019年12月)、《关于网络影视剧中微短剧内容审核有关问题的通知》(2020年12月)、《网络短视频内容审核标准细则(2021)》(2021年12月)等，更是从多方面对视听行业的发展做出指导和规范，在舆论宣传、传播秩序、新业态新应用等各方面提出明确管理要求，形成了一整套较为成熟完善的规则体系和制度体系，全面规范了广播电视、互联网视听节目服务、IPTV、互联网电视、移动互联网视听节目服务行为(陈林，2023)。

目前，广电视听已基本构建起由数部基础性法律、6部行政规章、42部部门规章和300多件规范性文件组成的"四梁八柱"法律制度体系。《国家安全法》《民法典》《未成年人保护法》《著作权法》《数据安全法》《个人信息保护法》等多部涉视听法律在网络安全、版权保护、未成年人网络保护、数据安全管理、用户个人信息保护等方面制定规则，形成了阵地管理、内容管理、平台管理、人员管理、数据管理等一整套相互衔接、相互配套的法规体系(陈林，2023)。

不得不提的是，电视行业的法律法规体系建设仍然有需要改进的空间：

法律依据层级偏低、政策权威性不足；地方立法薄弱，制度建设不能完全适应现实需要；对行业不良现象的惩治力度不够；对于行业中出现的新业务，现有立法滞后等，这些都是需要进一步完善的方面。尤其是针对短视频这一新的业务领域，需要更多专项法律制定，避免"约束范围有限且缺乏法律效力，对不良行为的惩治以行政处罚为主"的现象（周勇，2013：176）。

电视生态系统中的竞争主体是多样的，已有的媒介形态如电视媒体，新生的媒介形态如商业视频网站、短视频平台等，在媒介融合的趋势下，共同存在于同一的电视生态系统中，开展合作与竞争。法律法规存在漏洞和不足，说明竞争的环境因素中存在生态因子滞后、影响竞争的现象。为了保证电视生态系统的良性竞争和发展，加强电视领域的法治建设势在必行。

党的二十大报告指出："全面依法治国是国家治理的一场深刻革命，关系党执政兴国，关系人民幸福安康，关系党和国家长治久安。必须更好发挥法治固根本、稳预期、利长远的保障作用，在法治轨道上全面建设社会主义现代化国家。"未来的电视行业法律法规建设，要继续以习近平法治思想为指导，构建高质量发展的法规制度体系，加快推进《广播电视法》的立法工作，落实网上网下一个标准、一体管理要求，积极发挥行业自律的作用，进一步建设行业标准和伦理规范，同时加强普法类视听节目生产，做好普法宣传，不断提升受众参与网络传播的法律素养。

二、优化行业管理手段

改革开放以来，中国的电视事业不断探讨媒介体制改革，寻求科学有效的行政管理方式。当前，行政管理是我国对电视行业规制的重要手段之一，也是电视生态系统的重要影响因素。

（一）电视行业行政管理的基本情况

20世纪50年代末，中国的广播电视事业规模较小，实行条块结合，以条为主的管理体制，即地方广播事业受中央广播事业局和地方政府双重领导，以中央广播事业局为主的管理体制。伴随"以条为主"的领导机制，实行的是四级办广播（中央、省和地市三级办无线广播，县办有线广播）、两级（中央、省）办电视、分级覆盖的方针（周小普，2023：384）。1983 年 3 月 31 日，第十一次全国广播电视工作会议（以下简称第十一次广电会议）召开，这次会议是广播电视事业发展历史上的重大事件，对广播电视事业的发展产生了深远影响。会议提出了"条块结合、以块为主"的管理体制，即我国"各级广播电视机构之间的关系，实行如下领导体制：省、自治区、市广播电视厅（局）受该省、自治区、市人民政府和广播电视部双重领导，以同级政府领导为主。同时，省、自治区、市广播电视厅（局）的宣传工作，受省、自治区、市党委和广播电视部领导；事业建设受省、自治区、市人民政府和广播电视部双重领导，以同级政府领导为主"（赵玉明，2006：387）。

同时，会议还提出了"四级办"方针。"四级办"即"四级办广播电视"，是指除了中央和省级办广播电视以外，具备条件的省辖市、县等都可以根据需要和可能开办广播电视。"四级办"政策影响最大的是电视，1982 年全国电视台数量 47 座，到了 1989 年已突增至 469 座，可见市县两级政府投入了极大的热情响应这一政策。"四级办"提升了广播电视的全国覆盖率，丰富了播出资源，但是也带来了许多负面影响：管理混乱、资源浪费、节目水平低下等问题，并直接促使了 1997 年国家"治散治滥"政策的出台。1999 年 11 月，国家出台《关于加强广播电视有线网络建设管理的意见》（国办 82 号文件），文件中明确提出停止四级办台。"'四级办'对中国电视业的影响是巨大而深远的，这一影响直到今天仍然极其有力地塑造着中国电视业的形态"（常江，2018：209）。

1992 年党的十四大确立了社会主义市场经济体制改革的目标，从而引发了新一轮的广播电视新闻事业改革。同年 6 月，中共中央《关于加快发展第三产业的决定》将广播电视作为文化产业的重要组成部分列为第三产业，产业属性的明确进一步促进了广播电视事业的深化改革，"'以事业单位企业经营'的口号开路,广播电视的'产业'思路和'产业化'走向逐渐流行"(郭镇之,2013:220);广播电视广告收入突飞猛进,电视节目市场逐步繁荣,广播电视开启了集团化发展道路,1999年6月9日,无锡广电集团成立,成为中国第一家正式命名的广电集团。2000年8月,国家广播电影电视总局局长徐光春指出,中国广播电视的改革方向,就是要"着手组建中央一级和省一级的广播影视集团",从而正式肯定了广电行业的集团化发展方向,之后湖南、山东、上海、北京等相继组建广电集团。2001年12月6日,国家广电总局组建的"中国广播电影电视集团"也宣告成立。

自2012年党的十八大以来,广播电视事业的发展站在了一个新的历史起点,新时代的电视体制改革也如火如荼地展开。2013年,"国家新闻出版广电总局"成立,将国家新闻出版总署与国家广播电影电视总局的职责整合,此次改革是对转变政府职能、深化简政放权、创新监管方式的探索。2018年3月,新一轮改革开始,不再保留"国家新闻出版广电总局",而是在原国家新闻出版广电总局广播电视职责的基础上,成立了"国家广播电视总局"作为国务院的直属机构,原新闻出版、电影管理部门划归中宣部直属。"国家广播电视总局"的主要职责是:贯彻党的宣传方针政策,拟订广播电视管理的政策措施并督促落实;统筹规划和指导协调广播电视事业、产业发展,推进广播电视领域的体制机制改革;监管、审查广播电视与网络视听节目内容和质量;负责广播电视节目的进口、收录和管理,协调推动广播电视领域走出去工作等,其职能更加集中于对广播电视事业和产业的发展,以及对网络视听节目的管理。

(二)电视行业的媒体融合发展政策

在新时代的电视体制改革中,最为显著的就是国家不断推动、各方全面参与的媒体融合政策。2014年8月18日,中央全面深化改革领导小组第四次会议审议通过了《关于推动传统媒体和新兴媒体融合发展的指导意见》,习近平强调,"推动传统媒体和新兴媒体融合发展,要遵循新闻传播规律和新兴媒体发展规律",要"坚持先进技术为支撑、内容建设为根本,推动传统媒体和新兴媒体在内容、渠道、平台、经营、管理等方面的深度融合",要着力打造一批"新型主流媒体"和建成几家"新型媒体集团","形成立体多样、融合发展的现代传播体系"。2016年7月2日,国家新闻出版广电总局印发《关于进一步加快广播电视媒体与新兴媒体融合发展的意见》,提出广电行业媒体融合的发展任务:"树立深度融合发展理念,加快融合型节目体系建设,加快融合型制播体系建设,加快融合型传播体系建设,加快融合型服务体系建设,加快融合型技术体系建设,加快融合型经营体系建设,加快融合型运行机制建设,加快融合型人才队伍建设。"

2018年9月,国家广播电视总局增设了媒体融合发展司,对以后的广电体制机制改革、广电与新媒体的融合及网络视听管理方面产生了深远影响。2018年11月14日,中央全面深化改革委员会第五次会议审议通过了《关于加强县级融媒体中心建设的意见》,指明了县级融媒体中心建设的基本思路。2019年1月中共中央第十二次集体学习时,习近平再次强调:"全媒体不断发展,出现了全程媒体、全息媒体、全员媒体、全效媒体",要"运用信息革命成果,推动媒体融合向纵深发展"。2019年10月31日,党的十九届四中全会审议通过的《中共中央关于坚持和完善中国特色社会主义制度、推进国家治理体系和治理能力现代化若干重大问题的决定》提出:"建立以内容建设为根本、先进技术为支撑、创新管理为保障的全媒体传播体系。"2020年9月,国务院办公厅印发《关于加快推进媒体深度融合发展的意见》。2022年中宣部等多部门联合印发推进地市级媒体加快深度融合发展实施方案。2022年10月党的二十大报告明确指出要"加强全媒体传播体系建设,塑造主流舆论新格局"。

自从2014年媒体融合上升为国家战略以来,全国广电都积极开展媒体融合的探索。2018年3月21日,中央广播电视总台(China Media Group,简称CMG)的成立是一个重要事件:根据中共中央印发的《深化党和国家机构改革方案》，撤销中央电视台（中国国际电视台）、中央人民广播电台、中国国际广播电台的建制，组建中央广播电视总台（CMG），三台合一后作为国务院直属事业单位，归口中央宣传部领导。总台的成立是广播电视应对"媒体融合"国家政策的一项重要举措，直接促进了广电在管理体制、生产机制、节目内容形式等各个层面的融合创新。在内容生产机制方面，一是节目内容的生产采用"一次采集、多次加工"的方式，广播和电视之间的互动加强，提高了生产效率。同时，受众意识增强，不但重视节目内容播出后的效果反馈，也在节目制作环节加强了与受众的互动。二是节目传播渠道上"多次传播、多端展示"，形成了网站（央视网、央广网）、客户端（央视影音、央视频、云听[①]），各种级别的微博、微信公众号以及抖音、快手账号等的综合传播矩阵，节目不但在以上平台上同步播出，还借助各种链接入口实现了节目内容在几大播出平台上的呼应和联动。

截至2021年底，38家省级以上广电机构共有超470个粉丝量过百万的账号，其中千万级以上粉丝量头部账号48个。截至2021年3月，全国县级融媒体中心挂牌数量已超过2400个，基本实现全覆盖，成为基层主流舆论主阵地，县级融媒体中心从建设阶段过渡到了全面开发阶段，标志着全国的广电媒体融合不断向纵深发展。不少广电媒体从以往中心制、频道制组织架构逐渐向成规模的"工作室制"改革，激发创作能力、盘活各方资源，对传统媒体和新兴媒体实行一个标准、一体管理，实现一体化发展（国家广播电视总局发展研究中心课题组，2022）。

目前，从中央到地方，各级广电媒体贯彻落实中央部署，中央级广电媒体加强顶层谋划，建立起以内容建设为根本、先进技术为支撑、创新管理为保障的全媒体传播体系；省级广电媒体坚持"消肿减负"，近年来重点建设了

[①] 2013年5月，中央人民广播电台推出了全国电台集成播出平台——"中国广播"客户端。2020年3月，"中国广播"升级为中国国家级5G声音新媒体平台——"云听"，成为基于5G+4K/8K+AI等新技术的高品质声音聚合分发平台。

一批省级技术平台和区域性传播平台，打造了大量颇具特色、人们耳熟能详的新媒体品牌；市级广电媒体因地制宜、灵活机动，积极探索自身融合发展模式；县级融媒中心建设迄今已基本覆盖了全国，形成面向基层的主流舆论阵地、综合服务平台和社区的信息枢纽（国家广播电视总局发展研究中心课题组，2022）。

（三）电视行业行政管理的特点与趋势

1. 过程管理与结果管理相结合。实行内容全周期管理机制，将内容制作播出流程细分为前端、中端和末端等不同阶段：在前端，加强节目规划引导和播出宏观调控，赋能精品创作生产。国家广电总局建立重大题材创作统筹推进机制，成立重大现实题材电视剧创作生产领导小组，各级广电管理部门按照"找准选题、讲好故事、拍出精品"的要求，主动出题和策划，完善重点选题项目库，重点扶持、全程指导。近年来推出了电视剧《破冰行动》《功勋》、纪录片《伊犁河》《粤港澳大湾区》、动漫《大禹治水》《愚公移山》、网络剧《青春的田野》《北斗》、短视频《唐宫夜宴中的国宝》等一批优秀的视频作品；在中端，加强审核管控，确保好作品进入好时段好平台。强化网络视听编播计划执行，使上星频道节目编排方式及组合结构更加合理，实现公益属性节目比例不低于30%，主旋律题材电视剧黄金时间播出占比达50%，网站新上线节目现实题材作品占比达60%，确保主流题材播出主导地位；在末端，加强监听监看查处，健全科学节目评价体系。强化日常监测监管，及时叫停下架泛娱乐化、低俗暴力、负能量等节目。2018年12月26日开通试运行广播电视节目收视综合评价大数据系统——"中国视听大数据"系统（CVB），积极推动节目综合评价体系建设，解决收视管理难题。

2. 日常治理与专项治理相结合。除了做好日常治理工作，把控好过程管理和结果管理中的各个环节，电视行业的行政管理还重视对专项治理工作的开展，对侵权盗版、虚假广告、恶意营销、追星炒星、天价片酬、畸形审美、低俗庸俗媚俗、收视率造假等不良问题及时整治，补齐日常治理的监管漏洞和短板，完善管理体制机制。

如2021年"清朗·打击流量造假、黑公关、网络水军"专项行动、2022年"清朗·整治网络直播、短视频领域乱象"专项行动。2019年抖音封禁涉嫌黑产带货账号17089个，2020年封禁涉嫌黑产带货账号约52000个。2022年6月24日，抖音电商发布了关于开展营销活动未履约的专项治理公告。2021年底至2022年初，开展的为期2个月的短视频节目和账号专项治理工作，持续清理违规账号38.39万个，违规短视频节目102.40万条，一大批"伪正能量"节目、借"网红儿童"牟利账号、"低级红、高级黑"内容得到清理。

"限娱令""限歌令""禁奢令""限童令""限广令""禁丑令"等治理举措，"净网"行动、"护苗"行动、"绿书签"行动、"剑网"行动、"清朗"行动等一系列专项行动，治理效果显著，营造了风清气朗的电视行业生态环境。

3. 线上和线下一体化管理相结合。2018年11月27日，在全国广播电视与网络视听文艺节目管理工作电视电话会议上，中宣部副部长、国家广播电视总局党组书记、总局局长聂辰席表示，要加强广播电视和网络文艺阵地统筹管理，确保可管可控、风清气正。坚决执行网上网下统筹管理、同一标准的要求，进一步完善相关制度，抓好政策执行，加快建立网台联动的管理机制，统一执行标准，加强节目题材把关，加强对播出平台的监管，加强行业自律，确保网上网下节目在导向、题材、内容、尺度、嘉宾、片酬等各方面执行同样标准，绝不给问题节目留下空隙和死角（国家广电总局，2018）。

目前，所有视听平台和所有视听业务都纳入管理范围：按照"谁办网谁负责"原则，对网络视听节目实行先审后播、自审自播制度；建立了完善平台内容管理制度，创建网络自制视听节目审播管理新机制；出台了网络视听节目系列管理规定，构建起包括网上原创节目、引进节目、网络直播节目、社交平台节目、微短剧短视频在内的网络视听全内容管理体系；创新推进"首页首屏首条""短视频首推"工程，强化党的创新理论宣传和主题网络影视节目创作引导（国家广播电视总局发展研究中心课题组，2022）。

从传统电视和商业视频网站的媒体竞争时代开始，线上线下管理标准不完全统一的问题，就一直困扰着电视行业的媒体竞争。当前，坚持线上线下"同一导向、同一标准、同一尺度"原则，实行全媒体一体化监管机制，无疑将所有的视听媒体一视同仁，让电视生态系统中的各个竞争主体在一个更加公平透明的环境下展开媒体活动。

上文对电视行业的行政管理进行了梳理，不难看出长期以来的电视体制改革和行政管理优化措施，取得了突出成就，为电视生态系统的良性发展提供了制度保障。当然，目前的电视行业的行政管理也存在一些问题，如治理手段和治理依据不能良好对接，行政管理过细、效率低下、成本过高，管理的短期效果明显、长期效应缺位等问题。今后的电视行业体制改革，要不断推动"以党委为中心，政府部门统筹协调执行，企业、社会组织、网民等多元主体参与"的协同共治格局，完善电视生态系统的综合治理体系。综合治理作为一种新型国家治理模式，意味着治理主体多元化、治理手段多样化、治理结构网络化（唐皇凤，2007），综合治理是中国特有的治理理念，蕴含着主体多元思想和协同治理思维（郭全中，2023）。综合治理体系的不断完善，是优化电视生态系统、推动行业竞争发展的关键环节。

参考文献

图书：

[1] 艾尔·巴比. 社会研究方法[M]. 11版. 邱泽奇，译. 北京：华夏出版社，2009.

[2] 保罗·莱文森. 手机：挡不住的呼唤[M]. 何道宽，译. 北京：中国人民大学出版社，2004.

[3] 布莱恩·卡欣，哈尔·瓦里安. 传媒经济学：数字信息经济学与知识产权[M]. 常玉田，马振峰，张海森，译. 北京：中信出版社，2003.

[4] 毕润成. 生态学[M]. 北京：科学出版社，2012.

[5] 保罗·莱文森. 新新媒介[M]. 2版. 何道宽，译. 上海：复旦大学出版社，2014.

[6] 查尔斯·斯特林. 媒介即生活[M]. 王家全，崔元磊，张祎，译. 翟江虹，王安丽，改编. 北京：中国人民大学出版社，2014.

[7] 陈阳. 大众传播学研究方法导论[M]. 北京：中国人民大学出版社，2007.

[8] 陈若愚. 中国电视收视年鉴2015[M]. 北京：中国传媒大学出版社，2015.

[9] 常江. 中国电视史（1958—2008）[M]. 北京：北京大学出版社，2018.

[10] 陈亚旭. 媒介生态与地域性传播：中国地市报生存发展态势研究：第1版[M]. 桂林：广西师范大学出版社，2012.

[11] DAVID MEERMAN SCOTT. 新规则：用社会化媒体做营销和公关[M]. 赵俐, 译. 北京：机械工业出版社, 2015.

[12] 戴维 W 斯图尔特, 保罗斯·帕夫洛, 斯科特·沃德. 媒介对营销传播的影响[M]//简宁斯·布莱恩特, 道尔夫·兹尔曼. 媒介效果：理论与研究前沿：第二版. 石义彬, 彭彪, 译. 北京：华夏出版社, 2009.

[13] 方汉奇. 中国新闻传播史[M]. 北京：中国人民大学出版社, 2002.

[14] 郭镇之. 中外广播电视史[M]. 2版. 上海：复旦大学出版社, 2013.

[15] 郭庆光. 传播学教程[M]. 北京：中国人民大学出版社, 1999.

[16] 郭鸿雁. 广电产业的合作竞争[M]. 北京：知识产权出版社, 2008.

[17] 郭小平. 视听新媒体导论[M]. 北京：北京大学出版社, 2014.

[18] 顾洁. YOUTUBE 用户能动性：媒介实践论的角度[M]. 北京：中国广播电视出版社, 2014.

[19] 国家广播电视总局发展研究中心. 2020年中国广播电影电视发展报告[M]. 北京：中国广播影视出版社, 2020.

[20] 胡正荣. 中国广播电视发展战略[M]. 北京：北京广播学院出版社, 2003.

[21] 何宗就. 大视频浪潮[M]. 重庆：重庆出版社, 2015.

[22] 胡智锋. 创意与责任：中国电视的本土化生存[M]. 北京：中国传媒大学出版社, 2010.

[23] 侯海涛. 中国电视新闻媒介生态研究：转型期的媒介守望[M]. 北京：中国传媒大学出版社, 2010.

[24] 刘伯贤. 入世背景下的党报运营：一种媒介生态学视角[M]. 北京：中国传媒大学出版社, 2010.

[25] 黄迎新. 数字时代的中国电视产业研究[M]. 厦门：厦门大学出版社, 2012.

[26] 黄升民. 大视频时代广告策略与效果测量研究[M]. 北京：中国传媒大

学出版社，2014.

[27] 林文刚. 媒介环境学：思想沿革与多维视野[M]. 何道宽，译. 北京：北京大学出版社，2007.

[28] 刘海龙. 大众传播理论：范式与流派[M]. 北京：中国人民大学出版社，2008.

[29] 卢文浩. 中国传媒业的系统竞争研究：一个媒介生态学的视角[M]. 北京：中国经济出版社，2009.

[30] 刘习良. 中国电视史[M]. 北京：中国广播电视出版社，2007.

[31] 李怀亮. 新媒体：竞合与共赢[M]. 北京：中国传媒大学出版社，2009.

[32] 刘习良. 中国广播电视改革发展十年回眸（2001—2010 年）[M]. 北京：中国国际广播出版社，2012.

[33] 李振基，陈小麟，郑海雷. 生态学[M]. 3 版. 北京：科学出版社，2007.

[34] 陆地. 中国电视产业启示录[M]. 上海：上海交通大学出版社，2007.

[35] 陆地. 中国电视产业发展战略研究[M]. 北京：新华出版社，2007.

[36] 刘成付. 中国广电传媒体制创新[M]. 广州：南方日报出版社，2007.

[37] 丹尼斯·麦奎尔. 受众分析[M]. 刘燕南，李颖，杨振荣，译. 北京：中国人民大学出版社，2006.

[38] 马克·波斯特. 第二媒介时代[M]. 范静晔，译. 南京：南京大学出版社，2005.

[39] 马歇尔·麦克卢汉. 理解媒介：论人的延伸[M]. 何道宽，译. 北京：商务印书馆，2000.

[40] 约书亚·梅罗维茨. 消失的地域[M]. 肖志军，译. 北京：清华大学出版社，2002.

[41] 尼葛洛庞帝. 数字化生存[M]. 2 版. 胡泳，范海燕，译. 海口：海南

出版社，1997.

[42] 彭祝斌. 中国电视内容产业链成长研究[M]. 北京：新华出版社，2010.

[43] 彭祝斌，向志强，邓崛峰. 电视内容产业核心竞争力研究[M]. 北京：新华出版社，2010.

[44] 乔云霞. 中国广播电视史[M]. 北京：中国广播电视出版社，2007.

[45] 邵培仁. 媒介生态学：媒介作为绿色生态的研究[M]. 北京：中国传媒大学出版社，2008.

[46] 邵培仁，杨丽萍. 媒介地理学：媒介作为文化图景的研究[M]. 北京：中国传媒大学出版社，2010.

[47] 尚玉昌. 普通生态学[M]. 3版. 北京：北京大学出版社，2010.

[48] 托马斯·弗里德曼. 世界是平的[M]. 何帆，肖莹莹，郝正非，译. 长沙：湖南科学技术出版社，2009.

[49] 唐世鼎，黎斌. 中国特色的电视产业经营研究[M]. 北京：中国国际广播出版社，2009.

[50] 魏宏森，曾国屏. 系统论：系统科学哲学[M]. 北京：清华大学出版社，1995.

[51] W J T 米歇尔. 图像理论[M]. 陈永国，胡文征，译. 北京：北京大学出版社，2006.

[52] 王兰柱. 广电产业化进程中的节目形态演变[M]. 北京：中国传媒大学出版社，2007.

[53] 肖叶飞. 广播电视规制研究[M]. 芜湖：安徽师范大学出版社，2013.

[54] 肖凭，文艳霞. 新媒体营销[M]. 北京：北京大学出版社，2014.

[55] 邢建毅. 中国广电业整体转型：理论、路径与方法[M]. 北京：中国广播电视出版社，2011.

[56] 姚争. 新兴媒体竞合下的中国广播[M]. 北京：中国广播电视出版

社，2014.

[57]喻国明，丁汉青，李彪，王菲，吴文汐. 植入式广告：操作路线图：理论、实务、规制与效果测定[M]. 北京：人民日报出版社，2012.

[58]喻国明. 传媒变革力[M]. 广州：南方日报出版社，2009.

[59]喻国明. 媒介革命：互联网逻辑下传媒业发展的关键与进路[M]. 北京：人民日报出版社，2015.

[60]袁纯清. 共生理论及其对小型经济的应用研究[M]. 北京：经济科学出版社，1998.

[61]约翰 W 迪米克. 媒介竞争与共存：生态位理论[M]. 王春枝，译. 北京：清华大学出版社，2013.

[62]约翰·伊特韦尔，默里·米尔盖特，彼得·纽曼. 新帕尔格雷夫法经济学大辞典[M]. 北京：经济科学出版社，1996.

[63]约翰·菲斯克. 电视文化[M]. 祁阿红，张鲲，译. 北京：商务印书馆，2005.

[64]杨伟光. 中国电视论纲[M]. 北京：中国广播电视出版社，1998.

[65]赵子忠，赵敬. 对话中国网络电视[M]. 北京：中国传媒大学出版社，2011.

[66]张海潮，郑维东. 大视频时代：中国视频媒体生态考察报告[M]. 北京：中国民主法制出版社，2014.

[67]张明新. 媒体竞争分析：架构、方法与实证：一种生态位理论范式的研究[M]. 武汉：华中科技大学出版社，2011.

[68]周勇. 理解电视：从理论到方法的路径[M]. 北京：中国广播电视出版社，2012.

[69]周勇. 路径与抉择：主流电视媒体网络视听信息发展战略[M]. 北京：中国传媒大学出版社，2013.

[70]朱旭光. 网络视频产业的业态融合与行业治理[M]. 北京：中国广播电

视出版社，2014.

[71] 周振华. 信息化与产业融合：第1版[M]. 上海：上海人民出版社，2003.

[72] 张光宇，谢卫红，刘艳，邓晓锋. 战略生态位管理的理论与实践[M]. 北京：科学出版社，2015.

[73] 支庭荣. 大众传播生态学[M]. 杭州：浙江大学出版社，2004.

[74] 朱毅. 抬头看路：电视媒体产业及转型研究[M]. 北京：中国出版集团，2014.

[75] 赵玉明. 中国广播电视通史[M]. 2版. 北京：中国传媒大学出版社，2006.

[76] 周小普. 广播电视概论[M]. 2版. 北京：中国人民大学出版社，2023.

[77] 张君昌，王志云. 广播电视节目评估概论[M]. 北京：中国广播电视出版社，2006.

[78] 刘燕南. 电视收视率解析：调查、分析与应用[M]. 北京：中国传媒大学出版社，2006.

[79] 郭镇之. 中外广播电视史[M]. 2版. 上海：复旦大学出版社，2008.

[80] 胡智锋，刘俊. 网络视频节目策划[M]. 上海：复旦大学出版社，2021.

[81] 连少英. 电视产业多屏战略研究[M]. 北京：中国传媒大学出版社，2014.

[82] 李岚. 电视产业价值链：理论与个案[M]. 北京：社会科学文献出版社，2006.

[83] 孙玉胜. 十年：从改变电视的语态开始[M]. 北京：人民文学出版社，2012.

[84] 高红波. 电视媒介融合论：融媒时代的大电视产业创新发展[M]. 北京：社会科学文献出版社，2018.

[85] 李岚，罗艳，莫桦. 电视评估全攻略：理论、模型与实证[M]. 北京：

中国广播影视出版社，2015.

[86] 邬建中. 融合与创新：三网融合背景下我国电视产业的创新发展[M]. 北京：社会科学文献出版社，2021.

[87] 崔保国. 中国传媒产业发展报告（2015）[M]. 北京：社会科学文献出版社，2015.

[88] 崔保国. 中国传媒产业发展报告（2016）[M]. 北京：社会科学文献出版社，2016.

[89] 崔保国. 中国传媒产业发展报告（2017）[M]. 北京：社会科学文献出版社，2017.

[90] 亨利·詹金斯. 融合文化：新媒体和旧媒体的冲突地带[M]. 杜永明，译. 北京：商务印书馆，2012.

[91] 胡智锋. 电视发展新论[M]. 北京：中国社会科学出版社，2016.

[92] 刘琼. 网络大众的影像书写：中国网络微视频生产研究[M]. 武汉：华中师范大学出版社，2014.

[93] 张春朗. 媒介融合与广电传媒发展策略[M]. 北京：中国广播影视出版社，2015.

[94] 胡智锋. 立论中国影视[M]. 北京：中华书局，2017.

[95] 史可扬. 影视传播学[M]. 2版. 广州：中山大学出版社，2011.

[96] 伊莱休·卡茨，约翰·杜伦·彼得斯，泰玛·利比斯，等. 媒介研究经典文本解读[M]. 常江，译. 北京：北京大学出版社，2011.

[97] 张国良. 20世纪传播学经典文本[M]. 上海：复旦大学出版社，2013.

[98] 丹尼斯·麦奎尔，斯文·温德尔. 大众传播模式论[M]. 祝建华，译. 上海：上海译文出版社，2008.

[99] 保罗 M 莱斯特. 视觉传播：形象载动信息[M]. 霍文利，译. 北京：北京广播学院出版社，2003.

[100] 让·鲍德里亚. 消费社会[M]. 刘成富，全志钢，译. 南京：南京大

学出版社，2008.

[101] 威尔伯·施拉姆，威廉·波特. 传播学概论[M]. 2版. 何道宽，译. 北京：中国人民大学出版社，2010.

[102] 居伊·德波. 景观社会[M]. 王昭风，译. 南京：南京大学出版社，2006.

[103] 胡智锋. 中国影视文化软实力丛书[M]. 北京：中国传媒大学出版社，2014.

[104] 布尔迪厄. 关于电视[M]. 许钧，译. 沈阳：辽宁教育出版社，2000.

[105] 阿伯克龙比. 电视与社会[M]. 张永喜，鲍贵，陈光明，译. 南京：南京大学出版社，2001.

[106] 麦克奎恩. 理解电视：电视节目类型的概念与变迁[M]. 苗棣，赵长军，李黎丹，译. 北京：华夏出版社，2003.

[107] 黄升民，周艳，马丽婕. 广电媒介产业经营新论[M]. 上海：复旦大学出版社，2005.

[108] BRANDENBURGER A M, NALEBUFF B J. Coopetition[M]. New York: Currency Doubleday Dell Publishing Group, 1996.

[109] DIMMICK J W, ROTHENBUHLER E W. Competitive displacement in the communication industries: New media in old environments[M] // RICE R E. The new media: Communication, research, and technology. Beverly Hills: Sage Publications, 1984.

[110] DIMMICK J W. Media competition and coexistence: The theory of the niche [M]. New York: Routledge, 2003.

期刊文章：

[111] 陈卫星. 广告传播的逻辑[J]. 现代广告，1999(2)：11-16.

[112] 陈红梅. 媒介生态学视野下的都市报未来生存路径探析[J]. 编辑之

友,2013(5):59-61.

[113]陈旭鑫.媒介生态学观照下的我国农业电视新闻传播生态剖析[J].中国广播电视学刊,2012(11):69-71.

[114]查道存.网台联动整合传播模式解[J].市场观察,2011(11):46-47.

[115]常江,何天平.创新与颠覆:网络自制剧生产模式研究[J].中国出版,2015(12):29-32.

[116]陈波,张雷.当前电视台与视频网站的竞合策略分析[J].电视技术,2013,37(16):7-9.

[117]池建宇,陈燕霞,池建新.不对称规制下电视台与视频网站的竞争现状与趋势[J],现代传播,2015,37(1):120.

[118]陈欣,朱庆华,赵宇翔.基于YouTube的视频网站用户生成内容的特性分析[J],图书馆杂志,2009(9):51-56.

[119]陈小淑.从"台网联动"到"网台联动"探索:传统电视台持续发展的新模式[J].新闻传播,2014(7):94-95.

[120]樊昌志.媒介生态位与媒体的生机[J].湘潭大学社会科学学报,2003,27(6):139-142.

[121]谷干.我国视频网站广告研究[J].中国传媒科技,2012(2):113-114.

[122]顾晓燕.从芒果TV独播策略看互联网视频竞争新阶段[J].传媒评论,2014(6):41-43.

[123]郭贞,黄振家.以区位分析比较网络、型录、与商店作为购物管道之竞争优势:一个跨年比较[J].新闻学研究,2002(72):1-26.

[124]何宗就.从电视到大视频[J].现代电视技术,2014(9):14-16.

[125]何博仪.从芒果独播和"今日头条"版权风波看新旧媒体的博弈[J].视听,2014(7):4-5.

[126]何菲.芒果独播:破而后立[J].IT世界经理,2014(12):28-31.

[127]黄京华.网络视频与电视:受众的分流和共享[J].中国广播电视学

刊，2012(4)：76-80.

[128] 黄雨水. 生态位与感知符号：新媒介生态下电视广告的传播优势[J]. 中国广播电视学刊，2013(7)：62-64.

[129] 周小普，韩瑞娜，凌姝. 发展背景下网络收视度的影响因素研究：以热播电视剧为例[J]. 国际新闻界，2014(12)：114-129.

[130] 黄旭，程林林. 西方资源基础理论评析[J]. 财经科学，2005(3)：94-99.

[131] 姜照君，顾江. 江苏省传媒业的广告资源竞争：基于生态位理论的实证分析[J]. 现代传播，2014，36(3)：100-106.

[132] 金力. 论视频网站对传统电视的冲击[J]. 现代试听，2008(10)：44-46.

[133] 康敏. 纸媒：基于生态位视角的解读[J]. 编辑之友，2014(12)：65-68.

[134] 金妍. 媒介融合下都市类报纸的生存策略：从媒介生态位的视角来看[J]. 青年记者，2012(21)：85-86.

[135] 卢令枚. 芒果 TV 独播：传统电视媒体的平台经济新玩法[J]. 新闻研究导刊，2015，6(11)：223-224.

[136] 李凤萍. 大数据时代的网络广告模式：基于 RTB 的网络广告市场运作模式分析[J]. 编辑之友，2014(4)：43-45.

[137] 刘远军. 手机报的媒介生态位考察[J]. 新闻爱好者，2008(7)：09-10.

[138] 李洁玉，蔡丽梦. CNTV 发展策略：媒介生态位的视角[J]. 今传媒，2010，18(10)：57-58.

[139] 李其名. "报纸消亡论"的媒介生态学思考[J]. 中国出版，2013(6)：18-21.

[140] 李军，张大朴. 互联网体育广告有效传播的媒介生态因子与路径选择：基于媒介生态学的视角[J]. 沈阳体育学院学报，2013，32(6)：

25-29.

[141] 李秀珠，彭玉贤，蔡佳如. 新传播科技对台湾新闻媒体之影响：从新闻内容之区位谈起[J]. 新闻学研究，2002(6)：27-54.

[142] 李勇，郑垂勇. 企业生态位与竞争战略[J]. 当代财经，2007(1)：51-56.

[143] 刘燕龙. UGC+PGC：视频网站未来发展之路[J]. 西部广播电视，2015(18)：22-22.

[144] 彭兰. 社会化媒体、移动终端、大数据：影响新闻生产的新技术因素[J]. 新闻界，2012(16)：3-8.

[145] 彭兰. 社会化媒体与媒介融合：双重旋律下的关键变革[J]. 新闻战线，2012(2)：83-85.

[146] 强月新，张明新. 中国传媒产业间的广告资源竞争：基于生态位理论的实证分析[J]. 新闻与传播研究，2009(5)：79-87.

[147] 冉华，周立春. 2007—2013广播、电视与网络媒介产业间的竞争态势：基于生态位理论与受众资源的实证分析[J]. 现代传播，2015，37(11)：5-12.

[148] 单颖文. 融媒环境下手机"媒介生态位"探析[J]. 新闻大学，2011(1)：55-60.

[149] 宋艳丽，何宝香. 媒介生态理念下民族地区报业发展道路[J]. 新闻爱好者，2011(5)：52-53.

[150] 金妍. 媒介融合下都市类报纸的生存策略：从媒介生态位的视角来看[J]. 青年记者，2012(21)：85-86.

[151] 申启武. 媒介的生态位策略与广播频率的专业化设置[J]. 暨南学报(哲学社会科学版)，2006，28(2)：141-144.

[152] 申启武. 广播传媒生态论[J]. 学术界，2007(1)：86-92.

[153] 邵培仁. 传播生态规律与媒介生存策略[J]. 新闻界，2001(5)：26-27.

[154]邵培仁. 论媒介生态的五大观念[J]. 新闻大学, 2001(4): 20-22.

[155]舒咏平. 数字传播环境下广告观念的变革[J]. 新闻大学, 2007(1): 98-101.

[156]谭天, 张甜甜. 得平台+内容者得天下[J]. 广告大观综合版, 2014(6): 33-35.

[157]吴根良. 网络视频产业发展趋势与市场走向展望[J]. 中国新通信, 2008, (16): 14-15.

[158]魏如翔. "正当防卫"还是"固步自封"?: 对"芒果 TV 独播战略"的思考[J]. 声屏世界, 2014(8): 49-50.

[159]吴勇毅, 陈渊源. 大视频时代的跨屏整合营销[J]. 上海信息化, 2014(7): 35-37.

[160]吴清华. 网络视频: "小内容"触发"大营销"[J]. 广告大观综合版, 2014(9): 77-78.

[161]王振锋, 解树江. 竞争理论的演变: 分析与评述[J]. 北京行政学院学报, 2006(6): 57-60.

[162]王东宏. 基于生态位视角的企业进化动力研究[J]. 企业经济, 2012(9): 9-12.

[163]王光文. 论视频网站 UGC 经营者的版权侵权注意义务[J]. 国际新闻界, 2012(3): 28-34.

[164]武慧媛. 生态位视角下海外华文传媒的竞争策略[J]. 青年记者, 2014(3): 88-89.

[165]吴昀, 张梵晞. 新浪"音乐之声"微电台媒介生态位探析[J]. 青年记者, 2014, (6): 58-59.

[166]王菲菲. 从媒介生态角度看台湾报纸的"苹果化"[J]. 新闻世界, 2009(6): 92-93.

[167]徐涵. 多屏互动成常态优酷土豆端出跨终端战略[J]. IT 时代周刊,

2013(15):47-48.

[168]徐帆.从UGC到PGC:中国视频网站内容生产的走势分析[J].中国广告,2012(2):55-57.

[169]谢立文,欧阳谨文.媒介生态位与电视新闻栏目创新[J].电视研究,2004(12):38-39.

[170]谢欣.新媒体冲击下的广播电视发展[J].声屏世界,2012(8):61-62.

[171]许燕.华文对外传播的生态位分析与发展策略:以《新民晚报》海外版为例看华文对外传播的创新扩散[J].新闻大学,2009(1):76-84.

[172]余承周.媒介生态视角下现代传播体系建构刍议[J].新闻知识,2013(10):11-12.

[173]李庆春.生态位视角下传媒企业竞争战略探究[J].新闻战线,2014(5):144-145.

[174]喻国明,姚飞.强化互联网思维推进媒体融合发展[J].前线,2014(10):54-56.

[175]喻国明,樊拥军.集成经济:未来传媒产业的主流经济形态:试论传媒产业关联整合的价值构建[J].编辑之友,2014(4):6-9.

[176]杨玲丽.共生理论在社会科学领域的应用[J].社会科学论坛,2010(16):149-157.

[177]尹鸿.电视媒介:被忽略的生态环境:谈文化媒介生态意识[J].电视研究,1996(5):38-39.

[178]朱伟民.战略人力资源管理与企业竞争优势:基于资源基础理论的考察[J].科学性与科学技术管理,2007(12):119-126.

[179]赵璇.网络视频和传统电视的竞争与融合[J].视听界,2011(5):39-41.

[180]张金海,余晓阳.从甄别选择到精准匹配:互联网互动平台的广告运作模式[J].广告人,2011(6):54-55.

[181] 张海潮, 姜雨杉. 探究视频市场生态 洞察媒介融合趋势: 解读《大视频时代——中国视频媒体生态考察报告》[J]. 电视研究, 2014(12): 17-18.

[182] 张明新, 强月新. 传媒竞争研究的生态学进路[J]. 武汉大学学报(人文科学版), 2010, 63(3): 373-377.

[183] 周勇, 黄雅兰. 从"受众"到"使用者": 网络环境下视听信息接收者的变迁[J]. 国际新闻界, 2013(2): 29-37.

[184] 周振华. 产业融合: 新产业革命的历史性标志: 兼析电信、广播电视和出版三大产业融合案例[J]. 产业经济研究, 2003(1): 1-10.

[185] 周振华. 产业融合: 产业发展及经济增长的新动力[J]. 中国工业经济, 2003(4): 46-52.

[186] 张博. 个性消费心理营销研究[J]. 营销策略, 2013(10): 37-38.

[187] 张春林. 网络视频与传统电视的竞争态势分析[J]. 媒体时代, 2012(10): 23-26.

[188] 朱新梅. 电视台与视频网站进入短兵相接时代[J]. 中国广播电视学刊, 2014(6): 4.

[189] 张天莉, 郑维东. 网络视频发展及其对电视媒体影响的不断深化(上)[J]. 电视研究, 2012(11): 25-28.

[190] 张健康. 中国媒介生态学研究的量化考察、焦点回顾与质化分析[J]. 江苏师范大学学报(哲学社会科学版), 2015, 41(2): 150-157.

[191] 张志林, 王京山. 网络媒介生态位初探[J]. 出版发行研究, 2005(12): 60-63.

[192] 张意曼, 陈柏宏. 从区位理论的观点探讨电子报与传统报纸在内容上的异同: 以中时报系之电子报与报纸为例[J]. 传播与管理研究, 2005, 2(2): 209-230.

[193] 周凯. "芒果"TV 独播战略: 挑战了谁的神经[J]. 新闻与写作, 2014

(7)：69-70.

[194] 张逸, 贾金玺. 中国视频网站十年进化史[J]. 编辑之友, 2015(4)：11-16.

[195] 赵宇翔, 范哲, 朱庆华. 用户生成内容(UGC)概念解析及研究进展[J]. 中国图书馆学报, 2012(5)：68-81.

[196] 郑保卫. 数字化对传媒生态的影响[J]. 兰州大学学报(社会科学版), 2008, 36(5)：2-7.

[197] 于晓娟. 移动社交时代短视频的传播及营销模式探析[J]. 出版广角, 2016(24)：57-59.

[198] 周勇, 何天平. "全民直播时代"：网络直播对电视发展的启示[J]. 新闻与写作, 2017(2)：64-67.

[199] 刘冰, 徐鑫馨. 受众短视频消费行为及习惯调查[J]. 青年记者, 2016(31)：27-28.

[200] 王晓红, 任垚媞. 我国短视频生产的新特征与新问题[J]. 新闻战线, 2016(17)：72-75.

[201] 高崇, 杨伯溆. 微视频的内容主题发展趋势分析：基于对新浪微博官方短视频应用"秒拍"上高转发微视频的研究[J]. 新闻界, 2016(12)：47-50.

[202] 王晓红, 包圆圆, 吕强. 移动短视频的发展现状及趋势观察[J]. 中国编辑, 2015(3)：7-12.

[203] 程征, 胡启林. 国外短视频新闻机构发展现状与启示[J]. 中国记者, 2015(2)：116-118.

[204] 张庆. 传统电视媒体进军短视频的误区与着力点[J]. 现代传播(中国传媒大学学报), 2017, 39(12)：158-159.

[205] 姬德强, 杜学志. 短视频平台：交往的新常态与规制的新可能[J]. 电视研究, 2017(12)：33-36.

[206]黄伟迪. 再组织化：新媒体内容的生产实践：以梨视频为例[J]. 现代传播(中国传媒大学学报), 2017, 39(11): 117-121.

[207]周妍. 互联网+时代微视频的生态情景融合传播[J]. 电影评介, 2017(21): 61-64.

[208]李修齐. 短视频内容引导与版权保护体系[J]. 中国出版, 2017(16): 17-21.

[209]常江, 王晓培. 短视频新闻生产：西方模式与本土经验[J]. 中国出版, 2017(16): 3-8.

[210]唐绪军, 黄楚新, 王丹. 中国新媒体发展趋势：智能化与视频化[J]. 新闻与写作, 2017(7): 19-22.

[211]纪芳, 刘翼. 媒体融合的电视视频生态构建[J]. 新闻战线, 2017(12): 66-67.

[212]汪文斌. 以短见长：国内短视频发展现状及趋势分析[J]. 电视研究, 2017(5): 18-21.

[213]邓若伊, 余梦珑. 短视频发展的问题、对策与方向[J]. 西南民族大学学报(人文社科版), 2018, 39(8): 129-134.

[214]王长潇, 刘盼盼. 网络短视频平台的场景演变及其舆论博弈[J]. 当代传播, 2018(4): 16-18+27.

[215]陈妍如. 新新媒介环境下网络短视频的内容生产模式与思考[J]. 编辑之友, 2018(6): 55-58.

[216]吕鹏, 王明漩. 短视频平台的互联网治理：问题及对策[J]. 新闻记者, 2018(3): 74-78.

[217]殷俊, 刘瑶. 我国新闻短视频的创新模式及对策研究[J]. 新闻界, 2017(12): 34-38.

[218]黄楚新. 融合背景下的短视频发展状况及趋势[J]. 人民论坛·学术前沿, 2017(23): 40-47+85.

[219]方少勇.短视频崛起对传统电视媒体的启发[J].中国广播电视学刊，2019(8)：16-18.

[220]王晓红，王宛艺.短视频的机制演进与社会创新[J].新闻与写作，2019(6)：5-10.

[221]张星，吴忧，刘汕.移动短视频用户浏览和创造行为的影响因素分析[J].图书情报工作，2019，63(6)：103-115.

[222]孙光磊.传统视听内容在大视频生态中的角色定位分析[J].中国广播电视学刊，2019(6)：44-46.

[223]杨凤娇，孙雨婷.主流媒体抖音号短视频用户参与度研究：基于《人民日报》抖音号的实证分析[J].现代传播(中国传媒大学学报)，2019，41(5)：42-46.

[224]陈绍玲.短视频对版权法律制度的挑战及应对[J].中国出版，2019(5)：5-8.

[225]陈曦，吴晓艳.短视频平台的用户心理分析及其规制：以抖音为例[J].传媒，2019(3)：86-88.

[226]袁锋.网络影评类短视频合理使用问题研究：以转换性使用为视角[J].中国出版，2019(3)：41-44.

[227]吕永峰，何志武.逻辑、困境及其消解：移动短视频生产的空间实践[J].编辑之友，2019(2)：86-90.

[228]刘鹏飞.我国短视频平台的发展历程与走向[J].新闻与写作，2019(1)：81-84.

[229]郭小平，张小芸.计算传播学视角下短视频的类型化推荐及优化策略[J].电视研究，2018(12)：32-34.

[230]靖鸣.短视频传播伦理失范及其对策[J].中国广播电视学刊，2018(12)：24-27.

[231]高宏存，马亚敏.移动短视频生产的"众神狂欢"与秩序治理[J].深圳

大学学报(人文社会科学版)，2018，35(6)：47-54.

[232] 马轶群. 在创意中提高生产力、传播力、聚合力：新华网短视频内容建设实践[J]. 新闻与写作，2018(11)：89-92.

[233] 董天策，邵铄岚. 关于平衡保护二次创作和著作权的思考：从电影解说短视频博主谷阿莫被告侵权案谈起[J]. 出版发行研究，2018(10)：75-78.

[234] 卢升鸿. 短视频的内容审查及版权保护机制研究[J]. 中国出版，2018(19)：35-38.

[235] 顾杨丽，吴飞. 短视频平台的伦理困境[J]. 当代传播，2018(5)：98-100.

[236] 涂凌波. 网络视频传播再反思：伦理主体、伦理失范与传播伦理的重构[J]. 新闻与写作，2019(12)：30-37.

[237] 吴迁. 微短剧：短视频的创新及其对电视媒体的启发：基于腾讯yoo视频的分析[J]. 传媒，2019(22)：54-57.

[238] 马涛，刘蕊绮. 短视频内容产业发展省思：重构、风险与逻辑悖论[J]. 现代传播(中国传媒大学学报)，2019，41(11)：17-22.

[239] 于烜，黄楚新. 从本土MCN看中国移动短视频的商业化[J]. 传媒，2019(21)：55-58.

[240] 冷凇. 论短视频对传统电视新媒体化赋能的独特性[J]. 现代传播(中国传媒大学学报)，2019，41(10)：115-119.

[241] 强月新，孙志鹏. 媒介生态理念下新型主流媒体的内涵与建构路径[J]. 当代传播，2019(6)：10-14+22.

[242] 王晓红. 短视频助力深度融合的关键机制：以融合出版为视角[J]. 现代出版，2020(1)：54-58.

[243] 冯晓青，许耀乘. 破解短视频版权治理困境：社会治理模式的引入与构建[J]. 新闻与传播研究，2020，27(10)：56-76+127.

[244]蔡盈洲.从电视到短视频：一种演化的视角[J].中国电视,2020(9)：74-78.

[245]陈兴会.短视频MCN模式的困境与突围路径[J].青年记者,2020(20)：93-94.

[246]黄楚新,吴梦瑶.中国移动短视频发展现状及趋势[J].出版发行研究,2020(7)：65-70+64.

[247]孙振虎,何慧敏.短视频平台驱动传统媒体融合发展的创新路径研究：以央视频为例[J].电视研究,2020(7)：16-19.

[248]田元.后"网台竞合"时代长视频的困局与反思：2020年跨年晚会对阵的电视视角批评[J].青年记者,2020(18)：31-32.

[249]刘思琦,曾祥敏.知识类短视频关键构成要素及传播逻辑研究：基于B站知识类短视频的定性比较分析(QCA)[J].新闻界,2022(2)：30-39+48.

[250]温凤鸣,解学芳.短视频推荐算法的运行逻辑与伦理隐忧：基于行动者网络理论视角[J].西南民族大学学报(人文社会科学版),2022,43(2)：160-169.

[251]段鹏.社群、场景、情感：短视频平台中的群体参与和电商发展[J].新闻大学,2022(1)：86-95+123-124.

[252]陶喜红,周也馨.生态位理论视角下平台型媒体价值链生成逻辑[J].中国编辑,2021(7)：64-68+73.

[253]陶贤都,贺子坤.基于媒介生态理论的自媒体短视频治理策略研究[J].传媒观察,2020(1)：52-57.

[254]朱家明.生态位理论视角下抖音短视频的受众心理分析[J].传媒,2022(7)：91-93.

[255]喻国明,耿晓梦.复杂性范式：技术革命下传播生态系统的协同演化[J].新闻界,2022(1)：111-117.

[256] 高祥华. 媒介生态位视角下的我国电视与网络视频行业竞争分析：基于收入维度的实证分析[J]. 湖北第二师范学院学报，2020，37(9)：47-50.

[257] 周也馨. 媒介生态学视域下视频网站生态位危机及其调整[J]. 东南传播，2020(6)：128-130.

[258] 赵晖. 融合媒体时代短视频内容产业报告（2021）[J]. 影视制作，2022，28(7)：13-42.

[259] 赵晖. 融合媒体时代短视频内容产业报告（2022）[J]. 影视制作，2023，29(5)：13-34.

[260] 陆地. 视听作品评估的新思路[J]. 新闻与写作，2014(7)：66-33.

[261] 刘燕南. 关于电视评估中纳入新媒体指标的思考[J]. 中国广播电视学刊，2013(5)：11-14.

[262] 刘燕南. 电视节目评估体系解析：模式、动向与思考[J]. 现代传播（中国传媒大学学报），2011(1)：45-49+54.

[263] 常江，田浩. 间性的消逝：流媒体与数字时代的视听文化生态[J]. 西南民族大学学报(人文社会科学版)，2021，42(12)：137-145.

[264] 常江，李思雪. 生态、困境、策略：网络视听平台观察[J]. 青年记者，2021(9)：23-25.

[265] 常江. 短视频时代的信息自律[J]. 青年记者，2019(22)：27.

[266] 段鹏. 收视率与满意度的博弈：刍议电视节目传播影响力与收视率、满意度的关系. 现代传播[J]，2007(6)：85-87.

[267] 周勇，何天平. 作为一种社会语境的中国电视：历史演进与现实抉择[J]. 当代传播，2020(5)：15-21.

[268] 何天平，严晶晔. 媒介社会史视域下的中国电视60年[J]. 中州学刊，2019(5)：166-172.

[269] 周勇，何天平. 视频网站"下半场"发展观察：线索、路径与前瞻[J].

新闻与写作, 2018(5)：16-20.

[270] 周勇, 何天平. "互联网+"背景下视听传播的竞合：2015年我国视频内容发展综述与前瞻[J]. 新闻战线, 2016(5)：43-47.

[271] 常江, 何天平. 平台化 差异化 互动性 解读湖南卫视的内容生产创新[J]. 新闻与写作, 2014(8)：9-12.

[272] 曾祥敏, 张昱. 具有代表性的视频网站自制节目发展策略探究：基于节目类型形态、产制模式、盈利模式的分析[J]. 中国电视, 2016(3)：72-79.

[273] 曾祥敏, 杨丽萍. 论媒体融合纵深发展"合"的本质与"分"的策略：差异化竞争、专业化生产、分众化传播[J]. 现代出版, 2020(4)：32-40.

[274] 曾祥敏, 刘思琦, 唐雯, 等. 中央广播电视总台的媒体品牌和价值开发研究[J]. 中国新闻传播研究, 2020(2)：55-70.

[275] 曾祥敏, 杨丽萍. 媒体融合作品创优路径探析：第三十届中国新闻奖媒体融合奖评析[J]. 新闻与写作, 2020(12)：83-88.

[276] 陶喜红, 曾光. 广播电视产业市场化演进及其与市场结构、产业经济增长的关系[J]. 新闻与传播研究, 2019, 26(1)：77-97+127-128.

[277] 高红波. "互联网+电视"：中国电视融媒体产业的场域空间[J]. 现代传播(中国传媒大学学报), 2018, 40(9)：19-24.

[278] 王春浩. 新媒体企业如何搭建内容产业链：阿里集团进军文化产业给电视媒体带来的启示[J]. 电视研究, 2016(7)：30-33.

[279] 高红波. 电视媒体与新兴媒体融合发展的学理思考[J]. 中国电视, 2016(5)：60-66.

[280] 胡智锋, 刘俊. 进程与困境：模式引进时代中国电视的内容生产与产业发展[J]. 深圳大学学报(人文社会科学版), 2016, 33(3)：29-34.

[281] 朱依曦. 网络融合政策的实施效果评价：基于有线电视产业视角的实

证研究[J]. 当代财经, 2016(1): 95-107.

[282] 黄鹤, 方志鑫. 传统媒体与新媒体的交互融合: 对电视产业创新性发展的分析[J]. 现代传播(中国传媒大学学报), 2015, 37(6): 110-113.

[283] 易旭明. 中国传媒产业制度变迁的动因与机制: 以电视产业为例[J]. 上海大学学报(社会科学版), 2014, 31(5): 128-140.

[284] 王建军. 广播电视产业多元化跨界发展的战略布局[J]. 中国广播电视学刊, 2014(9): 34-37.

[285] 倪宁, 王芳菲. 电视媒体在文化创意产业中的破题之路: 基于河南卫视《成语英雄》的运营考察[J]. 当代电视, 2014(7): 89-90.

[286] 陆地, 靳戈. 大数据: 电视产业转型升级的支点和交点[J]. 电视研究, 2014(4): 13-15.

[287] 李夏. 电视剧产业面临的机遇与挑战: 从省级卫视购买与引进电视剧谈起[J]. 当代电视, 2014(4): 71-72.

[288] 邱雪, 陈丽丹. 论"三网融合"背景下的电视产业多样化经营与发展: 以2013年中国电视产业发展为例[J]. 新闻界, 2014(5): 26-29.

[289] 李陵书. 媒资内容产业化开发的前提: 版权确权清算[J]. 中国广播电视学刊, 2014(1): 80-82.

[290] 万兴. 网络融合下数字电视产业的竞合形态与企业战略[J]. 中国科技论坛, 2013(4): 59-64.

[291] 邬建中. 数字电视产业化的当前困境与转型[J]. 编辑之友, 2013(3): 68-70.

[292] 陶喜红, 胡正荣. 中国电视产业对外依存度的测度与分析[J]. 新闻大学, 2013(1): 99-105.

[293] 杨永忠, 吴昊. 电视传媒产业分析的SCPR框架: 对产品黑箱的初步打开与新有效竞争理论的提出[J]. 四川大学学报(哲学社会科学版),

2013(1)：103-112.

[294] 彭兰. 短视频：视频生产力的"转基因"与再培育[J]. 新闻界，2019(1)：34-43.

[295] 王玖河，孙丹阳. 价值共创视角下短视频平台商业模式研究：基于抖音短视频的案例研究[J]. 出版发行研究，2018(10)：20-26.

[296] 屈波，李阳雪. 移动短视频：国内电视媒体融合实践的新路径：中外电视媒体的移动短视频对比研究[J]. 电视研究，2018(8)：88-90.

[297] 朱杰，崔永鹏. 短视频：移动视觉场景下的新媒介形态：技术、社交、内容与反思[J]. 新闻界，2018(7)：69-75.

[298] 张炜，朱竞娅. 美国短视频产业内容创意与盈利模式概览[J]. 现代传播(中国传媒大学学报)，2018，40(4)：163-165.

[299] 韩晓辉. 短视频的叙事母题及内容生态构建：以"身份反转"视频为例[J]. 青年记者，2018(5)：96-97.

[300] 武楠. 短视频时代电视媒体人的转型与重构[J]. 传媒，2017(23)：41-42.

[301] 陈经超，李楚君. 移动短视频发展对重塑品牌化营销理念的启示[J]. 电视研究，2017(12)：37-39.

[302] 黄伟迪. 再组织化：新媒体内容的生产实践：以梨视频为例[J]. 现代传播(中国传媒大学学报)，2017，39(11)：117-121.

[303] 马彧. 短视频新闻：改变故事化新闻理念[J]. 青年记者，2017(29)：6-7.

[304] 常昕，杜琳. 微语态下短视频传播模式分析及趋势思考[J]. 电视研究，2017(8)：70-73.

[305] 常江，徐帅. 短视频新闻：从事实导向到体验导向[J]. 青年记者，2017(21)：20-22.

[306] 石长顺，梁媛媛. 现代视听新媒体产业模式创新研究[J]. 现代传播

（中国传媒大学学报），2016，38（2）：118-124.

[307] 郭全中，李黎. 网络综合治理体系：概念沿革、生成逻辑与实践路径 [J]. 传媒观察，2023(7)：104-111.

[308] ALBARRAN A B, DIMMICK J W. An assessment of utility and competitive superiority in the video entertainment industries[J]. Journal of Media Economics, 1993, 6(2): 45-51.

[309] BENGTSSON M, KOCK S. "Coopetition" in business networks—to cooperate and compete simultaneously[J]. Industrial Marketing Management, 2000, 29(5): 411-426.

[310] DIMMICK J W, ROTHENBUHLER E W. The theory of the niche: Quantifying competition among media industries[J]. Journal of Communication, 1984, 34(1): 103-119.

[311] DIMMICK J W, PATTERSON S J, ALBARRAN A B. Competition between the cable and broadcast industries: A niche analysis[J]. Journal of Media Economics, 1992, 5(1): 13-30.

[312] DIMMICK J W, ALBARRAN A B. The role of gratification opportunities in determining media preference [J]. Mass Comm Review, 1994, 12 (3/4): 223.

[313] DIMMICK J W. The theory of the niche and spending on Mass media: The case of the "Video Revolution"[J]. Journal of Media Economics, 1997, 10 (3): 33-43.

[314] DIMMICK J W, YAN C, ZHAN L. Competition between the Internet and traditional news media: The gratification-opportunities Niche dimension[J]. Journal of Media Economics, 2004, 17(1): 19-33.

[315] DIMMICK J, FEASTER J C, ARTEMIO R. The niches of interpersonal media: Relationships in time and space[J]. New Media & Society, 2011,

13(8): 1265-1282.

[316] DIMMICK J, FEASTER J C, HOPLAMAZIAN G J. News in the interstices: The niches of mobile media in space and time[J]. New Media & Society. 2011, 13(1): 23-39.

[317] HA L, FANG L. Internet experience and time displacement of traditional news media use: An application of the theory of the niche[J]. Telematics and Informatics, 2012, 29(2): 177-186.

[318] ROBINSON J P, BARTH K, KOHUT A. Social impact research: Personal computers, mass media, and use of time[J]. Social Science Computer Review, 1997, 15(65): 65-82.

[319] KATZ E, BLUMLER J G, GUREVITCH M. Uses and gratifications research[J]. The Public Opinion Quarterly, 1974, 37(04): 509-523.

[320] LI S C S. New media and market competition: A niche analysis of television news, electronic news, and newspaper news in Taiwan [J]. Journal of Broadcasting & Electronic Media, 2001, 45(02): 259-276.

[321] PADULA G. and DAGNINO G. Untangling the rise of coopetition: The intrusion of competition in a cooperative game structure[J]. International Studies of Management and Organization, 2007, 37(1): 32-53.

[322] RANDLE Q. Gratification Niches of monthly print magazines and the world wide web among a group of special-interest magazine subscribers[J]. Journal of Computer - Mediated Communication Research, 2003, 35 (4): 529-547.

[323] ARTEMIO R J, DIMMICK J W, FEASTER J, et al. Revisiting interpersonal media competition: The gratification Niches of instant messaging, email, and the telephone[J]. Communication Research, 2008, 35(4): 529-547.

学位论文：

[324] 陈瑞群. 传媒成长的生态学分析：以湖北知音传媒集团为例[D]. 武汉：华中科技大学，2012.

[325] 陈小叶. 媒介生态学视角下移动短视频生态位研究[D]. 成都：西南交通大学，2018.

[326] 龚婷婷. "澎湃新闻"与"梨视频"微博资讯类短视频内容特征比较研究[D]. 上海：上海师范大学，2023.

[327] 罗凯佳. PUGC 模式下资讯类短视频的发展困境与突围：以"梨视频"转型为例[D]. 上海：华东政法大学，2022.

[328] 宋雨琦. 新闻资讯类短视频的传播策略研究[D]. 武汉：华中科技大学，2018.

[329] 王三炼. 传播生态学视阈中的中国动漫产业研究[D]. 杭州：浙江大学，2009.

[330] 王春枝. 寻找利基：报纸媒体与网络媒体竞争关系研究[D]. 北京：中国人民大学，2009.

[331] 王崇鲁. 基于双边市场理论下的新兴视频产业收益分配及竞合博弈研究[D]. 北京：北京邮电大学，2011.

[332] 王一鸣. 资讯类短视频的瓶颈与破解之策[D]. 杭州：浙江传媒学院，2018.

[333] 吴雨航. 新闻资讯类短视频的传播效果及影响因素分析[D. 北京：中央民族大学，2018.

[334] 徐丽娜. 基于产业链理论的短视频发展研究[D]. 杭州：浙江传媒学院，2017.

[335] 俞湘华. 媒介生态视角下的中国民营综合视频网站发展研究（2004—2021年）[D]. 上海：华东师范大学，2022.

[336] 张健康. 媒介生态的失衡与调适: 以社会营销的兴起为背景[D]. 杭州: 浙江大学, 2005.

[337] 郑明土. 媒介生态学视角下县级融媒体中心生态位研究[D]. 南昌: 江西师范大学, 2020.

[338] 朱依曦. 中国有线电视产业的发展与规制研究[D]. 南京: 东南大学, 2016.

[339] 熊波. 新媒体时代中国电视产业发展研究[D]. 武汉: 武汉大学, 2013.

[340] 谢春林. 中国电视产业做强做大的路径选择[D]. 上海: 复旦大学, 2006.

[341] 王光文. 论我国视频网站版权侵权案件频发的原因与应对[D]. 上海: 华东师范大学, 2012.

[342] 姚争. 新兴媒体竞合下中国广播现状与发展策略研究[D]. 上海: 上海戏剧学院, 2013.

[343] 周杰. 竞合关系视角下的战略联盟合作创新研究[D]. 重庆: 重庆大学, 2019.

[344] 宋晓娟. 共生理论视角下的中国城市社区治理研究[D]. 长春: 吉林大学, 2021.

[345] 顾恩澍. 网络视频平台价值共创与商业模式创新的互动机制研究[D]. 北京: 中国传媒大学, 2022.

[346] 孙孝静. 多元共治格局下直播电商产品质量治理研究[D]. 济南: 山东大学, 2022.

[347] 杨青峰. 智能化转型重塑传统媒体竞争优势的机理与路径研究[D]. 北京: 中国传媒大学, 2022.

[348] 王文怡. 社会影响下网络视频平台的剧集产品提供策略研究[D]. 成都: 西南交通大学, 2020.

[349] 韦雅楠. 信息生态视角下企业与用户的新媒体信息交互研究[D]. 长

春：吉林大学，2020.

[350] 邓良柳. 信息生态位视域下网络用户参与品牌价值共创研究[D]. 武汉：武汉大学，2020.

[351] 徐立军. 互联网平台的电视收视测量及其评估应用：比较与重构[D]. 武汉：武汉大学，2020.

[352] 程梦瑶. 我国网络内容治理体系研究[D]. 武汉：武汉大学，2020.

[353] 李坤平. 新媒体时代的 PGC 短视频传播研究[D]. 北京：北京邮电大学，2018.

[354] 丁奕. 基于扎根理论的用户留存策略探究：以抖音 App 短视频 UGC 平台为例[D]. 厦门：厦门大学，2018.

[355] 闫佳美. 基于互动仪式链理论的短视频互动传播研究：以抖音 App 为例[D]. 武汉：武汉大学，2019.

[356] 狄晓铭. 抖音短视频信息流广告用户参与行为影响因素研究[D]. 郑州：郑州大学，2019.

[357] 邓年生. 权力视域下我国短视频场域多元协同治理[D]. 南昌：南昌大学，2021.

[358] 何白. 中国网络视频产业发展研究[D]. 厦门：厦门大学，2017.

[359] 王微. 信息生态视角下基于 UGC 的网络视频舆情传播研究[D]. 长春：吉林大学，2020.

会议录：

[360] 高瑾. 我们身处怎样的时代[C]. "转型与超越：新媒体环境下的视听信息传播"研讨会会议录. 北京，2015.

[361] LI S C S. The impact of market competition on the terrestrial television networks in Taiwan: The perspective of niche theory[C]. Paper presented at the annual meeting of the Chinese Communication Association.

Taipe, 1998.

电子资源:

[362] 酷6宣布删除无版权作品. 联合搜狐筹建版权采购基金[EB/OL]. 人民网, 2009-12-22. http://it.people.com.cn/GB/42891/42898/10631997.html.

[363] 中国网络视频反盗版联盟启动 全行业亮剑反盗版[EB/OL]. 人民网, 2009-10-27. http://it.people.com.cn/GB/119390/118342/172312/172314/10269428.html.

[364] 马海燕, 高琳. 15家视频网站纳入版权局反盗版主动监管名单[EB/OL]. 人民网, 2010-09-15. http://it.people.com.cn/GB/42894/196085/12734343.html.

[365] 周治宏. 百家视频网站宣言版权自律 张朝阳号召壮士断腕[EB/OL]. 北京晨报, 2010-01-21. http://tech.sina.com.cn/i/2010-01-21/01523790653.shtml.

[366] 优酷网IPO投资研究报告[EB/OL]. i美股, 2010-11-22. http://www.techweb.com.cn/it/2010-11-22/721120.shtml.

[367] 搜狐视频客户端深度切入三星硬件"生态系统"[EB/OL]. 新华网, 2013-09-25. http://news.xinhuanet.com/tech/2013-09/25/c_125444446.htm.

[368] 中共中央关于全面深化改革若干重大问题的决定[EB/OL]. 新华网, 2013-11-15. http://news.xinhuanet.com/2013-11/15/c_118164235.htm.

[369] 马可戚薇加盟《万万没想到》湖南卫视贺岁档上线[EB/OL]. 新华网, 2013-12-19. http://news.xinhuanet.com/ent/2013-12/19/c_125884227.htm.

[370]苏亚萍. 我国广播电视制播分离政策环境研究[EB/OL]. 人民网, 2011-04-27. http://media.people.com.cn/GB/22114/44110/213990/14498192.html.

[371]爱奇艺联手河南卫视投入数千万现金打造大型电视节目《汉字英雄》[EB/OL]. 爱奇艺, 2013-05-09. http://www.iqiyi.com/common/20130509/91357909b321f215.html.

[372]肖芳. 芒果TV独播湖南卫视王牌综艺:视频行业将有何变数?[EB/OL]. 2014-10-31. http://www.techweb.com.cn/internet/2014-10-31/2091580.shtml.

[373]湖南台玩独播:芒果TV能玩死视频网站?[EB/OL]. i黑马, 2014-06-26. http://money.163.com/14/0626/08/9VLF76RS00253G87.html.

[374]马斌. 网络视频步入多屏时代 风行网重新定义新一代视频[EB/OL]. 人民网, 2014-01-03. http://media.people.com.cn/BIG5/n/2014/0103/c40606-24012047.html.

[375]崔西. 湖南卫视扶持芒果TV杀入媒体:版权独播不分销[EB/OL]. 新浪科技, 2014-05-09. http://tech.sina.com.cn/i/2014-05-09/00139367262.shtml.

[376]湖南卫视旗下节目芒果TV独播不分销[EB/OL]. 新快报, 2014-05-10. http://news.ifeng.com/a/20140510/40234810_0.shtml.

[377]爱奇艺2亿买醒湖南广电,于是芒果TV开始独播发力了[EB/OL]. 钛媒体, 2014-12-04. http://www.tmtpost.com/175059.html.

[378]蔚潇潇. "台网联动"更受伤? 湖南卫视网络独播为几何[EB/OL]. 人民网, 2014-05-09. http://media.people.com.cn/n/2014/0509/c14677-24998451.html.

[379]2014中国网络自制内容白皮书[EB/OL]. 艺恩咨询, 2014. http://

www. entgroup. cn/report/f/2618130. shtml.

[380] 孙洪磊. 不是谁都能做互联网电视内容 经新闻出版广电总局批准的广播电视机构才有资格[EB/OL]. 新华网, 2014-07-06. http：//news. xinhuanet. com/culture/2014-07/06/c_ 126715984. htm.

[381] 视频网站版权争夺战放倒了谁[EB/OL]. 企业观察报, 2014-05-06. http：//ip. people. com. cn/n/2014/0506/c136655-24981332. html.

[382] 中国网络自制剧产业发展研究报告 2014—2015[EB/OL]. 骨朵传媒, 2015-06-27. http：//www. guduomedia. com/439. html.

[383] 罗朝辉, 李钢. 2014 年网络自制剧发展报告[EB/OL]. 广电独家, 2015-01-15. http：//mp. weixin. qq. com/s?＿＿biz＝MjM5MjEwOTc3Nw＝＝&mid＝202465961&idx＝3&sn＝fe265b95227f5c089ba2d573f3d91bc5#rd.

[384] 王博文. 网络节目的逆袭之路——从《爱上超模》反向输出湖北卫视说起[EB/OL]. 2015-07-27. http：//www. cac. gov. cn/2015-07/27/c_ 1116022983. htm.

[385] 爱奇艺推出视链升级技术 Video out 视频识别进入智能时代[EB/OL]. 爱奇艺 2015-02-04. http：//www. iqiyi. com/common/20150217/7ea248d8b7794fe7. html.

[386] 韩元佳. 湖南卫视独播策略已动摇？[EB/OL]. 北京晨报, 2015-11-10. http：//finance. sina. com. cn/roll/20151110/010023720006. shtml.

[387] 克顿传媒数据中心. 2015 年上半年视频网站电视剧市场分析[EB/OL]. 克顿传媒, 2015. http：//datacentre. croton. com. cn/NewsDetail. aspx? id＝6032.

[388] 时斓娜, 苏墨. 行业苦"剪刀手"久矣, 短视频版权保护难在哪儿？[EB/OL]. 中工网, 2022-05-29. http：//www. workercn. cn/34060/202205/29/220529044712668. shtml.

[389] 这些电视购物涉嫌虚假宣传, 你被忽悠了吗？[EB/OL]. 搜狐网,

2015-11-04. https://www.sohu.com/a/39612687_115420.

[390] 2019 中国短视频企业营销策略白皮书[EB/OL]. 艾瑞咨询, 2019-12-30. http://report.iresearch.cn/report/201912/3504.shtml.

[391] 全民秀演技 小咖秀荣登金鹰"最潮互联娱乐榜"[EB/OL]. 海峡法治在线, 2016-10-29. https://www.163.com/news/article/C4HPEOGK000187V5.html.

[392] 2016—2017 中国短视频市场研究报告[EB/OL]. 艾媒咨询, 2017-04-21. https://www.iimedia.cn/c400/51028.html.

[393] 2020—2021 年中国短视频头部市场竞争状况专题研究报告[EB/OL]. 艾媒咨询, 2021-01-23. https://www.iimedia.cn/c400/76654.html.

[394] 2018 年中国短视频营销市场研究报告[EB/OL]. 艾瑞咨询, 2018-12-30. https://report.iresearch.cn/report/201812/3302.shtml.

[395] 王禹. 微短剧成为又一个新赛道,"微"而不弱、"短"而不浅成为新风向[EB/OL]. 广电视界, 2023-04-01. https://baijiahao.baidu.com/s?id=1761984654436076116&wfr=spider&for=pc.

[396] 关于进一步加强网络微短剧管理 实施创作提升计划有关工作的通知[EB/OL]. 国家广播电视总局, 2022-12-27. http://www.nrta.gov.cn/art/2022/12/27/art_113_63062.html.

[397] 2021 全国县级融媒体中心短视频传播力榜单[EB/OL]. 新华智云 MC-NDATA, 2021-12-29. http://www.xinhuanet.com/tech/20211229/76dc9ecec34b40ff9902bc243c252f09/c.html.

[398] 德塔文 2023 年上半年微短剧市场报告[EB/OL]. 德塔文影视观察, 2023-07-06. https://c.m.163.com/news/a/I90I6LRC0517D4E0.html.

[399] 2021 视频内容趋势洞察——微短剧篇[EB/OL]. 艺恩, 2021-10-23. https://www.endata.com.cn/.

[400] 刘晓华. 评估内容版权价值 拓展版权运营空间[EB/OL]. 流媒体网,

2023-02-17. https：//lmtw. com/mzw/content/detail/id/222398/keyword_id/-1.

[401]贺涛. 以良法善治推动网络视听高质量发展[EB/OL]. 国家广电智库，2023-08-01. https：//mp. weixin. qq. com/s/tWx5fNFLJ7tLNFLKDauaYA.

[402]陈林. 建设高水平网络视听治理体系的经验与思考[EB/OL]. 国家广电智库，2023-04-17. https：//mp. weixin. qq. com/s/UEXT59WGpTZeS-jEA0Jv3Q? poc_ token=HJ7aG2Wj7F5a7T-nHtvNilnRZjfU6R_ CZ9R115P.

[403]国家广播电视总局发展研究中心课题组. 加快媒体融合，奏响广电改革发展最强音[EB/OL]. 国家广电智库，2022-08-09. https：//mp. weixin. qq. com/s/3raHLaHI5cXuR6yRJ4i8hA.

[404]同一标准管理网上网下视听节目[EB/OL]. 国家广播电视总局，2018-11-27. https：//tech. qq. com/a/20181127/014321. htm.

[405]国家广播电视总局发展研究中心课题组. 广播电视法治建设取得历史性成就[EB/OL]. 国家广电智库，2022-08-08. https：//mp. weixin. qq. com/s/4G7TDn8J0ikpUJei-Zs-uw.

[406]危害极大! 33789个"儿童邪典"视频被清理删除[EB/OL]. 北京日报，2021-04-26. https：//baijiahao. baidu. com/s? id=1698070294818685518&wfr=spider&for=pc.

[407]短视频用户价值研究报告[EB/OL]. 中国广视索福瑞媒介研究（CSM），2020-09-16. https：//www. sohu. com/a/418873830_ 665157.

[408]谢若琳. 从相亲相爱到相爱相杀 长视频与短视频战事升级 影视博主向死而生[EB/OL]. 证券日报，2021-04-26. http：//www. zqrb. cn/finance/hangyedongtai/2021-04-26/A1619364972314. html.

[409]张守坤，韩丹东. 专盯垃圾桶卫生间和计生用品盒 拍租客遗留物编故事发网上为了啥[EB/OL]. 法制日报，2022-04-28. http：//www. legaldaily. com. cn/Lawyer/content/2022-04/28/content_ 8711195. html.

[410]王莹,陈立烽. 制作视频网上传播 侵犯隐私被判赔偿[EB/OL]. 法治日报,2022-05-31. http://www.legaldaily.com.cn/index/content/2022-05/31/content_8726690.htm.

附　录

附录1　受众满足获得和满足机会访谈大纲

（您好！感谢您参与此次访谈。本访谈主要是为了了解观众使用电视和视频网站的情况，访谈的结果全部用作学术研究，所有的访谈资料均作匿名处理。再次感谢您的参与！）

访谈时间：　　　　访谈地点：　　　　访谈时长：

访谈对象：　　　（先生或女士）　　　年龄：

职业/身份：　　　网龄：

1. 请问您平时使用电视和视频网站吗？你能够方便地接触到它们吗？

2. 您喜欢自己主动寻找视频节目吗？你是在电视上寻找还是在视频网站上寻找，或者其他途径？你觉得什么途径最方便？

3. 您会把你认为有趣的视频分享给别人并评论这些视频吗？您有过自己拍摄并发布视频的愿望和经历吗？以上这些行为您通常在电视还是视频网站上进行？或者其他平台？

4. 您使用过视频网站上的弹幕功能吗？感觉怎么样？

5. 在出行或做家务的时候，您会利用手机或平板电脑观看视频或者其他信息吗？这时您会观看哪种类型的视频？这会不会让您觉得很方便、很充实、很愉快？能否举个例子。

6. 电视和视频网站比较起来，您觉得哪一个使用起来更方便？哪一个使用起来更舒适？

7. 您是否拥有电视、电脑、手机、平板等几个媒体？您是否经常轮流使用它们？您经常使用它们观看视频吗？

8. 您是否觉得使用新媒体以后你媒介消费的时间增加了？

9. 在新闻、综艺、影视剧中等节目中，您平时最喜欢看的是哪一类？您是通过电视还是视频网站观看？为什么？

10. 最近或者曾经有没有您最想看的一个节目，但是只有通过电视或者只有通过视频网站才能看到？

11. 电视和视频网站比较起来，您觉得哪里的节目更多、更新、更全？哪里的节目更加符合您的口味，更能满足你？

附录2　媒体访谈大纲

（您好！首先，感谢您接受此次访谈。访谈的主题是：电视媒体和商业视频网站的竞争关系。访谈的内容主要围绕电视和视频网站的内容、受众、广告、相关政策等展开。此次访谈主要问题12个。访谈的内容完全用作学术研究。再次感谢您的配合！）

1. 您觉得电视/视频网站的内容资源具有什么样的特征，与视频网站/电视媒体的内容相较而言，最大的优点和缺点是什么？

2. 请您谈谈贵台/网站的内容建设情况，以及在内容上和视频网站/电视媒体的竞争和合作情况。

3. 在内容竞争合作的过程中，您最大的感触是什么？

4. 电视媒体和视频网站在内容方面的竞争，经历了一个长期发展、不断变化的阶段，您是怎么理解这一过程的？

5. 您怎么看待湖南卫视的独播策略？

6. 有研究表明：在受众方面，(1)电视和视频网站的竞争十分激烈，二者的受众规模都在增加，但是受众对电视的消费时间正越来越少，对网络视频的消费时间则越来越多。(2)电视媒体对比视频网站仍然具有很大的竞争优势，但是随着时间的推移，这种优势正在急剧下降，而视频网站的竞争优势则不断上升。您怎么看待这一结论？

7. 目前，受众的需求呈现互动、移动、即时、多样化、个性化的特点，您觉得目前受众最明显的需求是什么？在满足这种需求方面，相较于电视媒体/视频网站，视频网站/电视媒体具有什么样的优势和劣势？为什么？能否举例说明？

8. 有研究表明：在广告方面，(1)电视和视频网站的竞争非常激烈。(2)电视媒体对比视频网站仍然具有很大的竞争优势，但是随着时间的推移，这种优势正在急剧下降，而视频网站的竞争优势则不断上升，您怎么看待这一结论？

9. 您觉得相较于电视台/视频网站，视频网站/电视台在吸引广告方面有什么优缺点？

10. 您认为未来电视和视频网站二者的关系最好的发展方向是什么？

11. 您觉得未来视频行业要想健康发展，需要注意哪些问题？或者说，关于视频行业的健康发展，您有什么看法和建议？

12. 有人认为，目前的视频行业已经进入"大视频时代"，您同意这一说法吗？您心中的大视频时代是什么样的？它具有什么样的特点？

附录3　深度访谈1

（G先生，某视频网站销售部管理人员，从事互联网营销工作7年，访谈时间：2016年1月25日）

笔者：和电视台相比，您觉得视频网站的内容资源具有什么样的特征，与电视媒体的内容相较而言，最大的优点和缺点是什么？

G先生：相比较而言，视频网站整体偏娱乐化。领先的几个视频网站，从它的流量结构上来讲，毫无疑问电影、电视剧、综艺和动漫这四个频道都是排到前面，这一点跟电视不太一样。电视内容除了娱乐的内容之外，它还承载较多的功能就是新闻，还有财经的东西，相对来说也占有它一部分的份额，互联网视频涉及这方面的内容相对来讲份额就低一些。如果说两者相同的部分内容，娱乐这一方面的话，互联网视频跟传统电视媒体最大的不同是传统电视媒体是时序性播放，一天24小时不停地线性播放，互联网视频是点播的模式。点播的模式和线性模式有一个不同，我个人认为，点播的模式下用户的选择性强，好的内容和一般的内容在收看流量方面相差非常大，线性播出虽然也存在用户喜欢看和不喜欢看的现象，但线性播出有个关键的问题是它受制于时间、空间的限制，当然也会有时间、空间的价值，举个例子，比如在中午吃饭，一个人在家的时候，可能会打开电视看一会儿，这个时候中午的节目内容不一定是精彩的内容，这时有一个伴随收视所在，所以中午也有一定的收视行为，点播基本不受时间、空间的限制，特别是我们用手机、平板等设备，基本不受限制，只要有时间就可以看，能够接触到，而传统电视媒体不是这样，不是你想看的时候就可以看的，我觉得这个对电视节目的编播安排来讲，其实也是有一个惯性的。二者所面向的人群也不太一样，我们得承认电视人口相对老龄化，从总体上来讲，电视人口中 35 岁或 40 岁以上的人口占比要远远高于互联网视频，当然这个是由电视台特性直接决定的，而在互联网视频中 15 岁至 25 岁的年轻人占比要远高于传统电视。

笔者：就是说视频网站的受众在收入、年龄方面具有自身的特征？

G 先生：从收入来讲，互联网视频仅仅是个大众媒体，并不能说，互联网视频用户比传统电视用户收入有多么强，但年轻化的趋势是非常明显的。因为这个原因，所以用户选择了喜欢观看的内容，甚至为这两个平台专门定制的内容也都不一样。而且，电视迄今为止，是在老少咸宜、雅俗共赏的思路下制作内容，这是由电视的传播特性所决定的，因为电视媒体最早是个家庭娱乐工具，虽然发展到今天它还是不是一个家庭娱乐工具还不好说，但至少在每年春晚的时候还能体现出来，就是大家聚在一起，这个时候雅俗共赏、老少咸宜的指标就很重要了。而互联网视频内容不是这样的，互联网视频首先是点播的，点播就意味着用户可以有非常大的选择性，也就意味着，我没必要在一个节目里面兼顾老少和雅俗，这个节目可以做得很雅，那个节目就可以做得很俗。这个节目就可以专门给小孩子看，另外一个节目就可以专门给中年人看，让用户在无限的平台上各取所需就可以了。

笔者：其实这个就回到生产方式的问题上了，您刚才也谈到二者的内容区别、编播方式的区别，还有受众方面的区别，那么现在的问题是点播方式的不同决定了二者的生产方式是不一样的。

G 先生：或者说我们的生产目标、受众人群。电视要兼顾雅俗共赏，举个例子来讲，在电视媒体里面，即便是完全面对年轻人的电视节目，也不可能过多地使用网络化语言，因为它要照顾年龄稍大的受众可以听懂、看懂。互联网视频节目如果就是给中学生、大学生看的，就可以大量用一些网络语言，35 岁以上的人可以不点开看。

笔者：那么生产方式方面的区别您觉得有哪些？

G 先生：生产方式的话，我们把它分为四大类：第一类是版权采购，第二类是媒体自制，第三类叫专业团队自制，第四类是网友上传。所以你会看到，从上往下，创作的自由度、市场化程度是越来越高的。版权采购是市场化程度最低的，购买的是成品。媒体自制是由媒体来掏钱或者说媒体来主导，就是所有商业视频网站的自制。网友上传的创作自由度是最高的，可以说是市场化程度最高的。它可以高到媒体在其中获得不了多少收入，比如说作为用户的我上传了内容之后，我就靠通过其他平台的推广，等视频火了之后，即便是雪藏在七八层之下也没关系，靠人传人的方式传播就可以火起来。而在这种情况下，也就是说网友上传如果有商业模式的话，其模式是可以脱离视频媒体平台而存在的，它可以存在于市场平台上，可以存在于电子商务上、电商网站上，而前三种模式基本上还要附着于这个视频媒体平台上而实现价值的。

笔者：能否介绍下您所在的网站的内容建设情况、跟电视媒体的合作情况。

G先生：视频网站的内容建设方面，我们在起家的时候是第一种方式：版权采购，大概是2013年底、2014年初的时候我们开始做模式上传的通道，2014年我们开始加强我们的自制。不同的频道，包含的类型不一样，如电视剧频道基本上只包含前三类，版权采购的比例最高，媒体自制的占比有明显提高，专业团队自制的也有体现。电影频道也是这样，不仅仅是我们理解的院线的片子，从流量上来讲，占比10%多一点，但是从数量上来讲，近30%的是网络电影。他们称之为"网大"——网络大电影，它不是在院线播出的，但是基本上是按照电影的模式来拍摄的，时长也是差不多。综艺节目也差不多是这样的。另外网友上传是专门的频道，我们有原创频道、搞笑频道等频道。我们最早跟电视媒体的合作是版权采购的合作方式，这是合作的第一阶段。第二阶段我们在2012年底、2013年初推出了专门的合作计划，我们鼓励中小电视台把他们的电视节目放到网上，毕竟全国80%的电视台不是上星频道，包括省级、市级地方电视台，他们做出了不少好的内容，非常有地方特色。但是这些内容，第一没有全国播出的平台，我们鼓励他们虽不能上星，但是可以上网，在我们的网站上播出，我们甚至可以开出专门的频道，是按照点播的方式，用户可以直接访问这些频道，产生的广告收益可以跟他们分成。大概从 2014 年开始，我们的节目开始反向地向电视台输出，特别是在 2015 年自制内容得到了很大的发展，进行了一些节目的联合制作，如 2015 年我们和东方卫视共同出资合作了一档综艺节目，同时在电视台和互联网上播出。这属于非常典型的网台联动。

笔者：我注意到咱们非常注重网台联动和反向输出，从对象上非常注重非上星电视台。

G 先生：对，非上星台和我们合作会更顺畅一些。其实，在和卫视合作的时候双方不是那么平等，你可能有好的 IP，好的 Idea，但是对方还是以居高临下的态度来对待合作。但是这件事情在 2015—2016 年已经得到了改变，就是双方的合作地位更加平等，双方在利益分配上更加能够按照付出来分配利益。

笔者：那您觉得地位改变的原因是什么呢？

G 先生：地位改变还是因为互联网本身这个传播平台的实力在增强，在以往台网联动时期，节目热不热要靠播放的时段，没有好的时段或者没有合作的台，网上也热不了，这是 2010—2013 年的状况。2015 年有很多内容不需要借助电视台的播出，互联网就可以热起来。比如有些节目永远上不了卫视，但是这不影响它成为互联网的热门综艺节目。

笔者：从双方发展的历程上看，视频网站发展之初，跟电视台的关系，主要是购买电视台的内容。后来，网台开始一起做节目，甚至视频网站可以开始输出节目，湖南卫视的独播策略的出现，似乎推动双方关系进入一个新的阶段，这是不是预示着双方开始进入网台博弈的阶段呢？

G 先生：需要看卫视的情况，卫视的结构大概能分出三档来，除去央视，前三个就是湖南卫视、浙江卫视和江苏卫视。中国不同档的卫视面临博弈的状况是不太一样的，比如，所有人都公认的老大哥湖南卫视，它所面临的可能确实就是真正的博弈，但是除了湖南卫视，其他卫视还是可能要遵循合作与博弈交替的状态。对视频网站来说，湖南卫视节目的丧失并不等于所有电视节目的丧失，综艺节目之外更是这样，剧类节目的市场更加广阔。事实已经证明了，湖南卫视独播的战略对视频网站的发展没有不利的影响。这个市场还在产生增量。

笔者：在受众方面有一些研究结论：（1）电视和视频网站的竞争十分激烈，二者的受众规模都在增加，但是受众对电视的消费时间正越来越少，对网络视频的消费时间则越来越多。（2）电视媒体对比视频网站仍然具有很大的竞争优势，但是随着时间的推移，这种优势正在急剧下降，而视频网站的竞争优势则不断上升。您怎么看待这一结论？

G先生：我觉得是这样，这个体现了互联网带给整个中国社会的变化。从群体性消费向个性化消费的转变，这个从大的购物商场到淘宝、天猫、京东的变化就可以看得出来。美国人讲的黑色星期五，彻夜地在购物商场门口排队，早上9点一开门立即冲进去抢购各种东西，在中国演化成了双十一，得守夜到晚上12点，等产品一降价立即往购物车里扔，在线付款，等着送货。从这个过程可以看得出，中国的社会从家族式向个性化方面进行瓦解，这是整个互联网经济带来的趋势。

笔者：确实目前的受众特征，或者受众需求发生了新的变化：如受众互动性需求增强了，还有多样化个性化的需求。

G先生：我们过年的时候有一种现象，家庭团圆，坐到一桌没话说，发朋友圈、发微信都那么开心。究其原因是为什么，是因为那一桌上的人年龄、阅历、经验相差巨大。拿着手机发微信的人多是年轻的小辈人，他们在现实的饭桌上多是争不到话语权，聊得特别畅快的往往都是中年父母或者老人，所以他们就去玩手机了。这即是我们所说的传播和沟通的个性化，以前他也想那样，只不过他没东西可用，只能静静地听着，多吃两口菜，现在基于微信传播的渠道,他就会变得个性化了。这个社会所谓的"怪现象"就发生了,其实我觉得那个现象一点都不奇怪。我们讲了这么多,其实就是想说互联网吸引受众的核心的价值不是在于互联网的内容上比电视更丰富,而是在于互联网的内容提供给用户更多的选择。互动本身也是个性化。所谓互动就是说,你是跟机器交互,还是跟某一个特定的人士交互,它也是一种个性化的体验,能带来个性化体验的东西都是年轻人所向往、所喜爱的。

笔者:视频网站在满足受众的个性化需求方面是怎么样的?能否举一些具体的例子?

G先生:个性化优势是在于一方面你给他一两百、两三百个内容让他选。另外一个是通过技术手段,了解这些用户的收看习惯,如具体推送的内容就不一样,换句话说我们网站主页的部分内容每个人看到的是不一样的。我们PC端的视频软件,打开软件看到的内容每个人的都是不一样的,这就是基于大数据的推送技术,它会有选择性,把个性化形成正向循环。首先,用户喜欢选择,其次,通过他的选择我知道他喜欢什么,我给他更多的更适合他的选择,他就会更喜欢选择。他就会利用更少的选择时间,把观看时间留在视频收看上,如此不断地滚动,形成了正向循环。

笔者:弹幕是不是也有这样的功能。

G先生:弹幕主要就是满足个性化和沟通的需求。用户对互联网视频内容和传统电视最大的区别就是,我不光看,还要说。说的时候还不能耽误看,这是一种很奇特的交互方式,虽然这种交互方式对许多网友来说有点不太适应,但对于年轻人来讲是一种社交。这种交流的变化可能和中国近些年的城镇化、独生子女的政策有很大的关系。中国年轻一代对于社交的渴求,在线社交、虚拟社交的渴求可能会比发达国家的强烈。

笔者:那么咱们现在用大数据技术做内容生产方面有什么大的动作吗?

G先生:大数据对于我们来讲就是说它对于整合数据、内容生产方面可以解决微观问题。什么叫微观问题呢?我们有一项技术叫滤镜,每一秒的用户观看量都可以计算出来。对于这个数据的分析，包括编导对于桥段的分析，里面情节的设计是有参考价值的。但有些情况下大数据的帮助不是特别强，因为内容制作本身是艺术创作，和作曲、画画是一样的，基本的创意主题是感性的东西，通过大数据的方式来做是不太现实的。

笔者：我明白您的意思，比如我们创作一个剧，还是应该按照它的传统的规律来进行。用数据分析的话可以对某一个桥段、画面等进行调整，做一些微调，但整体该剧是否受欢迎，还是由导演、编剧的艺术创作来决定的。

G 先生：就跟画画一样，机器人可以画得很好，可以临摹，它可以临摹得惟妙惟肖，但是如果让它自己创作，并且让人都能读懂，目前还没有这样的人工智能。大数据还可以做内容的宣传和传播。比如我们做很多内容的时候，我们非常注重在社交媒体的传播，这时候大数据的分析就非常能够帮助我们。比如一期节目播出完了之后，首先用滤镜分析出来哪些地方用户看得最多，把那些地方的东西提炼出来成为话题，在社交媒体上进行传播，这就是大数据的价值。

笔者：传播的目的还是为了内容的销售、增加流量。

G 先生：对。电视和互联网最大的区别是，如果电视的节目是周播的，在两个周播日之间是很难再带动热潮的；而互联网平台，即便这个节目是周播的，我在周播的时间之后，还有 5 天的时间可以把它分成很多小段，把最热的内容再进行传播，再借助社交媒体，所以即便是周播的话，它的播出也是连续的。而电视的周播节目，一定是跳跃的，不可能是连续的。这个是很有意思的一个现象。我们讲三天预热、一天播出、三天片段回顾。通过这样的方式，一周的时间就是这样利用起来了，这样不断地滚动下去。

笔者：那么，在受众方面二者还有其他区别吗？目前电视媒体在受众方面的竞争优势还是要强于视频网站的，同时视频网站的竞争优势在不断上升。

G 先生：我个人认为，电视媒体的竞争优势之一是覆盖度，能覆盖广泛的范围，刚出来的互联网人口统计报告，整个互联网才不过 6.88 亿，视频网站的受众满打满算总共 7 个亿。而电视媒体受众有十几个亿，受众覆盖方面还是有明显的竞争优势的。点播模式和线性播出模式各有优势所在。比如，晚上在家一起看电视，可能还是相当一部分人的习惯，打开电视之后，喜欢或者不喜欢都会在那里坐一晚上。这个习惯在一些地区依然大面积地存在，虽然一线城市不是这样，但是三、四、五线城市依然是中国大量人口的聚集地，线性播出也有其价值。我们相信，随着老龄化人口的覆盖，必须要使用线性播出。45 岁以上且不会使用电脑的人，你是不太可能教会他熟练使用电脑和手机的，必须要推出线性播出的方式。

笔者：在广告方面有一些研究结论：(1) 电视和视频网站的广告竞争非常激烈。(2) 电视媒体对比视频网站仍然具有很大的竞争优势，但是随着时间的推移，这种优势正在急剧下降，而视频网站的竞争优势则不断上升，您怎么看待这一结论？

G 先生：我觉得，广告业务的核心是覆盖和准确度。电视媒体在覆盖上有优势，互联网视频在准确度上比较精准。电视媒体的收视数据还是按 10 亿以上的人口来算的，我们这边的话，还是按照 6 个多亿的网络人口来算的。电视媒体的优势是非常明显的，虽然在北京这样的一线城市二者之间基本上持平，但从全国的情况看，电视媒体还是有一定的优势的。精准度的话，互联网覆盖的人群，如果我们把 18—35 岁定义为 80%~90% 的商业广告所面向的人群的话，这部分人群的比例在互联网视频中的比例要远远高于电视。所以即便我任何精准都不做，我在互联网上投，这部分用户的比例要比电视高很多，我相信至少高 10 个点以上。这就是竞争的优势，况且互联网广告还可以做得更精准。比如，20—30 岁的女性人群可以专门进行广告投放，也可以找到专门买汽车的人群，这就是技术上背后大数据的功能。

笔者：电视还有权威性的优势。

G 先生：对，这个在世界范围内都是存在的。酒类、药品类客户相对来讲，他们更愿意跟着全局性走，当然主要是药品，药品类客户他的固有特征。

酒类客户，他们更愿意去捕捉政商人群，而政商人群在电视上的密集度比在网络电视上的密集度要高一些。那么食品、化妆品这些领域的话，知名的化妆品和知名的食品，比如康师傅3+2饼干在网上做还是电视上做都是可以的，但是保健食品的话，还是需要权威性的。另外，视频网站在某种情形下可以实现直接销售。

笔者：您认为未来电视和视频网站二者关系最好的发展方向是什么？

G先生：电视和视频网站的体制是不一样，两者的发展道路也不一样。视频网站未来的市场集中度和经营度会进一步提高。就二者关系而言，目前，某一个视频网站绑定一个传统电视台进行常年排他性合作的可能性在一两年之内还不会出现。比如说，腾讯绑定了湖南卫视进行全面合作，湖南卫视只认腾讯，腾讯也只认湖南卫视，我认为两三年内不会出现。最可能的还是不同的内容会有不同的合作对象，不会是一一对应。

笔者：为了行业的健康发展，目前比较需要什么样的行业政策呢？

G先生：版权保护方面这几年做得还是不错的。行业管理太过于细节了，就束缚了创作和发挥。当年不少脍炙人口的作品，整个题材都被封杀。如果说有些作品可能角度不对，或者其他方面不对，进行封杀是可以的。当放开的时候一定有一个比较乱的情况，可能大家都在拿着个擦边的东西在打，但是这个情况一定会过去，一定会有人拿出高质量的作品来赢得市场。要划开一些底线，我觉得应该有底线，但是目前的政策底线有些高了。还有一点更重要的是，分级机制，级别是由我们来定的。做了，注意调整，避免缺点；如果不做，市场可能永远就是那样。从政府的规范性或者从合法性的角度来考虑(对分级政策的制定非常谨慎)，但是市场需要，中国可以有全世界最严格的分级制度，这也好过没有分级制度。

笔者：有人认为，目前的视频行业已经进入"大视频时代"，您同意这一说法吗？您心中的大视频时代是什么样的？它具有什么样的特点？

G先生：非常赞同。我觉得第一是用户的充分的流通性，在不同的屏幕上可以观看到同样的内容的选择权。个性化也是其中之一，制播分离是第三个。制播分离不光是电视、电台的一个词汇，互联网也是制播分离的，用户上传的是用户做的内容，到我这里我收了并进行了播出。

附录4　深度访谈2

（G女士，某视频网站内容制作人员，从事媒体行业7年、互联网视频行业2年，访谈时间：2016年1月26日）

笔者：您主要是做内容的，首先请您介绍一下您所在网站内容的建设情况。

G女士：我们从事自己的内容创作大概有四五年的时间了。就是独立于传统媒体，不再从传统媒体购买版权，完全自己独立制作，自有版权，自创IP这样的，大概有五年的时间了。自制内容大概分为两块：一个是自制的网络剧，它是脱胎于传统电视剧的，只在互联网上播出的；另外一部分是自制综艺，大的形式都是综艺节目，但是都是针对互联网受众，还有更强的互动性。其他的都是正常的版权买卖，以及引进其他的第三方版权。

笔者：请问一下，贵网站应该是中国视频网站比较早的一家，主要以经营版权为主，最近开始做自制内容了，为什么要转到这方面来呢？最大的动力和原因是什么？

G女士：主要有几个大的方面的原因。第一因为我们本身就是从版权起家的，社会上比较好的版权内容曾一度属于我们，其他的互联网平台再去想收购版权的时候，版权的价格就非常高。这时候你想买一个好的剧，还不如自己投资去做一个剧。这是当时的一个市场行情。第二就是电视、电视剧的受众和互联网的受众是完全两个不一样的受众，传统电视媒体上面的版权内容不能够满足互联网观众的需求，互联网的剧和综艺节目放到电视上面也很难在卫视上获得播出的机会，或者说得到传统媒体观众的关注。因此几面夹击促成了互联网自制的兴起。

笔者：一个是版权价格，另一个是市场需要。

G女士：当时的行情是你有钱买不到版权，你只能自制，这是当时的背景。另外一个就是观众有细分的需求，在互联网上想看的话，看传统电视剧大家也没有兴趣，做自制剧是能够吸引住互联网观众的。

笔者：但是视频网站还有很多传统内容啊，比如很多国产剧，也包括综艺节目。

G女士：对，从数据上看，爆点有可能是电视剧在传统媒体上引爆的，包括《芈月传》也是，先在电视上播，第二天才能在互联网上播，所以这些综艺节目也好，还是电视剧、传统电视剧也好，它的爆点、它的峰值可能都是在传统媒体。但是长尾一定是在互联网。互联网上是不受时间限制，不受收看设备限制，能够长久地观看的，你有工夫就能看、随时都可以去重复的这么一个收视环境。所以它的长尾是在互联网。而且从坐标轴上来讲，可能你的最高峰还不及它的长尾的影响的。

笔者：是的，目前都有这样一个长尾效应在。传统媒体的内容有些可能不太符合互联网受众的需求。您能具体举一个例子吗？

G女士：《万万没想到》。传统媒体的观众有一个评价的标准是三低一高，如果这么一比较的话，他们可能最传统、年岁偏大、在整个受众的影响力里面不是很广泛的一类人。互联网的受众一方面是不断扩大的，第二是年龄段偏轻的，所以它强调的是未来的市场，我们很难在当下的这个阶段去断定传统媒体的观众更有购买力、他们的收视更庞大，还是互联网的。但是，他们的未来一定是互联网的。

笔者：那就是我们对互联网的受众有一个预判，在这个基础上做出了朝着自制内容去发展。

G 女士：自制，不是说我们应该朝着自制的方向去发展，而是说我们开发的产品，应该是更针对我们未来的观众。这部分观众可能和传统媒体的观众就是有区别的，所以我们没有给传统媒体去供传统的电视剧、传统的综艺节目，而在互联网上给新的观众，做了一个新的节目样式、新的剧的样式，我们把这一部分新的样式称为自制的剧本、自制的综艺节目。

笔者：两块的受众其实有很大的差别，随着新媒体的发展，现在受众都具有互动、移动、多样化、个性化等特点。您觉得目前受众最明显的特点是什么？

G 女士：我是这么分的，以前我们父母那一代，他们是计划经济过来的，就是给着吃，电视里播什么我就看什么，一开就有。但是互联网这些新的观众是在市场经济体制下长大的，他要求的是我得吃什么有什么、看什么有什么，要求互联网提供给他的是多元化的，可供他各个方面去选择的内容。对于内容的供应者来说，我们自己的供应范围更广了，我们的供应方向也更多了。

笔者：也就是内容的多元化和可选择性。

G 女士：在这个基础上才衍生出我们需要互动，我们需要听取，因为互联网有这种互动的技术可能，所以我可以听到你的声音，并且听到你的声音后，我可以快速地反映到我的创作当中来。但是传统媒体就不可能这样去做，第一它是没有一个回馈的渠道，第二就算我听见你回馈了，我这审批也完了，我拍也完了，我审片也完了，我还提前两星期去交片，完全没办法去做这个细细的回馈和互动的这个特性的体现。

笔者：也就是说从技术和体制角度，视频网站都比电视媒体在满足受众这些多元化选择性需求方面更加有优势。

G 女士：对，另外还有一个就是资源的配给上面，电视台就 24 小时的时间，因为它们单位时间内只能播一个内容嘛，它只能线性地播 24 小时。而互联网其实资源是无限的，我有多大的硬盘我就可以搁多少的内容，在同一时间里面不同的人可以有无限的选择。

笔者：那您能举一个例子吗？就是在您内容生产的过程中怎么样体现出满足了受众需求呢？

G 女士：比如说我们去年做的一档相亲类的节目。电视台如果做一个相亲节目，你可能看到"非诚勿扰"，就是有一演播室，然后主持人站在那，这边男的那边女的，环节完了这事就过去啦对吧。然后我们是这样的，我们的节目是现在有一个女明星站出来说：我要花十周的时间嫁出去，谁愿意跟我来相亲，大家可以在网站上报名。结果报了几千个适龄的单身男青年，然后其他的网友票选这几千个人，谁每周排到了前十名，女明星就在这前十名里面选三个去约会，所以约会的人是由互联网产生的，跟谁去约会是由网友主导的。然后网友还会在网站上提建议，希望怎么样约会呀、怎么样完成这个节目的进程。这个节目虽说是一个周播 60 分钟的节目，但它每周还有一到两次直播，直播内容要么是女明星、要么是男嘉宾、要么是跟女明星一道参加节目的闺蜜，然后和婚恋专家大家一起来分享上一周的约会，哪好哪不好，出现了什么问题，下面怎么注意，要想结婚的话应该怎么去做这种实时性的互动。所以这个节目，第一，观众从头到尾可以在各个层面高度参与，第二，观众可以对节目的走向有自己的话语权，可以以各种各样的形式参与到节目的录制也好，交互和问答也好的环节中去。这是和网友互动的一方面，另外一方面如果去传统电视台播这个节目的话，一周也许就给你 40 或者 50 分钟时间，节目从头到尾播放完了，顶多再有一次的重播或者几个预告片，而我们这个节目是从周一到周日，有不同的碎片视频、不同长度约会的短片，不同的 tips，男嘉宾的选择过程，还有直播和正片，就是从网站的整个传播力度、传播深度广度来讲，跟传统媒体不可同日而语。

笔者：它是一个波浪形的，始终在绵绵不绝地传递这个视频。

G 女士：对，所以说电视台它是一个点状的播出，但我们是一个带状的播出。

笔者：非常形象。那咱们还回到内容这一块，刚才我们聊到内容建设情况，就是说内容主要一个是版权购买的，另外一个是自制的，自制内容主要是综艺类和网络剧。从制作角度来说，它是一个什么样的生产机制？

G女士：制作方式是吧，完完全全的制播分离。就是我们有几个双向的机制，也可以说我们自己提一个需求，然后由不同的制作公司来承制，也有可能是制作公司给我们提各种各样的选题和模式，然后我们来挑选好的选题和模式以后，再由这个制作公司来制作。

笔者：那没有自己的团队和制作部门吗？

G女士：我们自己团队只是监管我们的制作团队。

笔者：目前的普遍说法主要有两种类型：要么就是网站自己养一个团队自己做，要么就是网站跟电视台或者制作公司合作。

G女士：我觉得有几个可能：首先，大家做的东西不一样，如果说我只做一个节目，就像乐视的《娱乐播报》，它常年只做一个节目，它就得养一团队，它要保持这节目的长期性、周期性、风格统一等，要有利于管理，它必须得有一个小团队。像我们做大型综艺节目，一个节目就上百号人，有任务的时候就急需一堆人，没任务的时候大家就散着，所以我们没办法养人。第二，其实是更重要的一点，一个团队它有自己的制作风格，但我们需要的是不同风格的节目，我们是要满足不同观众的需求，像中国的真人秀节目，不说内容策划团队，只是说拍摄团队，中国只是有四五家至多六家比较好的真人秀执行团队，他们有的是擅长户外的，有的是擅长棚内的，然后户外的可能还分不同的类型，如角色扮演类的或者对抗类的。所以养团队不如我们有合适项目的时候去找最合适的团队来做。

笔者：好的。那如果电视跟视频网站二者内容相比较，您觉得二者各自最大的特征是什么？

G女士：我觉得电视台宣传多些，它还是要担负这个舆论宣传、国家团结的重任的，不管我们国家开放到什么程度，国家电视台也是要肩负这个的。

互联网的发散范围更广,就是可以更多元化一点。

笔者:您是从二者的功能角度来讲的,那还有其他方面吗?

G女士:电视台是单一输出,没有互动这个环节,而互联网网站就是双向的;还有电视台从运营体制上来讲,不管它这个项目挣钱不挣钱、盈利不盈利,电视台都得活着。但是互联网不行,互联网如果不能盈利或者亏损过于严重,报表太过难看的话,资金链有问题的话,这个网站就没办法正常运行。

笔者:就是说二者的市场化程度还不一样。

G女士:对,市场化的程度不一样。

笔者:从表现手法来看它们的特征,区别在哪里呢?

G女士:我觉得是互动性和传播渠道,两个是完全不一样的。

笔者:电视媒体和视频网站是内容市场上最主要的两个主体,它们二者之间的互动,即竞争和合作的情况究竟如何呢?

G女士:以前都是电视台输出一些版权的产品给互联网,互联网接着去播出。但是从去年开始,第一是网络自制综艺开始抬头,像《奇葩说》《十周嫁出去》,以及腾讯的综艺节目,它们可以脱离传统媒体自己制作了。第二是互联网的节目已经要反输出到电视台,让电视台来买互联网站的版权,像《十周嫁出去》就是反输出到安徽卫视。而且我觉得它们的竞争关系其实更多地体现在对广告客户的抢夺上,而不存在对观众的抢夺上。

笔者:有没有双方合作一块去做内容的?

G女士:互联网是以营利为目的的,电视台也是想盈利的,最后谁去卖这个广告呢,广告怎么分成呢,广告就针对一个节目的,它目标客户就那么多,到底之后你说不清楚谁抢了谁的广告客户,谁卖得多卖得少是不是压了件,这事没法弄。我们几乎没有这样操作的。

笔者:就贵网站的情况来讲,基本上还是"你做好了我来播,或者我做好了你来播这样一种互动"。那在这个合作的过程中,您最大的感触是什么?

您怎么去评价对方呢?

G女士：其实从我的想法来说，我觉得电视台和互联网根本就不存在竞争。

笔者：不存在?

G女士：我觉得不存在竞争，就是它们的观众完全是不一样的。就是我们争取的广告客户有可能是一样，我们的竞争不在观众上，而在于收入来源上，就是我们竞争谁能挣这一笔钱，而不是竞争谁看了我们节目。

笔者：您觉得是在广告方面是存在一个竞争的，但是在受众方面不是。

G女士：对。

笔者：有一种情况，比方说我们的节目同时播，对于想看同一节目的受众，那我去哪里看，这不就是对受众进行分流吗?

G女士：OK，这件事是这样的，电视台的节目你必须定时定点地在电视机前看，对吧?

笔者：对呀。

G女士：如果当时你没有赶上这个时间点的话，你是不是就会选择到网站上去看?

笔者：对。

G女士：所以对于每一个当下的时候，观众只有一个选择，它不存在说我有一个剧摆在这，到底是在电视台看还是在互联网上看，对于观众来讲是没有的选择。

笔者：我觉得还是应该有选择吧，就像《芈月传》，北京卫视和乐视网都播了，乐视晚于北京卫视播出。如果同时播，就存在一个问题：我是看哪一个呢？它确实会有一个分流，但是这个分流的情况应该不是一个常态。或者可不可以这样理解，会有一些竞争，但是合作的基础更大一点?

G女士：或者这么说吧。您现在能看到的有竞争的像《芈月传》《甄嬛传》这种，其实在全社会有这么大反响的凤毛麟角。比如《芈月传》，对于乐视网来说，北京电视台播出的乐视也是盈利的，因为是乐视自己投拍的，版权在乐视，不管给谁播，乐视都是挣钱的，所以不管观众是在电视台看还是在乐视网看，对乐视来说都是一样的。

笔者：明白了。还回到二者在内容互动方面，二者的互动其实是分阶段的，一开始是电视台输出节目到网站，然后就是网站去做自己的节目，甚至做的优秀的又反向输出给电视台了，是不是还有第三个阶段，在2014年5月的时候，湖南卫视要做网络独播，从此就进入了一个"网台博弈"的新阶段呢？

G女士：我对芒果TV的运营机制不是特别了解。今年芒果TV也在市场化运营，它们也要独立出湖南卫视，就是说湖南卫视也是不能白白把版权提供给了芒果TV，那芒果TV是网站，也不能单纯依靠电视台。

笔者：那您觉得现在就是视频网站跟电视之间的关系还处在我们说的第二阶段吗？您怎么去划分这个阶段呢？

G女士：我觉得就是从老年人到年轻人来看，老年人呢是纯看电视那一拨的，更偏向年轻这一拨的是纯看互联网的，中间的是以前也看过电视现在也看互联网的，而可能随着时间的推移，年轻的越来越多，老年的越来越少，所以从我个人的角度来看，互联网的视频会成为未来的趋势，而电视台的观众是逐步要萎缩的。

笔者：未来二者之间在内容方面它们会是一个什么样的发展方向？它会不会还是"我做了你去播或者你做了我来播"，或者我们各做各的，"你播你的我播我的"？

G女士：我个人的观点，如果都是为各自的受众服务，我觉得中间的合作会越来越少。它们的区分会越来越大，因为目标受众完全不同嘛，你看90后小孩谁看电视啊，电视开机率那么低的原因不就是因为年轻人不看电视嘛，我爸我妈岁数大了，都70多岁了，我妈属于在家必须开着电视，电视里必须有声，就是永远开着电视，然后你跟她说互联网上这些内容，她看不了，不管是 IPAD 还是 PC 上的，她看一会儿脑袋疼，但是电视那么大个的，她对着它看那脑袋也不疼。

笔者：是习惯问题啊。

G 女士：这可能就跟我爸他们当年习惯有关。我爸是编辑嘛，他就只会手写稿，他现在要写什么东西的话，也是先写一遍再输入到电脑里面。但是到我这一代人的时候，我觉得我对着电脑写就完全没有问题。得未来者得天下，就是互联网视频也有可能不是走到最后的那个人，但是一定是得未来者的能够走到更深一步。因为体制问题，以前都是传统媒体，那怎么能够让媒体这块市场化，能够让它自负盈亏，其实互联网是相当于国外的那些付费电视台，美国华纳是一频道，迪士尼是一频道，它们那些频道不是都要收费的嘛，它靠什么去吸引观众呢，它一定是靠内容好，观众才会买它这个频道，才会持续给它付费，它才有这个制作的能力和持续运营的这些能力，我觉得互联网实际上是完成了那个国外付费频道的这个工作。

笔者：好，那咱们来看看受众方面吧。有这样一个研究结论，有研究表明：电视和视频网站的竞争十分激烈，二者的受众规模都在增加，但是受众对电视的消费时间正越来越少，对网络视频的消费时间则越来越多。电视媒体对比视频网站仍然具有很大的竞争优势，但是随着时间的推移，这种优势正在急剧下降，而视频网站的竞争优势则不断上升。您怎么看待这一结论？

G 女士：首先我觉得站在当下它这个结论是符合现实情况的，然后，还是我刚才那个观点，在我们当下看可能是正确、符合客观情况的。如果时间往后推移的话，我会觉得以视频网站为代表的这种多元化选择、有互通性的这种视频内容供应商会成为市场的主流。如果政治上面没有那么强的影响力的话，电视媒体会死。

笔者：为什么您会有这样一个结论出现呢？

G 女士：这是因为需求的问题啊，我们(观众)不需要你给我吃的，我现在就是要吃各种各样的多元化的。这是市场造成的，至少中国的传统媒体是计划经济下的运营体制，但是互联网完全是市场经济体制下成长起来的。

笔者：好的，我们刚才曾讨论过这个内容。广告方面有研究表明：电视和视频网站的竞争非常激烈。电视媒体对比视频网站仍然具有很大的竞争优势，但是随着时间的推移，这种优势正在急剧下降，而视频网站的竞争优势则不断上升，您怎么看待这一结论？

G女士：在广告方面，不管是哪一个行业，你给观众做广告，肯定是针对受众的。受众他就是这些需求，那也就只能依赖于这些行业了。

笔者：电视和视频网站由于媒体属性的不同，它们的广告传播特性是不是也有些不一样？就是说它靠不同的方面去吸引广告主。

G女士：互联网的广告上还有一大类就是电商。电商其实很少在传统电视媒体上做广告的，虽然有，但是我觉得互联网更多。因为电商的目标客户和互联网视频的受众对象是高度重叠的，电视台上那些可能只是给大爷大妈们做的，他们可能根本不用电商的App，所以我觉得我们这边电商还挺多的。这第一个问题，我觉得还是从受众方面。第二个问题分几种情况，第一，虽然电视台的那些大综艺影响力确实很广泛，确实也能够给广告客户带来特别大的收益，但是价格越来越高，一个冠名好几亿。作为厂商来讲，你也要权衡，我是花了好几亿，也得到很好的效果，但是我的成本真的很高。再有就是，都号称自己是大型综艺节目，都是几千万上亿的制作费，你广告商投谁不投谁，一大笔钱出去了，还有一个概率问题。如果我投了《中国好声音》，加多宝就火了，投其他的大把钱花出去了却没有火的还有一大把呢。但是对互联网的综艺来讲，它本身的标的就没有电视台那么高，它的传播时间和传播范围以及针对性要比电视台广泛，电视台播的时候连带着广告，节目不播放时是看不到广告的。互联网不一样，这节目你只要点开了，就会有广告。第二方面是软植，电视台对广告的植入限制是蛮多的，你一个节目里面如果广告太多，或者说太过明显的话，是通不过电视台的审核机制的。电视台还是要以内容为重，你不能太侧重于商业的植入和商业内容的制作。互联网就不同，第一它的容量是无限的，互联网节目多几分钟少几分钟是无所谓的，多出的时间如果加入广告的话是有收入的，还拿去年我们那档相亲节目来说，我们节目的冠名是业内第一季综艺节目冠名额度最高的节目，是整体的售卖额最高的节目，是广告客户新增数量最多的节目。

笔者：整体售卖额达到了多少？

G 女士：一个多亿。但是我们节目的成本只有4000多万。所以你看，最多的广告客户也就掏了小几千万，但是我们的传播效果、传播力度和整体的资源配给和一个电视台的大综艺是有区别的，电视台的大综艺你可能得出大几千万，甚至过亿了。还有一方面是在内容上对广告商的定制，灵活程度非常高，我们有很多的定制方法。

笔者：能展开介绍一下吗？

G 女士：我们定了广告植入的层级和定制方式方法。我们在给客户做植入案例的时候，是非常针对他们的需求的，并且也很能满足他们的需求。

笔者：客户的需求满足了，它影响不影响内容的展现呢？

G 女士：作为一个制作人，我觉得这个问题要一分为二。第一，如果你的商业元素多了，必然会影响到内容。但是内容其实是可变的。第二，你广告做的好也是创作的一部分，这是我一直坚持的。如果在一个节目里让大家觉得广告不好了，大家觉得生硬了，我认为是制作人的问题，是制作的问题，而不是商业元素植入过多的问题。我们作为制作人不能一边指望着从广告客户那边拿钱，一边又说太多的话影响节目品质。

笔者：其实就是说完全可以找到途径，把二者很好地结合起来。

G 女士：是的，这是制作人的核心价值。好的团队和不好的团队在商业的平衡点上的差异是很大的。

笔者：这样听您一说，视频网站和电视广告受众特征还是有很大区别的。

G 女士：很大区别。就包括《奇葩说》，一上来几个人就在那里说广告语，说的还很嗨的，你在传统电视节目里根本不可能。

笔者：传统电视节目里也有植入广告，但是没有这么活泼多样。您觉得未来电视和视频网站之间的关系会朝着什么方向发展？

G女士：传播的渠道不会变，内容的尺度可能会变。互联网视频的监管一定会越来越强，最后可能会有新的视频模式产生。但是观众的需求其实是不会变的，观众需求自然会转成其他形式，但是具体是什么形式，还不好说。

笔者：那如果从其他角度来考虑呢？比如二者的组织结构、运作机制，或者是管理模式，等等。

G女士：电视台更像一个党政机关，它有一个严密的从上到下的党内管理体制，它是以宣传为目的的。互联网就像个自负盈亏的有限公司，纯商业机构。

笔者：从视频行业整体来看，行业的健康发展需要注意哪些问题，或者说关键问题在哪里？其实您刚才已经在慢慢涉及这个问题了。

G女士：从业人员自律挺重要的，不要总觉得国家对你管得多么多么的严格，你要是放任自流的话，死得更快。作为影视制作行业的从业人员，你是有价值观输出能力的。不要老看管着我们，而是要看管的有没有道理。有一些放任自流确实不行。我们这边也有制作方，觉得我们互联网平台特别开放，给我们看一些小的样片，那些段子什么之类的，从我们这里就放不到互联网平台上去，所以还是说自律挺重要的。每个人都自律了，都希望这个行业朝着好的方向发展了，我觉得这个行业才能往好的方向发展。像英剧和美剧，大家总是说为什么我拍不出英剧和美剧，那是因为人家的拿到咱们广电总局这边也是能过的，可是咱们可能就没有拍出来那么高品质的剧来。

笔者：除了自律，还有没有其他的方面呢？

G女士：还有就是自身素质（业务能力）的提高呀。就像我刚才说的最后一个问题，其实我们明明还没有达到欧美的那些制作水平和思想水平，那怎么达到就需要自我提高。再有就是，不同媒体吸引的受众不一样，那是因为产品提供的不一样。如果我们给高大上的观众提供相应的产品，自然就有高大上的观众来了。

笔者：中国传媒大学赵子龙老师在 2011 年做的访谈中，提到了一个类似问题，当时很多视频网站的回答是"版权"，因为那个时候版权确实很热，都倾向于国家应多倾向于版权保护和管理。现在已经过去五年了，视频行业也在变化。您觉得目前最需要什么样的政策去规范行业的发展？

G 女士：内容分级。对不同的观众播放不同的节目，如果你这个节目不分级，想放之四海而皆准，其实可能哪个层级都不喜欢看。而且我觉得不要把分级理解为色情、暴力之类的内容，不是这样的。美国分级，有些话题对成人来说就是正常的、对于小孩子就是有点过分的话题，有些说小孩子不能看，有些是需要家长引导陪着小孩子一起看的，有一些是小孩可以独立看的，我觉得引入这样的分级没有坏处。

笔者：那您怎么看分级需要配套的软硬件设施？打个比方，我们分级了，我们可能会有一些小孩子不宜观看的内容，那有什么样的机制去保证小孩子接触不到这个内容呢？

G 女士：第一就是用户名、密码，这是全世界都在用的技术手段。父母要掌管着小孩子的用户名、密码。第二，家长得担负起责任，监护人要起到监护人的作用。比如说电影院，你分级播放电影，这个在入场的时候是可以很好控制的，视频网站你设置不同的用户名和密码。其实最难实施的就是传统电视台。国外是分付费频道，限制级的也是需要用户名和密码才能进去的。如果技术手段加上监护人素质的提高，是可以完成分级的。

笔者：最后一个问题，有人说现在是大视频时代了，这种说法您是否同意？您心中的大视频时代是个什么样子的？

G 女士：我觉得大视频时代第一是内容数量要多，受众要广，还有内容的制作投入和传统的电视媒体的制作投入相当。它至少是不输传统媒体的剧和电视节目吧。就像《盗墓笔记》，爱奇艺单集的制作成本已经小几百万了，已经超越了传统电视剧了。我觉得这就是大视频时代，互联网的大视频时代。

附录5　深度访谈4

访谈时间：2016年1月25日

访谈地点：中国人民大学某咖啡馆

访谈时长：30分钟

访谈对象：Y女士　　　　　　　　年龄：27岁

职业/身份：学生　　　　　　　　网龄：11年

笔者：请问你平时使用电视和视频网站吗？你能够方便地接触到它们吗？

Y女士：我平时看电视也使用视频网站，都能够很方便地接触到它们。

笔者：你喜欢自己主动寻找视频节目吗？你是在电视上寻找还是视频网站上寻找，或者其他途径？你觉得什么途径最方便？

Y女士：一般情况下都在视频网站上寻找，下载App，比如爱奇艺，还有一种盒子，电视盒子。

笔者：你会把你认为有趣的视频分享给别人吗？你会评论这些视频吗？以上这些行为你通常在电视还是视频网站上进行？或者其他平台？

Y女士：有趣的视频，特别是小视频可能会分享，电视剧就不会分享，看过之后可能在微博上会写一下，评论一般不会。

笔者：你使用过视频网站上的弹幕功能吗？感觉怎么样？

Y女士：使用过，现在我感觉好多视频上都有，我觉得我有的情况下比如看了一些比较轻松的，我会打开弹幕看别人说什么，我自己还发过弹幕，我觉得还蛮好玩的。比如我特别喜欢看《格雷医生》，以前看的人特别多，大家可以在线下交流。但是后来许多视频网站上都没有这个剧了，我就到A站（AcFun弹幕视频网）上看，因为（线下）看的人太少了，没有办法和大家交流,我就打开弹幕看别人的评论,当碰上特别熟悉这个剧的人发表评论,他们会从一个剧情联系到之前的剧情,我看剧时的情绪就会和他们发生共鸣。而且这个剧的弹幕不是满屏刷的,而是那种一条一条的,我感觉还比较的文明,比较的规整。

笔者:在出行的时候,有空的话你会利用手机或平板电脑观看视频或者其他信息吗?这时你会观看哪种类型的视频?能否举个例子。

Y女士:会,一般出行的话,如果是短途,比如说半个小时,我一般都会看新闻或者听一下歌曲,如果是长途,比如说半个小时以上,像坐火车,我都会提前下载下来看。因为感觉到一个人坐车肯定会很无聊嘛,在这个时候,由于是在车上,你又不能看一些纸质版的东西,因为会晕。这样,如果用平板电脑的话,就进入了一个小世界,你沉浸在自己的世界中,时间会过得快一点。特别是在火车上,做这种事情的人会越来越多,因为大家都不看的话,可能就觉得很无聊。比如有一次我跟一个师妹一块儿坐车,她的手机、平板都没有带,只有一台电脑,我们就说要不然就看《甄嬛传》吧,因为一车人中有一半都在看,我们就忍不住,用大电脑在那里看,共用着一对耳机。

笔者:电视和网络视频相比,你觉得哪一个使用起来更方便?

Y女士:肯定是网络视频,因为现在电视是个固定的屏幕,不能随时随地,网络视频有一点不好,如果用4G来看的话,还是比较贵的。在家里的时候我也有时会不开电视的。

笔者:电视屏幕多大,多清晰啊?在家里的时候有这个条件你还用平板,为什么?

Y女士:因为电视只能是在沙发上看,比如说你在床上或者说你在干什么,带一个手机会很方便的。我就发现,有一些做家务的男生,就特别喜欢一边做饭,一边开着手机或平板看球赛,可以把手机或平板放在一个角落里,一边做饭一边瞟两眼。

笔者:对,很方便,它成了一个伴随性的媒体了。你经常用电脑、手机和电视吗？会同时使用吗？

Y女士：肯定会有，一天中不同的时段中用的不一样，白天用用电脑，全天候的都在用，电视的话会在晚上用。

笔者：一天24小时中，有没有感觉那些零碎的时间都被用来使用媒体了。

Y女士：肯定零碎的时间都会用来做这些事情。一般，在车上的时候、在吃饭的时候，在一个屏幕上放一点什么东西，有点依赖的感觉，特别是手机。

笔者：你喜欢看电视和视频网站上的哪些内容？

Y女士：电视、电影和新闻，如果早起的话，可能7点多钟的时候看电视新闻，周末会看一些综艺节目，网站的话，一般视频网站我都是看美剧。视频网站的资源比较大，搜索起来也方便。电视相对来说，它其实给你的一种感觉是家人一起看，因为它是一个大屏幕嘛。综艺节目就会选择一个比较大的屏幕，在家庭聚会这样一个场景里面。我主要是通过视频网站去追电视剧，因为很多美剧电视上搜不到。但是如果看国产剧的话，我会先看一下评价，那个时候电视上已经没有了，还是要到网站上看的。

附录6 深度访谈5

访谈时间：2016年1月25日

访谈地点：中国人民大学某咖啡馆

访谈时长：50分钟

访谈对象：H女士、Y先生　　年龄：H女士(28岁)、Y先生(43岁)

职业/身份：学生、教师　　　网龄：H女士(6年)、Y先生(13年)

笔者：请问二位平时都是既看电视，又看视频网站的吧？

Y先生：在学校很少能接触到电视，还是视频网站的比较多。回家基本上是以电视为主，不看视频。

H女士：回家看电视比较多，上网比较少。

笔者：二位喜欢在电视上寻找节目，还是视频网站上寻找？

Y先生：主动寻找视频节目这种情况对我来说可能少一点。被动寻找较多，别人看了之后给我推荐，我会去寻找。一般我都会通过视频网站去寻找，比如说中央电视台有什么节目，我错过了没有看到，然后我就回去再去网上搜，再去分享这个视频，自己看好的可以推荐出去分享。

H女士：我主动寻找比较多，去优酷直接搜索。因为视频网站上会有一些自己比较喜欢看的节目，或者是一个系列的节目，比如说，我比较喜欢看那种访谈类的节目，那它就会有固定的品牌，比如《鲁豫有约》，像这些品牌类的节目，我会主动去寻找。被动的只是别人给你推荐，你还是要自己上网去寻找这些东西的。

笔者：您会把自己认为有趣的视频分享给别人或者评论它们吗？您有过自己拍摄并发布视频的愿望和经历吗？以上这些行为你通常在电视还是视频网站上进行？或者其他平台？

H女士：我不大通过微博平台去分享，但是私下我会跟朋友们分享的，并且有的时候看视频之前我会看一下别人的评论。之前本科时候我会做一些拍摄并发布视频的事情，相对来说正规的那种。

Y先生：这个我和Y女士倒是有点不一样。因为她说她不怎么分享，倒是我觉得好的视频我会去分享。一般通过微信，我会把好的视频、有趣的视频推荐到自己的朋友圈，比如说我自己家族的一个群，包括兄弟姐妹的，我要是发现具有感恩性质的视频，如孝顺父母这样的好视频，我就会分享，我大哥也会。再比如上次下的大雪，我和我的亲人不在同一个地方，他在家，我在北京，所以你在北京发生什么有点意义的事情，你可能会渴望拍几个视频传给他们看看，我就把下大雪的视频拍下了传给他们了。再比如说跟同学之间的，那里面的群就是另外一种分享，内容也不一样。评论视频的话，我主要是通过人际传播，很少通过媒体打字出来进行分享。

笔者：我们聊聊视频网站上的弹幕功能，二者感觉那个功能怎么样？

Y先生：我倒是还没用过呢。

H女士：我记得我看的视频是有直接带字幕的，但是我不知道我怎么样把它关了，好多基本上会影响观看。

笔者：在出行的时候，有空的话您会利用手机或平板电脑观看视频或者其他信息吗？这时您会观看哪种类型的视频？这会不会让您觉得很方便、很充实、很愉快？

Y先生：回家的路途上，我可能会下载电影来看。因为会考虑到一个流量问题。这是个现实问题，在线的话，长时间的话，除非你的流量特别多。对于我来讲，我可能会安排一个电影或者其他的打发时间。或者不看视频，看文字的内容。

H女士：还有一个信号的问题，我就觉得出行的时候，信号特别不稳定。

Y先生：对，信号有影响，比如有的东西卡了就会不开心。我觉得这两个客观原因会阻碍外出在线看视频。

H女士：但是我在路上看文字的话头会晕，在路程中，不适合去接触那种有深度的文章。我觉得路上就是一个纯放松的一个过程，所以我看的比较多的就是电影、电视剧，可能视频看多了也会累，但是相对来说没有那么累。

笔者：二位现在是不是都有一个随时随地观看的需求，视频网站跟电视相比较，哪一个更方便？

H女士：对我来说，我本人不是一个对手机的重度依赖者。

Y先生：随时看视频，电视跟网络相比，网络更方便。电视我们一般都是固定的在家，即使说火车、公交车上有移动电视，但看得不是很多。从随时随地的角度看，应该是网络视频方便性超过于电视。

笔者：舒适程度来说呢？

Y 先生：电视基本上在行驶的过程中没有用过它，只是在家里用，陪小孩、陪家人的时候用。我觉得电视上看的话，有这么一种状态：坐在沙发上很轻松，面对电脑去看视频会有一些疲劳，就如在电视上看电影，不如到电影院观看电影一样。但是说，随时随地去做的话，就不用电视，会选择网络。

H 女士：我是觉得它们两个的场地不一样。电视它是特别方便，它是一个家庭的环境，你会觉得看电视时是家里人在一起，有那种讨论，那种心理上感觉是很舒服的。从时间的方面看，视频网站是比较方便的。但是从观感的角度看，可能电视会比较好一些。虽然视频是高清的，但是毕竟那种屏幕的大小和比例是不一样的。视频网站第一是方便，第二是可以随意搜索的。电视的话，虽然说现在也有那种网络的电视，但是很麻烦，用遥控器去播像手机那样的按键，很难涉及速度，会受到一些限制，还有你可能需要和某个网站合作，买了爱奇艺的会员才能看爱奇艺的节目，但是，在视频网站上内容就有很多种。

Y 先生：可能随着技术的发展，在家庭电视上搜索的程度会方便多了。但目前，舒适度首选电视。

H 女士：电视的成像功能加上网上搜索的便捷是最好的。

笔者：二位经常用手机、电视、电脑、平板吗？会同时使用吗？

H 女士：我觉得对学生来说，手机用的是最多的。我对平板的需求一般都是旅途上用。电脑也会用。其实在手机上看视频很少，效果不太好。

Y 先生：我倒是有和 H 女士一致性，电脑和手机观看视频，可以在不同的时段。电脑的话，可能适合长一点时间的观看，手机适合短视频的观看。

笔者：有了手机、平板等这些媒体之后，二位使用媒介的时间有没有感觉明显发生了变化？

Y 先生：肯定是增加了。但是当你有工作的时候，你会刻意地去克制它，不开网络，因为你知道开的话，可能会干扰你的生活。比如说我到了7点多、8点多的时候，我赶快把今天的信息浏览一下，包括好的视频。但是，进入工作状态之后，我就不会上网了，不管它多好的信息，自己权当是不知道。到了晚上10点半，我工作做完了，我会再打开看看。目前只能这样做。但是在假期期间，使用媒介的时间明显增多。所以我感觉总体趋势是使用时间增多了。

H女士：我觉得这跟精神集中程度有关，比如我室友在看视频的时候又在学习，她可能一边干这个，一边干那个，可以同时完成。第二，对我个人来说，网络改变了媒介投入的时间。

笔者：我们来讨论一下，二位喜欢看电视和视频网站上的哪些内容，它们是否有区别？

H女士：新闻类的在电视上看的比较多，在网上看的比较少的原因是费流量，因为你在文字上了解了，就没必要去看视频新闻，除非是特别重大的事件，比如国庆节阅兵直播，你肯定会特别关注，即使没有电视也要在视频网站上看。我在网站上看得最多的就是综艺类节目，在电视上看中间会有广告，而且你得守着固定的时间，如果晚上10点播，你就得10点去看，有的时候你掌握不好那个时间。在网上的话，多少期以前的都有，就很方便，或者它提到了某个人或者某件事情，你可以直接去搜，电视上做不到。

Y先生：我觉得视频网站和电视的分工比较明确。我看电视主要是看娱乐和新闻，因为娱乐是我平时的爱好，我喜欢看，比如说我每次回家，我肯定会打开电视去看。除了视频新闻，平时的新闻基本上是以手机为主，手机上看娱乐性的节目很少，它的时间占得比较长，短视频还可以。我有时候会在电脑上看影视剧，因为电视上的节奏比较慢，而电脑上可以跳跃，也可以不局限于一集两集，甚至可以跳到结局上去，它有这个优势。

笔者：电视和视频网站相比，您觉得哪里的节目更多、更新、更全？更加满足你的口味呢？

H女士：肯定是视频网站。

Y先生：这个问题挺好的，电视和视频网站相比肯定是视频网站更丰富，但是，我们为什么还选择电视观看呢？电视的节目质量比较高，视频网站可能会鱼龙混杂，各种都有。所以我总觉得，电视的权威性更高一些。比如说你看一个大型的电视剧，或者某一节目，它是通过严格筛选才播放的，相对来说，看高端的内容，我会选择电视。一般的内容就选视频网站，因为它很方便。

附录7　深度访谈6

访谈时间：2016年1月28日

访谈地点：中国人民大学品园

访谈时长：22分钟

访谈对象：Y女士　　　　　　　年龄：38岁

职业/身份：教师　　　　　　　网龄：18年

笔者：您平时电视和视频网站都会用吧？

Y女士：对的。

笔者：那一般都喜欢用哪几个视频网站呢？

Y女士：爱奇艺用得多一点，有的时候用土豆。

笔者：视频网站和电视都能很方便地接触到吧？

Y女士：对的。

笔者：一般都是什么情况下接触呢？

Y女士：电视和视频网站各占一半吧。如果没有电视的话，就是电脑了，用电脑的话就会看视频网站。

笔者：没有电视的时候，基本上就是不在家的时候吧？

Y女士：对，不在家的时候。

笔者：在家的时候用不用视频网站呢？

Y女士：在家的时候要看是哪类视频了。如果要看我的专业的东西的话，电视上就不能看了；如果是要看一些娱乐的节目，或是电视剧，可能是没有时间在电视上看，所以就会选择视频了。

笔者：没有时间在电视上看是什么意思呢？

Y女士：分几种情况吧，比如说你要带孩子，刚好是那个电视点上，那就不可能看了。还有一种可能是有其他的事情耽误掉了，比如上班加班之类的，就没有电视看了。或者就是出差去做创作什么的。

笔者：就是错过了您想看的节目。

Y女士：对，错过了那个时间段。

笔者：您刚才讲需要您专业的时候就没办法看电视，能进一步解释一下具体情况吗？

Y女士：有一些我想看的跟我的专业相关的节目，比如关于一些教程，美术类的教程，电视上是不会有的。

笔者：就是跟学习、跟专业有关的那些视频。

Y女士：对对对，专业性比较强的。

笔者：这些视频是通过什么途径获得的？

Y女士：查度娘呗，百度里面输入关键字的话有很多。

笔者：是爱奇艺、腾讯视频这些视频网站提供的吗？

Y女士：腾讯好像提供的少了，一般打进去这些专业性的词，出来的都是优酷，优酷多一点。爱奇艺一般少，乐视也少，乐视视频和爱奇艺一般是电影、电视剧多，专业性的东西少一点。另外一个，专业类的视频可能都是作者自己录的放在网上的。

笔者：也就是说您想得到的专业视频还是能够通过这些商业视频网站得到的。

Y女士：对的。

笔者：您的具体的专业是陶艺吗？

Y女士：对，陶艺方向，应该是绘画专业。

笔者：根据您刚才讲的那个情况，您会主动地从网上寻找需要的视频。

Y女士：也不能说很主动地去找，是我需要的时候我会主动去找。

笔者：除了专业性视频，您还需要休闲娱乐类的视频吗？您也会去网上找吗？

Y女士：需要啊，当然会的。

笔者：这种一般都是在什么情况下呢？

Y女士：我一般都是从百度进去找，然后得到网站链接。

笔者：也就是说在电视上一般很少去寻找这些东西，您用电视盒子之类的产品的吗？

Y女士：小米盒子呀，我们家刚安上，但是没有时间用。看电视的时间太少了，下了班一般就是下午6点了，吃个饭晚上7点了，带着孩子去溜一圈8点多，孩子睡了觉就10点了，10点以后你还能看什么？10点以后你顶多看一个晚间新闻，或者是看一个电影频道的电影，但是也撑不了那么久，12点以前就要睡了，因为第二天还要上班，一般我们是10点半就睡了，不会再看了。

笔者：那么周六周日呢，周六周日会好一点吗？

Y女士：一样的，周六周日你也要带孩子呢！

笔者：基本上看电视的时间很少了，就算是您安了一个小米盒子，也很少使用。

Y女士：很少很少，就是吃饭那会儿会听听新闻。盒子作用不大。

笔者：也就是说，不管是专业类的还是休闲娱乐类的视频，基本上您还是会到网上去看，方式是什么时候有空了，什么时候去看。

Y女士：对对对。

笔者：那还有没有第三种途径呢？

Y女士：很少，用手机的话，可能我也不是太先进吧，手机上流量不大，我很少在手机上看，除非有朋友发来的那种比较短的视频，作为娱乐看一下。周围人很多用手机看，包括用IPAD什么的。我也用IPAD看，比如出去出差，路上看一个电影。

笔者：您个人认为哪种途径最方便呢？

Y女士：如果有时间的话，我觉得还是电视最方便。因为它不用你去搜索，随便打开电视你想看什么就看什么。如果你走到哪里都想看，那肯定是IPAD、手机或者是电脑了。

笔者：当您看到一些比较有趣的视频的时候，您会把它们分享给别人，并评价这些视频吗？

Y女士：手机上比较短的、比较搞笑的、轻松的视频我会分享给别人。如果在电脑上发现专业类视频，很少分享，除非我的学生，或者是有朋友讲起来他需要这方面的视频我才会分享。其他情况不太多。

笔者：您会评价它们吗，现在一些视频网站都开设的有评论功能。

Y女士：很少评论。

笔者：您通过微信分享那些小视频的时候有没有评价过呢？

Y女士：有，就几句话的事吧，跟自己的朋友说一下。

笔者：为什么用手机的时候会评价，在视频网站上却不去评价了呢？

Y女士：就是觉得很懒不想去弄。

笔者：不想评价是不是跟网站的评论功能烦琐有关系，有些网站的评论功能需要登录的。

Y女士：也不是吧，有些专业视频，有的就是直接在下面跟帖，但是那些跟帖也都不是专业人士，所以我觉得也没有必要参与。如果是看那些娱乐节目的话，底下的评价说好的说坏的都有，我觉得也没有必要去参与。

笔者：您有过拍摄并发布视频的经历吗？

Y女士：我拍过，唯一的一次。就是参赛的时候，组织方要让你的作品显示一个从你的原始材料开始到你的成型作品，要把你的做作品的过程演示一遍，在这种情况下必须拍视频配合你参展的作品，参赛方会发布出去，会放在参赛的网页上。

笔者：这都是专业类的，那么娱乐类的、生活类的有没有这样的经历呢？

Y女士：娱乐类的可能是用美拍给儿子拍点什么视频。

笔者：有传到网上吗？

Y女士：没有。基本上是朋友圈里大家分享一下，我会在熟悉的朋友圈发，一般孩子的、自己的或是家人的视频，我个人不愿意传到网上。

笔者：视频网站上有一个功能是弹幕功能，您知道不知道有这个功能，您用过没有？

Y女士：弹幕？不知道、没用过。

笔者：在间歇时间，比如出行的时候、做家务的时候，或者排队等候的时候，您会利用手机或者IPAD看视频吗？

Y女士：不会的。

笔者：您有说过在路上的时候会下一个电影看……

Y女士：但我那个没有用网络啊。

笔者：如果有网络的话，您会在这个时候看哪种类型的视频呢？

Y女士：娱乐的或者电影吧。

笔者：这个过程，也就是说在出行的时候，看电影或娱乐视频会不会让您感觉很方便、很充实、很愉快呢？

Y女士：会，不过我也很少看，火车都很晃，我也不愿意看。有的时候睡觉，有的时候跟旁边人聊天，有时候就是发呆。

笔者：电视和视频网站比较起来，您觉得哪一个更方便、更舒适？

Y女士：方便肯定是视频网站更方便，舒适肯定是电视最舒适。

笔者：您应该是电视、电脑、手机、平板都有，是不是经常会使用它们，有没有同时使用它们的经历？

Y女士：写论文的时候，IPAD很方便，可以把WORD、PDF文件都拷贝进去，你要用很多文章的话不可能都打印出来，还有离线看的一些书、电子书，你也不可能都打印出来。书看完之后，你知道什么东西在那一页，你再做论文的时候，就可以把IPAD放在一边，就像一本书一样做参考。

笔者：看来更多的是学习和工作中使用了。您经常用这些媒体观看视频吗？

Y女士：不多，除非闲的时候。

笔者：您是不是觉得当我们使用的媒体工具更加多的时候，您对媒体使用的时间增加了。

Y女士：那是肯定的。手机功能太强大了，基本上可以算是小电脑了，所以在你没有电脑或者IPAD的情况下，手机是最方便的。在没有手机的情况下，可能IPAD最方便，然后就是电脑了，随身可带的，你路上随时可以用到的。

笔者：确实媒体更多样了，我们使用起来更方便了。新闻、综艺还有影视剧，您平时最喜欢看的是哪一类视频呢？

Y女士：差不多吧。

笔者：看这些内容是通过电视呢，还是通过网站看呢？

Y女士：新闻和综艺节目多用电视，影视剧大部分的时间是网上看。因为影视剧一看就要连着看。娱乐节目就是偶尔看一下，碰上就看一下，碰不上就不看了。新闻是每天吃饭的时候看，电视就开在那里，你看与不看都得看。

笔者：您有没有最想看的一个节目，但是只有通过电视或者只有通过视频网站才能看到？

Y女士：基本上在电视上能看到的，在网站上都能看到。必须通过视频网站看的，前面已经说了，只是专业类的。

笔者：电视和视频网站相比，您觉得哪里的更多更新更全？更符合您的口味？更能满足您？

Y女士：我觉得都差不多。可能跟年龄段有关，像我这个年龄段，事情这么多，我发现一个很好的节目，可能更多的是从电视上发现的，因为我没什么事的话，平时都不用网络。做创作的时候，我就是听听音乐，我也不会用网络听，是从网络上把音乐下载下来，在我的音箱上听。所以发现一个娱乐节目，可能是吃饭看电视的空当、在电视上发现的，或者是听朋友说哪个节目或者哪个剧好。这些内容可能是电视上都有，只不过是播放的时间段跟我的空闲时间对不对。就我的体验，我觉得就是看个人的时间了。如果有时间的话，还是在电视上看；如果没时间的话，想看这些节目只能在网上看。

附录8 电视媒体2009—2013年广告收入原始数据（金额：万元）

2009年 行业来源	金额	2010年 行业来源	金额	2011年 行业来源	金额
药品	284882	药品	662752	药品	812997
医疗服务	324891	农资	36242	农资	49021
信息产业	152765	烟草	11654	烟草	10661
家用电器	244163	美容业	43233	美容业	112021
保健食品	276684	招生招聘	44059	招生招聘	69204
化妆品	529177	医疗器械	119972	医疗器械	157257
服务业	595053	医疗服务	305079	医疗服务	515158
食品	32493	金融保险	68083	金融保险	146279
汽车	209283	酒类	223449	酒类	325870
房地产	823893	服装服饰	220263	服装服饰	272977
其他	1665606	信息产业	200377	信息产业	252919
总计	5361903	家用电器	290368	家用电器	371072
		保健食品	312782	保健食品	542870
		化妆品	983402	化妆品	929108
		服务业	221254	服务业	453388
		食品	1066094	食品	1211126
		汽车	360725	汽车	503239
		房地产	348477	房地产	692011
		其他	1280000	其他	1552055
		总计	6798263	总计	8979233

2012 年		2013 年	
行业来源	金额	行业来源	金额
药品	941389	药品	649057
农资	60819	农资	48341
烟草	9699	烟草	7530
美容业	101721	生活美容休闲服务	138315
招生招聘	67886	招工招聘及其他劳务	76928
医疗器械	121296	医疗器械	106806
医疗服务	430926	医疗服务	327571
金融保险	410868	金融保险	371389
酒类	561879	酒类	753337
服装服饰	357334	服装服饰及珠宝首饰	303904
信息产业	242094	家用电器及电子产品	649805
家用电器	709444	保健食品	290251
保健食品	432107	化妆品	1212078
化妆品	1575956	食品	1549109
服务业	850282	汽车	724539
食品	1523009	房地产	693510
汽车	717430	化妆品及卫生用品	1688805
房地产	621202	信息传播、软件及信息技术服务	265985
其他	1587386	旅游	197861
总计	11322728	教育	82445
		出入境中介	29554
		批发和零售服务	225249
		收藏品	27575
		设计	1053174
		制作	649116
		代理	794374
		发布	8514379
		其他	2093427
		总计	23524414

附录9 商业视频网站2009—2015年广告收入原始数据（金额：万元）

2009年 行业	金额	2010年 行业	金额	2011年 行业	金额	2012年 行业	金额	2013年 行业	金额	2014年 行业	金额	2015年 行业	金额
网络服务	19756	网络服务	21795	网络服务	34361	食品饮料	57566	食品饮料	96561	食品饮料	133117	食品饮料	227560
食品饮料	6908	食品饮料	12400	化妆浴室用品	25373	化妆浴室用品	46945	化妆浴室用品	66013	化妆浴室用品	123517	化妆浴室用品	152461
服饰类	6884	服饰类	10615	食品饮料	21929	网络服务	42767	网络服务	56882	交通类	67331	交通类	106083
通讯服务	5724	化妆浴室用品	10324	娱乐及消闲	17838	娱乐及消闲	34986	交通类	41088	网络服务	59929	网络服务	76197
交通类	3836	娱乐及消闲	8001	服饰类	16015	交通类	28352	娱乐及消闲	36964	娱乐及消闲	45707	医疗服务	62156
化妆浴室用品	3504	通讯服务	6993	交通类	15326	医疗服务	15787	医疗服务	24019	医疗服务	37947	娱乐及消闲	60712
娱乐及消闲	3117	医疗服务	6871	医疗服务	12838	服饰类	14173	通讯服务	18258	个人用品	36251	个人用品	54163
IT产品类	2019	交通类	6047	通讯服务	10997	通讯服务	12975	服饰类	17090	通讯服务	29911	IT产品类	43921
消费类电子	1964	IT产品类	3187	IT产品类	6056	个人用品	11065	零售及服务	15950	消费类电子	27630	通讯服务	42488
医疗服务	1302	个人用品	2921	消费类电子	5655	零售及服务	9465	个人用品	15679	零售及服务	21565	消费类电子	37075
个人用品	972	消费类电子	2149	个人用品	5652	消费类电子	8373	消费类电子	11695	服饰类	20208	零售及服务	30101
零售及服务	773	零售及服务	1581	零售及服务	3863	IT产品类	7929	IT产品类	10262	IT产品类	17394	服饰类	24402
金融服务	755	金融服务	1060	金融服务	2147	金融服务	4874	金融服务	6182	金融服务	9800	金融服务	21299
教育出国	478	教育出国	924	教育出国	1827	教育出国	4218	教育出国	5787	家居装饰	7559	家居装饰	14520
房地产	283	家居装饰	598	家居装饰	783	房地产	1828	房地产	2915	教育出国	4935	房地产	12341

续表

2009 年		2010 年		2011 年		2012 年		2013 年		2014 年		2015 年	
家居装饰	145	杂类	229	房地产	538	家居装饰	1510	家居装饰	2231	房地产	3826	教育出国	5090
杂类	99	房地产	172	杂类	229	工农业	547	工农业	561	工农业	2859	工农业	3274
工农业	95	工农业	44	工农业	170	杂类	170	杂类	292	办公用品	425	办公用品	2747
		办公用品	9	办公用品	12	办公用品	8	办公用品	6	杂类	2	杂类	248
		烟草	0	烟草	9								

后 记

本书基于我的博士论文。2013年起我师从中国人民大学新闻学院周小普教授，攻读广播电视学博士学位。适逢商业视频网站快速发展，其与传统电视的竞争与合作问题引发我的兴趣，并最终成为我的论文选题。毕业工作后我开始重点关注电视行业生存环境的问题，思考法律法规和行政管理对行业发展的作用。2016年，短视频平台开始成为电视行业的重要主体，因此也成为我的研究对象。本书正是沿着这一脉络逐步成型。

本书的完成，要感谢很多人的帮助。首先，感谢我的导师周小普教授。作为我的学术引路人，她孜孜不倦地授业解惑和言传身教，使我时时警醒、不敢懈怠。其次，感谢我的受访对象。多位业内专家和用户为本书无私贡献了自己的宝贵时间，感谢他们。接着，感谢参与本书工作的所有学生。他们承担了本书写作过程中的部分资料收集工作，感谢他们。最后，感谢本书编辑朱媛美女士。她认真负责，为书稿出版工作做出了很大贡献。

由于研究能力、精力和成本的问题，本书留有不少遗憾。一方面，数据收集方面存在不足，使得相关研究无法深入。另一方面，行业生态环境建构和优化研究没有充分展开，只能留待以后。希望这部浅显之作，能够抛砖引玉，也希望各位读者不吝赐教，对本书的疏漏之处提出宝贵意见。